学习型课堂：
新时代教育改革的系统化经验

石希同　等著

天津出版传媒集团

天津教育出版社

图书在版编目(CIP)数据

学习型课堂:新时代教育改革的系统化经验/石希同等著. -- 天津:天津教育出版社,2024.9. -- ISBN 978-7-5309-9307-1

Ⅰ.G632.0-53

中国国家版本馆CIP数据核字第2024GE6654号

学习型课堂：新时代教育改革的系统化经验
XUEXIXING KETANG XINSHIDAI JIAOYU GAIGE DE XITONGHUA JINGYAN

出 版 人	黄 沛
作　　者	石希同 等 著
责任编辑	王剑文
装帧设计	欧阳朔钰

出版发行	天津出版传媒集团
	天津教育出版社
	天津市和平区西康路35号　邮政编码　300051
	http://www.tjeph.com.cn
经　　销	新华书店
印　　刷	三河市同力彩印有限公司
版　　次	2024年9月第1版
印　　次	2025年1月第1次印刷
规　　格	16开(710毫米×1000毫米)
字　　数	300千字
印　　张	19.5
定　　价	78.00元

遥墙中学著作编委会名单

主 编

石希同

副主编

左　侠　李光秀　路洪峰　张　迪　刘学东

编写人员

（按姓氏拼音排序）

曹　靖	曹银萍	陈　康	陈丽媛	程　波
杜冠华	郭　文	韩军三	贾淑娟	李　杰
李　敏	李德明	李　芳	李连军	李　鑫
梁洪娟	刘　锋	刘德刚	路红春	任　珂
宋　佳	孙淑丽	王洪涛	王秀成	杨郁晶
于奉娥	张　宁			

目 录

第一章　以新课堂撬动新发展　001
第一节　样板是这样实现的　002
第二节　新课堂带来新变化　014
第三节　变革的成效　024

第二章　新课堂研究的过程　029
第一节　以科研的思维推进改革　030
第二节　逐步形成基于学生自主学习的学习型课堂　036
第三节　以模式引导教学行为的转变　044

第三章　先导课式集体备课助力教学改革　057
第一节　先导课式集体备课的特征　058
第二节　先导课式集体备课实施要点（数学学科）　061
第三节　教学研究引领教师发展　066
第四节　青年教师导师制实施方案　068

第四章　教师反思与成长　071
第一节　"应用"如何在教学中实现　072
第二节　生物课堂小组共研的实现　083
第三节　设计梯度问题组引导学习发生　087

第四节　构建"学为中心"的道德与法治课堂
　　　　　　——以"自由平等的真谛"教学为例　　**094**
　　　第五节　追寻历史教学的内在逻辑　　**106**
　　　第六节　地理工具在地理课堂教学中的运用　　**119**

附　录　教学案例的设计与实施过程展示　　**127**
　　　研究案例一　语文两篇教学设计与实施过程　　**128**
　　　研究案例二　数学两篇教学设计与实施过程　　**143**
　　　研究案例三　英语教学设计与实施过程　　**160**
　　　研究案例四　化学三篇教学设计与实施过程　　**170**
　　　研究案例五　历史两篇教学设计与实施过程　　**189**
　　　研究案例六　地理三篇教学设计与实施过程　　**207**
　　　研究案例七　物理两篇教学设计与实施过程　　**234**
　　　研究案例八　道德与法治四篇教学设计与实施过程　　**249**
　　　研究案例九　生物两篇教学设计与实施过程　　**289**

第一章

以新课堂撬动新发展

济南高新区遥墙中学位于济南高新区遥墙街道荷花路7919号，是高新区最北端黄河岸边的一所半寄宿制初级中学。学校毗邻辛弃疾故居，荷花路畔校园荷塘交相辉映，君子之风，勤学善学，凝聚成学校区位发展基因。校园面积9万2千平方米，现有七、八、九三个年级35个班，121名教职工，1396名学生。学校始建于1958年，前身是济南市历城区遥墙镇中心中学，在2016年年底划归济南高新区，学区范围涵盖周边两个办事处80个行政村。自2018年以来，学校聚焦课堂变革，对原有课堂进行了根本性的改造和重构，形成了符合农村学校实际的基于学生自主学习的学习型课堂系统。

第一节 样板是这样实现的

"力田勤耕"，课堂质变，遥墙中学以学习型课堂为中心的教学改革撬动了学校的综合改革、系统发展，被称为济南高新区教育改革的遥墙样板，为当代农村教育改革、乡村教育振兴探索了新的教学改革之路。之所以将其称为"新的教学改革之路"，一是其立足于立德树人根本任务，以德智体美劳全面发展为基本取向；二是其建立在充分考察新世纪以来国内乡村学校教学改革经验基础之上；三是其基于当前农村中学存在的一般问题进行改革。

一、蜕变与收获

（一）实现了农村中学高质量发展的基本目标

和众多农村薄弱学校一样，遥墙中学以前也面临生源、师资、办学条件与装备等方面的一系列问题，曾经极度落后，教学质量连续多年处于全市最底层（倒数第一）。从2018年学校坚定走上以"学"为中心的课堂教学系统建构研究与实践之路后，遥墙中学便走上了由弱变强的成功之路、振兴之路，实现了学校的大发展、教师的大发展、学生的大发展。从中考质量来看，高分人数由以前的每班不到1人提高到现在的每班10人，七、八、九三个年级的平均分都实现了几十分的大幅度提高。

表1-1 实验数据对比：高分人数

	2017年	2018年	2019年	2020年	2021年
年级总班数	10	7	8	12	10
高分总人数	6	21	24	75	99

表1-2 实验数据对比：平均分

	2018年	2019年	2020年	2021年
七年级	274.39	285.62	319.76	318.75
八年级	228.83	271	278.34	288
九年级	322.32	352.6	384.14	396.73

（二）建构了原生性的农村中学教学系统

学校构建起了系统、完整的以"学"为中心的教学系统。以"学"为中心的教学系统从"学"这个核心开始，由四部分构成，这四部分是"一字真经"（魂）、"3+2"课堂（根）、"先导课式"集体备课（给养）、"三原色"的教师底色（大地）。实践证明，这是一个有灵魂、有生机的系统，这是一个能在乡村学校的厚实土壤中落地生根并茁壮成长的系统。

（三）形成了科研导向的学校内生性变革

学校取得了令人欣慰的教学改革成果，使学校、教师的发展走上快车道。其中，济南市教育科学"十四五"规划课题《基于学生自主的学习型课堂模式探索与建构研究》顺利结题，《推动乡村中学高质量发展的学习型课堂系统建设研究》获得济南市市级基础教育教学成果奖。另外，山东省优质课二等奖、济南市优质课一等奖、高新区优质课一等奖、省市级以上论文和案例发表或获奖等教师业务类荣誉层出不穷。

（四）快速收获了各界对学校的价值认同

七年级新生入学率由30%的向外流失率，到后来的纷纷回流，现在几乎没有流失；越来越多的家长愿意把孩子送到遥墙中学来，这是我们收获的最大荣誉。济南市教研院、历城区教研室对学校教学改革给予了高度认可和大力支持，众多教学专家和兄弟学校前来参观和进行交流研讨。遥墙中学于2021年10月成功举办了高新区的教学现场会，2021年12月20日立项为济南市第二批新优学校。

二、突破与改进

以"学"为中心的课堂教学系统构建研究与实践，是遥墙中学满血复活的一条教学改革之路，这条路的成功使教学相长的意义更加不同一般。这更多地体现在遇到的困难及面对困难时的态度与策略上，还有困难解决过程中所产生的影响和困难解决之后达到的效果等方面。在教学改革的过程中存在的困难与突破点主要体现在以下几个方面。

（一）教学改革方向性的理解和把握问题

对遥墙中学来说，扎根乡村，以教学改革来培养时代新人，面临的最大问题仍是方向性问题。

2021年4月29日，第十三届全国人民代表大会常务委员会第二十八次会议通过了关于修改《中华人民共和国教育法》（以下简称《教育法》）的决定（以下简称"决定"），将《教育法》第五条修改为："教育必须为社会主义现代化建设服务、为人民服务，必须与生产劳动和社会实践相结合，培养德智体美劳全面发展的社会主义建设者和接班人。"这就对"培养什么人、怎样培养人、为谁培养人"进行了法律规范和制度要求。"决定"将《教育法》第七条修改为："教育应当继承和弘扬中华优秀传统文化、革命文化、社会主义先进文化，吸收人类文明发展的一切优秀成果。"教育以继承和弘扬文化、吸收文明成果为己任，以中华优秀传统文化、革命文化、社会主义先进文化来培育人才的国家战略以立法的形式得到确认。

自2014年考试招生制度综合改革开始,标志着以考试招生与课程改革并行的新一轮课程改革开始实施。随着《普通高中课程方案》(2017年版2017年版2020年修订)、普通高中各学科课程标准(2017年版2020年修订)、《义务教育课程方案(2022年版)》(以下简称"新方案")、《义务教育课程标准(2022年版)》(以下简称"新课标")的发布,指向立德树人,服务德智体美劳全面发展,明确课程核心素养,实现高质量育人为基本特征的基础教育课程改革新理念、新要求、新模式建构起来。

诚如德国哲学家卡西尔所说:"人类文化的确被划分为不同的活动,各自追寻着不同的道路和目标。"乡村学校教学改革,更需要有时代的敏感性。但是,从教师到校长,从学生到家长,如何理解"有理想、有本领、有担当"的时代新人的培养与成长,仍是一个长期的问题。

(二)教学改革时代性的判断与调整难题

"学会如何学习从来没有像今天这么重要。"人工智能如何介入教学,互联网大数据如何用来支持教学,学习科学的最新成果怎样转化到教学之中来,这是乡村学校教学改革面临的时代课题。

1. 教师角色意识尚未彻底转变

很多教师还未对以"学"为中心的新理念高度认可和完全认同。最明显的声音就是"他不学,因为他不学所以我才教""如果学生能学会,那还用老师干什么""这么多年我就这样教的,不也就过来了吗"。

2. 教师的教育理论和课堂教学实施水平不均衡

教师在思路的转变上时常表现出迟缓和被动。即使对新理念认可度较高、接受较快的教师,也时常在思路的转变上表现出迟缓和被动。虽然认可了以"学"为中心的教学理念是对的,但他们却很难改变原有的方法。在随机调研、推门听课的时候,仍然会发现以讲授为主的"满堂灌"课堂,即使是公开课和展示课,有的教师一紧张也会不自觉地回到老路上,不知不觉地就成为课堂上的讲授者,成为课堂的主角。教师的教育理论和课堂教学实施水平不均衡的现状,一定程度上制约了新课改向纵深推进。

3. 行动上缺乏坚持

部分教师只是把教学改革当成了一种尝试，仅有三分钟热度，进行几天、几周，甚至是几节课的短暂尝试就放弃了。例如导学案的设计，在我们这个教学系统的建构中，导学案有两个关键的作用，一是学生在课前能依据导学案进行自主预习，二是课上学生能依靠导学案完成自主的学习。近几年的实践证明这的确是一个好举措，但总有部分教师时而用时而不用。再例如课堂教学模式，教师往往只在展示课的时候或被听课的时候用一下，平时都很少用。

4. 分寸之间难以把握

尺度过松容易对负面因素形成纵容，扰乱正常学习进度或影响其他人学习；尺度过紧则有可能打击学生的积极性。例如某学生在语文课堂自主探究的过程中做数学题，再例如学生在小组讨论的过程中观点偏离主题并固执己见等，这都需适度予以引导。

5. 小组建设重学习轻管理

小组建设过程中出现以"积极参与、热烈讨论、正确率高、加分多"等为主的小组评价热词，以学习论英雄，在一定程度上淡化了对学生综合素养全面提升的重视程度。

（三）学校教学改革如何破解瓶颈期的难题

学校的教学改革已经进行了四年，目前已到了瓶颈期。是在现有的系统建构和状态下维持运转，还是继续提升？对此，我们当前比较迷茫，不知道如何才能越过这个台阶，不知道怎样才能将学校的教学改革推向更高更远更好，急需高层次专家的帮助和引领。

同时，学校也时常遇到教学改革的过程性评价与教学质量的结果性评价之间的矛盾，有时候处理起来很棘手。例如作为年级备课组长的李老师（学校教学改革工作领导小组的主要成员之一），指导、带领本备课组的7名教师走在了学校教学改革的最前列，成为学校教学改革的排头兵，整个备课组取得了优异的成绩。但备课组长自己的教学成绩却在组内排倒数第一（当然原因是多方面的），为此李老师的年度考核结果就很难排在另外6名教师的前面，这很可能会影响其以后工作的开展，在一定程度上成为教学改革发展的一个小障碍。

三、挖掘深层原因

方向性问题、理念性问题、瓶颈期问题是乡村学校教学改革的三大难题，核心原因在于人的思维惯性，有人能"立地"却不能"顶天"，甚至认为"教学就那么回事"。综合起来看，原因有三。

（一）希望改变学生，却没有意识到要改变自己

我们往往对原有教学关系的认知固化，这是个意识问题。例如对待教学理念方面的三种声音，第一种声音可归结为"学生不学"，第二种声音可归结为"学生不行"，第三种声音可归结为"我行"。"因为学生不学，所以我教；因为学生不行，所以我必须教；因为我行，所以必须以我为主，以教为主。多年的传统教法没有证明我这样教不行。"正是这些固有的认知，导致一部分教师，特别是老教师，不愿意接受以"学"为主的新理念。其实当今课堂，讲授式教学是最简单也是最容易的教学方式，每名教师都能轻而易举地做到；而教师不讲或少讲，让学生去学、去讲、去教，反而难以达到。

很多教师没有学习的习惯，缺乏研究的兴趣，自己原有的知识积累和教学经验满足不了新形势下的教学需要，不能全面理解、深度理解、科学理解学习型课堂的内涵与实质。例如在小组合作、同伴互助的学习方式中，对小组的管理和建设是非常重要的，在提高学习效果的同时，也要提高学生的综合能力，并促使其全面发展，比如，团结、合作、责任等优秀品质，学习、思考、研究等良好习惯，解决问题、自我提升、胜任未来岗位等必备能力……由于很多教师对这些工作的重要性认识不足，从而忽视了小组建设这个大前提，这就降低了小组合作学习的效果。

究其更深层次的原因，就是大脑的惰性，就像有的人宁愿去恶补、去抄写十个老教案来应付，也不愿意主动地去研究设计一个新教案一样，懒得动

脑，不愿思考，缺乏对教学改革研究与实践的兴趣和好奇心。

（二）学习成就感弱，对于学习缺乏持续变革的力量

体现在教师这里，就是乡村教师很难尝到教学改革成功的甜头，没有在长期的教学改革中历练，没有长期而成功的体验，不想放手，不习惯放手，不自信，怕失败。

遥墙中学"3+2"课堂教学改革，其典型特征是采用了"小组合作，同伴学习"的形式，而同伴学习是遥墙中学以"学"为中心的"3+2"课堂的最核心要素。

然而，在"3+2"课堂构建与应用过程中出现的困难，与农村学生的生活环境、成长环境有一定关系，与学生自身的习惯和能力也有一定关系，但这些都不是主要原因。主要原因有以下几个方面。

（1）学生找不到小组归属感，或归属感不强，从而造成其不愿意融入小组，甚至排斥或远离小组活动。

（2）学生一直在学习活动中碰壁，缺失胜任感，因此也就逐渐失去了对学习的兴趣和好奇心，无法产生自主掌控学习的欲望和力量。

（3）学生害怕因帮助同伴学习而耽误自己的学习，这是学生和家长对同伴学习产生顾虑的普遍原因，因为他们不知道"最好的学习方式是教会别人"。"教会别人"是最好的学习方式，遥墙中学这几年的教学改革充分证明了这一点，这成为同伴学习的信念和动力所在。

同伴学习中，很多情况下是因为徒弟不积极或进步不明显，为师的一方才会失去耐心，从而出现略过自主学习或替代徒弟学习的现象，徒弟失去了应有的思考、发言、表现的机会，所以成绩提高就更慢，进步就更不明显。这往往是为师的一方对徒弟的期望值过高，而为徒的一方在自主选择学习任务时又不切合实际造成的。徒弟的进步需要有一个过程，需要时间，因此学习目标的制定以及学习任务的分配更加重要。当学习任务远远超过了学习者个人的最近发展区时，学习效果就会适得其反。

（三）动力机制制约，形成性评价等理想与现实的断裂

1. 实践转换为理论的能力不足

四年来，遥墙中学以"学"为中心的课堂教学系统构建研究与实践，更多的是在探索与实践的层面上，而没有将教学改革的基层实践转化为更高层次的理论成果，所以就很难站在更高的理论层面上反过来指导今后教学实践的进一步提升。教学改革发展到当前这个阶段，我们已经明显感觉到了研究能力的欠缺和学术理论能力的不足，这是形成瓶颈期的重要原因。这不仅限制了教师的成长与突破，也使得校长在更进一步再造提升的道路上开始踯躅。

2. 理论落地到实践的能力限制

特别是在考核评价方面，学校领导知道发展性评价、形成性评价、多元化评价、人文性评价等理论，但是，还没有形成一套理想的具有精准导向的学习型课堂的评价考核机制，还不能将课堂的形式与效果、教学的过程与结果、业务的活动与成果等一系列与之相关联的体系科学地融为一体，没有形成以发展性为突出特质的评价体系，这也是学校处于瓶颈期的一个重要原因。

四、建构发展范式

乡村学校的教学改革一定是综合改革，控制与开放都需要，既要避免大一统的教学改革，又要避免随心所欲的散漫，因此需要依据系统科学的理论来实现学校功能的再造，并依据人的全面发展理论来实现学校价值的重塑。

（一）以"学习型学校"建设实现"学习型课堂"建设

学习不仅仅是学生的事情，学习也不仅仅是课堂上的事情，遥墙中学立足于乡村学校的课堂教学改革，依靠以"学"为中心的教学改革之路，引领推动学校全面工作的开展，实现一路通、全盘活，让以"学"为中心的教学改革之路成为乡村学校高质量发展的成功之路。

从教师学习开始，切入各学科课程核心素养。以课堂育人，以学科育

人，构建基本的教育价值与实践体系。学生在教师的引导下，通过课内、课外一体化的以自主学习、协作学习、反思学习为基本特征的建构学习系统，发展学科核心素养，切合每个学科教学、每个学科单元、每个教学设计的出发点以及每次考试测评的关注点，实现德智体美劳整体发展的目标。以课标为依据，组织教学内容、组织评价指标，通过对学科核心素养的分析与理解，构建起课程标准、教科书、教学设计三位一体的教学研究模型；以学科高阶思维的分析与理解，构建起立足于"分析、综合、创造"来统整"认知、理解、应用"的价值分析模型；以学科育人支点的分析与理解，面向立德树人与高质量发展的要求，真正实现学科教学里的德智体美劳全面发展；以学科育人为支点，引领大单元教学设计创新与实施，构建以大单元教学设计为载体的课程教学研究模型，让"学得对不对"与"学得好不好"引领内容创新支点。赋能课堂，创建新的课程理解观，教师作为主动理解者，参与课程、教学、评价的开发与实施；人人理解国家课程，人人理解学生，人人理解学生需要发展的学科核心素养，人人理解建构学习的教学组织形式；课堂实施即课程运作，课堂实施即课堂育人。

从教师研究入手，坚持"先导课式"集体备课，保障源头活水——以"学"为中心的教学系统的给养。"先导课式"集体备课，即以集备之前的展示课为起点的集体备课模式。遥墙中学实行一周一次的集体备课制度，在每周的集体备课前，主备人要先上一节展示课，这节展示课我们称之为集体备课前的先导课，目的就是以先导课的标的性、继承性、改进性、创新性、导向性来增强集体备课的即时性、针对性、精准性、实用性，从而将集体的智慧更好地集中在如何实现课堂的"学"上，真正实现以学生为主、以学习为主、以学习方法优化为主的学习型课堂。坚守"三原色"的教师底色，厚实以"学"为中心的教学系统的根基和土壤。以"身教、陪伴、爱心"绘就教师的职业底色，成就教师的职业精神，从而更好地催生课堂教学的绚丽之花。

（二）以"范式变革"来创造真实可行的学习情境

念好"一字真经"，抓住以"学"为中心的教学系统的魂，以创建教师、学生认可的教学范式为内在力量。美国科学史家托马斯·库恩的著作《科学革命的结构》是举世闻名的经典，他在其中论述了范式的概念和意义，这一概念和意义是对常规科学进行分析后提出的，因此是可信、可迁移、可应用的。他认为，世界上一些著名的著作和论断，都曾经在一段时期内为以后几代实践者们暗暗规定了一个研究领域的合理问题和方法。因为这些著作和论断具备这样两个特征：①它们的成就空前地吸引了一批坚定的拥护者，使其脱离科学活动的其他竞争模式；②同时，这些成就又足以无限制地为重新组成的一批实践者留下有待解决的种种问题。凡是具有这两个特征的成就，此后便称为"范式"。遥墙中学的学习型课堂就应当具备这样的特征。

1. 抓住"学"，即"一字真经"

先是理解"学"是学生的学、学习的学、学法的学，而对"教学"的理解，也回归到教的是"学"。学习的主体是学生，主体的行动是学习，行动的路径是方法。将学生的学、学习的学、学法的学组合起来，就是教学生学习的方法，即授人以渔；学生用适合自己的方法去学，即自主学习，正所谓"师父领进门，修行在个人。""一字真经"，关键在"学"，我们认为："教师教+学生不学=教师白教；课本+学生不学=课本无用；作业+学生不做=作业没用。""一字真经"，要一切为"学"，教师要创设学的情境，营造学的氛围，引导学的状态，提供学的帮扶。"一字真经"的目的是实现真学：学生发自内心地学，富有激情地学，充满动力地学，卓有成效地学。

2. 深耕"3+2"这一根本

扎好以"学"为中心的教学系统的根。"3+2"课堂教学模式是四年前遥墙中学在办学条件十分薄弱、教学质量较差的时期，为了"爬坡过坎"实现学校振兴而苦苦寻找出路的情况下产生的；是为了增加课堂教学的吸引力，以激发学生学习的内驱力为基本出发点而启动的，而现在则已经是遥墙中学比较成熟，绝大部分教师已经习惯的课堂教学模式。①"3+2"，即（探究、共研、应用）+（创设情景、引导过程）=学生的学+教师的教=学得高效+教得优质=高效学习共同体=好习惯养成综合体。②最典型的特征是导学案引领，以小组为单位，自主学习，同伴互助。③基本的工作策略是学生胜任感、小组归属感。④坚持的三种理念：最好的学习方式是自主而非灌输；课堂教学的起点是解惑而非传道；最好的记忆途径是应用（尤其是在考试中的应用）而非死记硬背。⑤解决的三个问题即"怎么学""遇到困惑怎么解决"以及"一听就懂、一学就会、一考就忘的问题"。

3. 形成的22种能力，让学习像呼吸一样自然

这22种能力包括自学能力、教他人学的能力、自主能力、与他人合作的能力、自制能力、管理他人的能力、自我展示的能力、评价他人的能力、学习的能力、考试的能力、自我提升的能力、观察的能力、反思的能力、自我修正的能力、执行的能力、担当的能力、运用技术的能力、解决问题的能力、设计的能力、创新的能力、探究未知的能力、传承已知的能力。

能力的发展能够让学生的自主学习成为常态，实现课堂环境、课堂文化、课堂秩序的自我管理、自我评价，每一天都是成长的过程，每时每刻都体现课堂育人。

（三）以"反思性文化"实现教学改革的自我更新

"为什么？是什么？怎么样？"教师带着这些问题进入教学现场，才是学校教学改革的必由之路。

将研究过程放置到教育教学过程中去，以反思现象，这是类似于给人生一个健康身体的过程性目的，在每一天的琐事中关于保护自我健康的现象自然会得到关注。这样，把研究项目与教学结合起来，就使得研究与教学融为一体，而不是另起炉灶。教育教学研究（包括研究课题、学校部署的阶段性教育教学任务等）得到了实践支持，获得了信息源，并使研究得以常态化。

每一个现象引发的问题思考，以及有目的地设置的教育研究项目，在必要的时候要充分转化为中期或者长期的研究项目，围绕研究项目做基于教育现场的研究，将研究项目放置到教育教学过程中，这就是最重要的教育生活过程，这个生活过程充分地、主动地、全面地与研究融为一体。把研究项目放置到教育过程中去，一方面是研究的真实性得到了保障，能够展开有价值的实践性研究；而另一方面，与教师"象数理"的发展范式相一致的是，能够在教育现场找到、发现、提取出研究事实，也就是能够尽快地将出现在自己教育教学中的事实材料、典型事件、关键数据等以这项研究为依据进行收集、整理，这也就构成了"教育现象"。比如，很多教师在设计小组学习目标进行任务分配时，缺乏足够的学情分析，不能将教师设计任务与学生自主选取任务有效地结合，做不到让每个学生都接收到可以"胜任的任务"，从而影响了学生学习的内在动机，导致学生学习不主动，不积极，甚至是不参与。

这样的反思就是一种往返、反复的教育研究思维，因此"教育现象"与"问题反思"是融为一个体的，体现出一个人观察与思考的广度和深度，是乡村学校教学改革成功与否的根本所在。

（四）以"系统化范式"实现学校整体的变革

乡村教育应该有现代化教育使命与世界教育情怀，越是扎根乡村教育，越是能够汲取营养，探索更宏大的教育叙事。作为乡村学校的代表，遥墙中学领导认为应当强化范式建设，让乡村教育更专业、更学术、更未来。

1. 建立立德树人的乡村学校范式

要结合国家立德树人的教育根本任务，打造乡村区域或者乡村学校"依法治理下的德智体美劳"教育系统，让每门学科的育人功能都得到实现，从而建立一批示范性、引领性的学科育人学校，培养出一批教育家型教师，不断推介乡村教育成果。

2. 建立素养本位的研修范式

以课程、学科核心素养的理解与应用为基本取向启动主题式校本研修，以各学科课标为依据，以学生学科核心素养的表现与培养为核心目标，致力于以教学改进与师生双向发展为价值取向的行动研究。以研修解决学科难题，以研修发展教师素质，以研修提升教学质量。

3. 建立乡村教师发展范式

通过专业的机制体制改革，立足教育现象，引领教师形成对实际问题与核心目标的关切，继而走上研究与超越的道路，培养一批教育家型教师，为乡村区域、学校优秀教师召开教育家型教师思想与范式研讨会，规划教师专著出版。

4. 打造学校课程建设范式

打造课程高地，提高教育质量。以国家课程在学校的示范性、延伸性、价值性重建与开发为目标，建立学校课程系统，构建起立足于"一个整体"的课程布局与实施系统，让学校课程的育人功能、教学质量发展功能充分发挥出来，打造一批乡村学校教师课程系统成果。

5. 学习科学与课堂建设范式

在学习科学等方面的经典理论指导下，在大数据、数字化信息技术支持下，聚焦课堂育人，构建全过程的学生学习系统，将学习生态由固化的模式转移到标准的范式上来，形成以中国文化为主体结构的相互促进与依存的教学改进范式，一校一品，一师一主张，构建新时代乡村课堂教学品牌。

6. 乡村"家校书吧"建设范式

以读书改变乡村教育，学校领导、师生、学生家长爱好读书，就能把无聊的时刻变成喜悦的时刻。如何让读书成为乡村学校领导、教师、学生、家长自觉自愿的事情，让读书成为改变学校、改变学生家庭，继而改变学生的伟大事业，而建立"家校书吧"范式，就是推动乡村学校文化建设，进一步推动乡村文化、文明发展的重要举措。

7. 学校理论成果提炼范式

乡村学校尤其需要教学成果的打造，教学成果评选是从国家战略到学校发展的系统设计，从一般意义上打造具有乡村教师特质、具有乡村学校特质的教育教学成果，构建乡村学校品牌教育系统，助力乡村名师、名校以及乡村优质教育品牌发展。

第二节　新课堂带来新变化

我们深知，遥墙中学曾经是一所比较偏远薄弱的农村学校，由于地域、生源等问题，长期以来在全市初中教育教学改革发展中处于落后状态。自2017年9月以来，学校聚焦课堂变革，对原有的课堂进行了根本性的改造和重构，形成了适合学校实际的基于学生自主学习的学习型课堂教学系统和"先导课式"集体备课系统。四年多的实践探索、课堂教学改革，学生德智体美劳综合发展，教师实现了专业成长，学校办学质量大幅提升。遥墙中学以课堂变革为支点，撬动引领了学校系统性、体系化、整体性的发展，形成了济南高新区教育改革的"遥墙样板"，探索适合农村学校实际的、基于学生自主学习的学习型课堂共同体建构，形成相对完善的有助于乡村教育振兴的高质量学习型课堂系统，为当代农村教育改革、乡村教育振兴提供系统化路径和综合成果。

基于核心素养开展课堂教学改革，变革教学方式、组织形式，提升课堂的育人功能，保障每一个农村孩子学习的权利，引领农村中学生在课堂上的精神成长，发展学生的学习能力，培养学生的批判性思维、创造性思维和人际沟通能力、探究能力，塑造新时代农村中学生新形象，是新时代农村教育面临的挑战。

济南高新区提出加强教育"四个高地建设"的战略目标，教师在教育改革转型的过程中深刻感受到加快专业发展、更新教学理念、改变教学方式的迫切性。此外，学校承载着无数农村家庭的梦想，在教育改革发展的新形势下，让农村孩子也能接受公平而有质量的教育，让农村学校在教育发展中谋求长远发展，是学校面临的现实问题。学校亟须通过系统的课堂教学改革，大力提升教育教学质量，把学校办成老百姓家门口的好学校。

一、基于校情学情，明确课改内容

高质量的课堂不是孤立的，而是融教育价值与教育结果于一体的综合系统。学校通过基于学生自主的高质量发展的学习型课堂系统构建，实现学科育人、课堂育人的目标；发挥评价育人功能，赋能学生和教师的成长。通过系统的课堂改革，让课堂教学承载起学生精神成长、智慧发展、身心健康的系统价值，指向学生的德智体美劳全面高质量发展的育人目标。

自2017年9月以来，基于校情学情，我校开始了"以生为本，学为中心"的课堂教学模式探索，从小组合作学习初探到"谐振课堂"探究，再到适合农村学校实际的、基于学生自主学习的学习型课堂建构，最终形成了相对完善的适合乡村教育振兴的高质量学习型课堂模式。

高质量学习型课堂是基于学生自主学习的"3+2"课堂，其中"3"是自主探究、自主共研、自主应用，是对于学生的"学"而言的，是学习型课堂的核心；"2"是指创设情境、引导过程，是对于教师的"教"而言的，是学习型课堂的保障。情境、自主、过程是学习型课堂的三个要素。

让学生真正成为课堂教学的主人，聚焦学科核心素养的培养，使课堂教学承担起促进学生德智体美劳全面发展的育人功能。目前遥墙中学已构建起相对完善的基于学生自主学习的学习型课堂模式。

二、确定课改思路，促使课改落地

从学校师生的特点出发，基于对学校三个发展（学生发展、教师发展、学校发展）的思考，在对学校教育教学现状进行观察、归纳、反思和专题研究的基础上，我们全面启动了课堂教学改革。

（一）初期探索，统筹规划

首先，开展理论研究。我们成立了课堂教学改革领导小组，对典型的课堂教学实践进行客观量化的观察分析，在此基础上开展自主学习型课堂的学理分析、问题追因及制约因素归纳，经过校本研究，形成"基于学生自主的高质量学习型"课堂改革理论体系和操作模式。其次，完善相关制度。我们研究制定了"基于学生自主学习的高质量学习型课堂"课改整体推进实施方案及相关配套制度。再次，开展全员培训。我们围绕"高质量学习型"教学模式的深化与完善，开展多层次、多种形式的课堂教学改革全员培训，使教师尽快领悟"高质量学习型"课堂教学模式的核心内容，熟练掌握基本操作要领，更新教育教学理念，转变教学方式，从而提高教育教学质量和育人水平。

（二）明确措施，全面推进

首先，理论研究与课改实践相结合。我们按照"全员参与，区别要求，分步实施，典型带动"的工作策略，全面推进课堂教学改革，分批次、分阶段地完成"高质量学习型"课堂教学新模式的达标验收活动；通过自下而上的实践验证课堂教学的方法、策略、模式，使课堂改革趋于成熟和完善。其次，校本实践与专家指导相结合。各学科组定期开展模式研讨专题活动，及时发现和研究解决新的课堂教学模式在实施过程中发现的新情况、新问题，不断完善适应本学科特点的"高质量学习型"课堂教学模式，并聘请专家长期跟进。再次，课堂教学改革与学校管理创新相结合。在课改推进的过程中，适时推进课程建设和管理创新，与课堂改革交互作用、相辅相成，形成"高质量学习型"课堂教学改革的长效运行机制。

（三）立足学习型课堂，探索学科组教研机制

为了打造高效的基于学生自主的"3+2"学习型课堂，为了引导每位教师走上教育研究之路，我校自2018–2019学年上学期开始尝试先导课式集体备课的校本教研方式。先导课式集体备课的基本流程为：主备人备课，集体研讨形成教案，主备教师进行先导课展示，然后再进行集体备课研讨，形成通案。这一校本教研方式旨在以集体备课保证先导课的"高效"，以先导课验证、引领集体备课取得实效，全面提升课堂教学的育人功能。同时，通过案例研究和典型带动，创造良好的学科组教研氛围，形成全新的学科组教研机制。

（四）深化提升，全面总结

首先，名师创建。开展个性化教学模式和特色化教学名师创建活动，推出一批创新模式和品牌教师。其次，成果提升。对课堂教学改革工作进行全面梳理，归纳整理研究材料，深化理性认识，提炼成果，将研究过程中产生的研究资料进行整理汇编，形成研究成果；召开总结表彰会议，并部署课堂改革再推进工作。

三、课堂系统改革，便于操作迁移

（一）明确一个理念

学校坚持"以生为本，学为中心"的基本理念，全力构建和实践基于学生自主学习的高质量学习型课堂。在这一课堂模式中，教师和学生均以主体身份参与并发挥各自的主体作用。学生发挥自身主体作用，能主动参与学习活动并独立完成学习过程，即"自主探究、自主共研、自主应用"。教师发挥自身主体作用，激发学生主动参与学习活动并促进学生有效完成学习过程，即"创设情境、引导过程"。教师是整个学习过程的组织者、引导者、参与者，教师"创设情境、引导过程"，对学生进行价值引领，激励鼓舞唤醒学生，保障学生将"自主探究、自主共研、自主应用"落到实处；学生是学习的主人，是课堂的主体，全程主动、自主自为地学习。教师的"创境""引导"与学生的"自主"交互作用、形成合力，聚焦学科核心素养的培养，使课堂承载起促进学生德智体美劳全面发展的育人功能。

（二）抓住两个核心

1. 个性化导学案设计

在基于学生自主学习的学习型课堂中，教师要精心编制导学案。导学案的设计旨在为学生的探究、共研、展示提供支架和路径，通过活动建构、问题引领、任务驱动，实现以意义建构为目标的高水平学习。

（1）导学案的编写流程。基本流程：各备课组在集体备课时商议导学案统一的结构，形成最初的模式，之后由主备人形成"个案"。然后在第二次集体备课时，每位教师提出建议，再由主备人进行修改，形成"共案"。每位教师再根据自己的实际情况进行教学。导学案在设计时要求教师能够深入浅出，做到知识问题化、问题层次化。学生要能够"浅入深出""顺藤摸瓜"，步步为营，直捣本节课的重难点。

（2）导学案设计遵循的原则。①问题化。以问题贯穿整个导学案，采用问题导向进行问题的设计。问题的设计有维度、有梯度，引导学生积极思考、积极参与学习活动。②方法化。每个环节都有明确的指导和要求。既有学习内容的指导，又有学习方法的指导。如，自主学习的课本内容是第几自然段到第几自然段、时间是几分钟以及对方法的归纳总结。③层次化。导学案的设计要有梯度，引导学生由浅入深，层层深入地进行学习。特别是针对每个小组的1、2号与3、4号学生，可以满足不同层次学生的需求。使优秀生受到挑战，让中等生受到鼓舞，帮学习有困难的学生体会到成功的喜悦。

（3）导学案的结构特征。

学习目标——让学生明确本节课的重难点，明确学习目标和方向，有的放矢。

预习检测——让学生通过自己的预习检测发现存在的问题，从而带着问题进行本节课的学习。从学生的最近发展区切入，符合学生的认知规律。

活动设计——引导学生独立思考、合作探究，形成一个小的学习闭环。小组内每个人都能发表自己的观点，同时教会学生学会倾听、辩论。

展示应用——以小组为单位进行展示，给学生提供展现自我的舞台，既让学生学到知识，又让学生增强自信心。

课堂小结——从知识和方法上归纳本节课的收获，也可提出本节课的疑惑点。

课堂检测——分层设计，检测不同层次学生对本节课所学知识的掌握程度。

（4）导学案的使用流程。①学生在上课前一天的晚自习结合导学案进行课前预习，同时完成预习检测。要求学生独立完成，培养学生自主学习的能力。②教师课前批阅预习检测或上课更正预习检测答案，根据学生出现的问题进行本节课的教学。③课上，学生对导学案的重点内容进行自主思考、小组交流、展示评价，个别重难点问题由教师点拨总结。④课下，学生对导学案进行整理，对课堂上所学知识进行整理归纳，自主进行反思。

2.高效学习小组建设

建构主义理论强调学习是学生自己主动建构知识的过程。知识不是通过教师传授得到的，而是学习者在一定的情景（即社会文化背景）下，借助其他人（包括教师和学习伙伴）的帮助，利用必要的学习资料，通过意义建构的方式而获得的。学生只有在与周围环境相互作用的过程中，与同伴的交流互动中才能主动地建构知识，获取知识。群体动力学认为，在一个群体中，一个人的思想、行为会受到其他人的影响。群体是成员之间可以互赖且变化的动力整体。课堂合作学习能促进学习者之间互相学习交流，以实现共同进步。

加强学习小组基本建设，培养学生掌握合作方法和技能，形成学习小组合作机制，培育学习小组合作文化，提高学校"3+2"课堂教学的品质和效率。

在自主学习型课堂中，要实现有效的小组共研学习，就必须合理地构建学习小组，加强学习小组基本建设，形成学习小组合作机制，培育学习小组合作文化，建立完善的小组评价机制，营造良好的合作氛围。小组共研，既可以是固定的4人小组内的共研，也可以进行组间共研。小组内达成的共识可以分享给其他小组，有待解决的问题也可以寻求其他小组帮助。根据研究课题的不同，小组共研的策略可以灵活多样。

合作学习是以异质学习小组为基本形式，系统地利用教学动态因素之间的互动促进学生的学习，并以团体成绩为评价标准，共同达成教学目标的教学活动。合作学习包含积极互赖、面对面促进性相互作用、个人责任、社交技能、小组自评5个基本要素。

各班依据"组内异质，组间同质"的原则组建小组，选择综合素质高，具有一定的服务意识和组织能力的学生为组长，组长按照蛇形排列的顺序挑选自己的组员。这样的小组，成员之间关系比较融洽，组长乐于帮助组员，组员也乐于接受组长的管理，向心力比较强。由组长牵头，组织本组成员集思广益，共同完成小组文化创建。小组中每个成员都要有明确的、特异的、具体的职责和任务，做到角色互补、任务各异、具体到事、落实到人。

建立和完善小组运行的机制与评价体系，实行动态管理。小组管理与评价包含课堂管理（主要是学生的课堂表现）、自主学习管理、动态学习管理、达标测试及作业管理。小组管理还从课上延伸至课下，由课内延伸到课外；主要是行为习惯方面，主要适合于课后使用，也适用于各学科。班主任每周汇总小组成绩并予以表扬；级部每学期评选优秀小组（学习进步小组、文明小组、助人为乐小组等）并予以表彰；学校每学年评选优秀小组（学习进步小组、文明小组、助人为乐小组等）并予以表彰。

（三）落实三项举措

1. 优化学习型课堂模式

"3+2"课堂是将学生切实作为自主学习的主体，以个体自主探究和小组合作共研为重点，由教师传授知识到学生发现问题，由教师控制教学到师生合作学习，在实践活动或是问题解决过程中进行教学的课堂。构建（探究、共研、应用+创设情境、引导过程）=学生的学+教师的教=学得高效+教得优质=高效学习共同体课堂及好习惯养成综合体课堂。

（1）"3+2"课堂教学模式。

学生：探究—共研—应用

教师：创设情境—引导过程

学生的学习过程："学—研—用"。学生的"学"是指通过学案导学，自主探究；"研"是指小组合作，分享共研；"用"是指展示互评，应用提升。

（2）"3+2"课堂教学模式的实施。

教师加强理论学习，更新教育理念，明确课堂教学的基本模式，优化具体教学行为。

各备课组每周用固定的半天时间，根据"3+2"课堂教学模式进行集体备课，精心设计教案和导学案，力争体现学生自主学习、自我发展的能力。

备课组教师积极进行教学反思，实时进行讨论交流，分析每节课的成功与不足之处，及时进行整改，提高课堂教学的有效性。

每周备课组有一位教师上一节先导课，本组教师在集体备课时进行评课，给上课教师提出合理化建议，使课堂教学改革的效果更加明显。

班级内开展小组评比活动，调动学生的积极性，极大地提高学生的集体荣誉感。

教师能熟练运用"3+2"课堂教学模式，教学效果显著，教学成绩优异，教师的专业化水平提升很快。

(3)存在的问题及整改办法。

首先是课堂教学时间预设与生成有时不一致。特别是课堂教学中探究活动的设计,学生展示内容与准备程度不一致,从而耽误时间,使课堂教学任务不能正常完成。

其次是检查指导不到位。课堂上任务设计很精心,但是在检查时不够严格,指导不到位,有的任务在完成时不能达到理想的效果。

再次是小组管理不精心。小组成员之间的分工不太明确,组长的负担很重,小组评价有时不太及时。

还有就是课堂展示环节指导不够,有时显得比较乱,各组水平相差悬殊。

(4)针对以上问题做出以下整改。

首先是加强集体备课与个人深入备课,备课组教师之间加强交流与沟通,及时学习好的经验。

其次是加强学生管理,经常与学生沟通,做好学生的思想工作,使全体学生明确学习目的,端正学习态度,以积极的态度投入学习中去。

再次是加强各班小组建设,对小组长进行培训,明确小组成员的职责。

总之,我们要继续加强"3+2"课堂教学模式的理论学习和研究,注重对教师进行专业引领,强化教师的专业培训,依托导学案导学、小组合作学习、先导课式集体备课来打造高效课堂。

2.探索集体备课模式

为了增强集体备课过程的实用性,体现集体备课的精准性,2018年,学校提出了先导课式集体备课的概念(详见本书第三章)。

(1)用先导课引领集体备课。①教师上课(课堂实施)。②反思感悟。

先导课展示的是上周集备的成果,课堂实施是各教师在课后反思研讨,解决先导课中的问题,形成新的教学设计后进行的。因此先导课对课堂实施起到引领、导向的作用。课堂实施以先导课为基础,进行改进与创新,丰富课堂活动,直接指向学生的"学"。

教研时我们要求:①上课教师回答学习目标是否达成、小组活动的有效性如何、是否真正实现了学生的"学"、有无偏离上周集体备课的方向这样几个问题。②听课教师回答听课中有哪些不明白的地方、课堂小组活动的设计如何和如何改进、我从中学到了什么这样几个问题（优点）。

因此，先导课承载着教师研究课堂教学、改进教学设计、提高课堂教学效率、促进教师自身成长的功能。

（2）集体备课的方向：情境创设与活动设计。①让每一个成员都有充分"说话"的机会，要让学生表达不同的想法并相互启发。②合作学习不仅意味着让小组成员讲给他人听，更重要的是在理解他人讲解的过程中作出比较与判断，寻找相对合理和最优的方法。

（3）注重应用展示环节题目的选择与设计，强化教学活动经验与思想方法的生成。

我们集备的主要成果为教学设计、导学案与课件，教师上课面对的是一个变化的、开放的、动态生成的课堂，"预设"与"生成"之间怎样调整，如何开展活动，将教师的"教"与学生的"学"有机融合并走向高效，实现高效课堂，是我们集体备课的主要目的之一。"先导课式"集体备课通过学校的引领和各教师的共同努力，坚定地走向以教学研究带动课堂学习，建设以"学"为核心的课堂教学之路。

3.促进教师专业发展

我校建构的学习型课堂教学模式是以学习为中心的课堂，是教师主动介入下的价值引领以及学生主动参与下的自主建构的共同体课堂。只有不断促进教师专业发展，不断优化教师的教学行为，才能保障自主学习顺利高效地进行。为此，我校把促进教师专业成长作为推进课堂教学改革走向成功的切入点。

首先，制定并完善教师培养和管理方案。在促进教师专业发展中，学校明方向，强责任，重落实，抓方案制定，抓过程督导，抓总结评价。全体教师明确"培养什么人、怎样培养人、为谁培养人"的价值取向，以此建立卓越教师培养与管理制度，落实教师培养方案和奖励措施等。其次，多措并举，为教师队伍建设探索新路。立足于校本教研，构建研教一体的运行模式；实施青年教师导师制，推进"青蓝"教师队伍的协同进步；成立教师专业发展委员会，打造名师团队；加强课题研究，提高教师教育教学科研能力；专家长期跟进，搭建快速成长平台；形成多元教师评价新范式，赋能教师发展。最后，激发教师成长内驱力，使教师自主提升专业素养。

总之，以教师专业成长推动"教的方式"变革，实现"创设情境"和"引导过程"的优化，保障学生"探究、共研、应用"的高效，助推课堂教学改革走向成功。在课堂教学模式基本框架之下，既形成符合学科特点和教学实际的"变式"，也提高我校教师课程资源的设计、整合能力。

第三节 变革的成效

遥墙中学立足于乡村学校的课堂教学改革，依靠以"学"为中心的教学改革之路，引领推动学校全面工作的开展，实现了"一路通、全盘活"，让以"学"为中心的教学改革之路成为乡村学校高质量发展的成功之路。

一、学业水平快速提升

在济南市高新区独具优势的体制机制的激励下，遥墙中学坚持文化兴校，走高质量发展之路，不断推进管理机制的实践创新，通过建构农村中学高质量发展的学习型课堂教学系统，课堂成为学生和教师高情感、高智慧成长共同体。学校采取小组合作的学习方式，突出学生的主体地位，培养学生的主动学习意识。围绕发展学生核心素养，构建系统的学校课程体系，开齐、开全三级课程，实现国家课程、地方课程、学校课程三位一体的育人功能。利用校园艺术节、合唱节、读书节、体育节、科技节、家长开放日等活动展示课程改革成果，促进学生发展。以教学工作为中心，提升设施设备保障，保证演示实验、分组实验开出率达到100%，理化生实验操作考试合格率达100%。开展各种综合实践活动，培养学生实践能力，学生个性特长得到充分发挥，综合素养不断提升，德智体美劳各方面素质均得到明显发展，在体育节、科技节等活动中均取得优异成绩。

遥墙中学的教育教学质量由济南市倒数第一跃升至居于全市前列，学生平均分三年提升了75.5分，高分人数实现了十几倍的增长，堪称农村中学创新发展的奇迹。

二、学生素养全面发展

（一）每一个学生都得到充分尊重

教学过程中，每个学生是否得到了尊重，只需在教室里听听他们的声音马上就能判断出来；教师的工作究竟做得好不好，只要看看教室里每个学生的表情、学习的状态就能判断出来。我校的"3+2"课堂教学改革，保障了每一个学生学习的权利，维护了每一个孩子学习方面的尊严。

（二）建立起良好的人际关系

学校实施的小组建设、管理模式，营造了一种无论什么时候学生都能向他人求助的人际关系，能使教室里的关系变得更加融洽。让学生敞开身心的前提，是教室环境所构筑起来的基本的人与人相互信赖的关系。每一个学习者从不同水平和不同角度加入围绕知识的合作、争论和评价中，并且从中获得来自他人的支持，在形成共同体的共识性知识的过程中确立自己的身份感。

（三）全面落实"双减"，注重学生全面发展

学校注重学生的全面发展，尤其是在当前"双减"的形势下，学生的课业负担减轻了，他们可以根据自己的爱好、特长选择自己喜欢的课程发展个性特长。学生综合素养不断提升，在科技节、体育节、国防知识竞赛、英语配音大赛、口头作文大赛等活动中纷纷获奖。

三、教师实现专业成长

在先导课式集体备课过程中，骨干教师的经验、新秀教师的创新精神和新苗教师的激情互补，充分实现了备课组成员之间的思想碰撞、交流探究，

促进他们共同进步，很大程度上发挥了骨干教师的引领作用，促进了我校青年教师和新教师快速成长。同时，先导课式集体备课确实带动了更多的教师去用心研究课堂教学，先后有多名教师在区、市优质课评比和素质大赛等活动中获奖，学校有一市级课题正在研究中。

总之，课堂教学改革让我校教师重新审视和规划了自己的专业发展，促使教师在专业思想、知识、能力等方面不断提升和完善自己，不断地进行知识充电，提高自己的专业素养，在教师专业发展道路上收获成长和幸福。

四、学校实现内涵发展

学校以高质量发展的学习型课堂教学改革为支点撬动引领系统性、体系化、整体性的发展。学校在发展过程中沉淀形成了"强善文化"主题文化。学校在这一主题文化的统领下系统构建了以人为本的管理文化、团结拼搏的教师文化、争做强少年的学生文化、以生为本的课程文化、自主共研应用的课堂文化、绿色发展的环境文化。这种良好的文化氛围成为学校发展的动力源。每一种文化都根植于每一位教师和学生的内心，并指导着师生的行为，从而引领学校从薄弱走向强大，并永不止息地追求"至善"，践行"完善自我，志达天下"的校训。农村中学的教学改革实践为当代农村教育改革寻找系统化路径，为乡村教育振兴贡献力量。

反思遥墙中学课堂教学改革的过程，是一次基于系统论的综合变革，是理念更新与操作技能的相互促进，突出体现在以"课堂变革"构建适合乡村学校的教学系统。

围绕课堂变革，学校构建起了以"学"为中心的乡村学校课堂教学系统，包括念好"一字真经"（魂）、用好"3+2"课堂（根）、坚持先导课式集体备课（给养）、坚守"三原色"的教师底色（大地）四个部分。这是一个有灵魂有生机的系统，这是一个能在乡村学校的厚实土壤中落地生根成长的系统，遥墙中学也因此实现了从一所极度衰败的乡村学校发展成全区知名学校、全市新优学校的高质量跨越式振兴。

图 1-1 本校教学改革示范课

图 1-2 剑桥大学专家来"3+2"课堂听课

图 1-3 本校教师"教学改革论坛讲座"

图 1-4 班内小组建设氛围环境

第二章

新课堂研究的过程

当前，在我国农村中学的教育发展中，课堂仍然是"教"与"学"的主阵地。随着时代的大变革、大调整，传统的只关注传授知识和技能的以教师为中心的课堂已远远无法承载新时代人才培养的系统价值。基于核心素养开展课堂教学改革，变革教学方式、组织形式，提升课堂育人功能，保障每一个农村孩子学习的权利，引领农村中学生课堂上的精神成长，发展学生的学习能力，培养学生的批判性思维、创造性思维和人际沟通能力、探究能力，塑造新时代农村中学生新形象，是新时代农村教育面临的挑战。

遥墙中学曾经是济南市东部一所比较偏远薄弱的农村学校，由于地域、生源等问题，长期以来在全市初中教育教学改革发展中处于落后状态。自2017年以来，学校聚焦课堂变革，对原有的课堂进行了根本性的改造和重构，形成了适合农村学校实际的基于学生自主的学习型课堂系统。近三年的实践探索，课堂改变了，学生德智体美劳综合发展，教师实现了专业成长，学校办学品质大幅提升。遥墙中学以课堂变革为支点撬动、引领了学校的系统性、体系化、整体性发展，形成了济南高新区教育改革的"遥墙样板"，为当代农村教育改革、乡村教育振兴提供了系统化路径和综合实践成果。

第一节 以科研的思维推进改革

基于中共中央、国务院印发的《关于深化教育教学改革全面提高义务教育质量的意见》（以下简称《意见》）的精神，为进一步推进基础教育教学改革，探索深化课堂教学改革、提高教学质量的有效途径，结合学校工作实际，遥墙中学最初以"3+2"课堂教学改革的研究首先启动了相关改革。

一、指导思想

以深化课程改革、推进素质教育为核心，以实现学校科学发展和内涵发展为目标，以聚焦课堂教学、更新教育观念、转变教师教学方式和学生学习方式为重点，按照"全员参与，区别要求，分步实施，典型带动"的工作策略，学校全面推进课堂教学改革。在准确把握"3+2"课堂核心理念的前提下，学校创新工作思路和实践途径，积极探索适合本校校情、班情、学情的"3+2"课堂教学模式，构建高效课堂，推动教育科研校本化、教师队伍专业化，切实减轻学生负担，全面提高教育教学质量。

二、实施目标

（一）构建"3+2"课堂教学模式

我们在深入了解初中基于学生自主学习的学习型课堂教学模式实施现状的基础上，进一步发现影响其有效实施的原因，深入课堂探究教师主导性与学生主体性之间的关系，揭示自主学习、合作共研、展示应用与学生主体发展的内在联系，总结出一套有利于初中校基于学生自主学习的学习型课堂的模式程序，为进一步丰富、完善自主学习型课堂教学提供研究和实践的范式。

（二）促进教师专业成长，提高教师队伍整体素质

通过文献学习和行动研究，教师自觉转变教学理念与教学方法，努力改变课堂结构，认真领会"3+2"课堂的精神实质，吃透各环节的操作要领，将学生切实作为自主学习的主体，以个体自主探究和小组合作共研为重点，紧密结合教学实际，积极开展教改实践，不断更新教育理念，优化教学方式，提升教学水平，促进自身专业成长。学校注重培养具有个人教学特色的教学骨干，逐步建立一支高素质的教师队伍。

（三）深化校本教研，提升教育科研水平

我校把"3+2"课堂教学改革与校本教研制度结合起来，充分发挥教研组骨干教师的引领示范作用，通过专家引领、同伴互助、教学反思等形式，研究和解决"3+2"课堂教学实践中的问题，总结教学经验，提高课堂教学

效率，建立具有我校特色的以有效教学研究为核心的教研机制，真正让校本教研服务于教学，促进教学质量提高。

（四）优化教育教学管理制度，提升学校管理水平

实施"3+2"课堂教学改革是一项系统性的工作，我们将以推进"3+2"课堂教学改革为契机，有针对性地解决学校教育教学和管理中存在的问题，逐步改革管理制度，建立一套适应"3+2"课堂教学改革的管理体制和运行机制，真正落实精细化管理，提高管理效益，最大限度地调动全体教师的工作积极性，以教育教学管理改革促教育教学质量提升，不断优化学校教育教学管理制度，提升学校管理水平。

三、组织保障

为保障"3+2"课堂教学改革各项工作的顺利实施，学校成立了"3+2"课堂教学改革领导小组和工作小组，负责整个课改工作的管理、组织、规划和推进。

遥墙中学"3+2"课堂教学改革领导小组：
组　　长：石希同
副组长：李光秀
成　　员：路洪峰、王洪涛、张迪、王秀成、左侠

遥墙中学"3+2"课堂教学改革工作小组：
组　　长：李光秀
副组长：路洪峰
成　　员：王洪涛、张迪、王秀成、左侠、曹靖、李杰、各教研组长、备课组长

四、改革思路及方法

（一）改革思路

（1）通过对学校教育教学现状的观察、归纳、反思和专题研究，形成"高质量学习型"课堂改革理论体系和操作模式，从而让课堂成为高效学习共同体及好习惯养成综合体。

（2）研究制定"高质量学习型"课改整体推进实施方案及相关配套制度。按照"全员参与，区别要求，分步实施，典型带动"的工作策略，全面推进课堂教学改革。制定相对完善的课堂教学评价标准，对课堂教学实行专业化、多元化评价。

（3）各学科形成各具特色的"高质量学习型"课堂模式，推出一批创新模式和品牌教师。

（4）适时推进课程建设和管理创新，与课堂改革交互作用，相辅相成，形成"高质量学习型"课堂教学改革的长效运行机制。

（二）改革方法

1. 开展全员培训

围绕"高质量学习型"教学模式的深化与完善，开展多层次、多种形式的课堂教学改革全员培训。使教师尽快领悟"高质量学习型"课堂教学模式的核心内容，熟练掌握基本的操作要领，更新教育教学理念，转变教学方式，从而提高教育教学质量和育人水平。

2. 发挥教师专业发展委员会的统筹协调作用

教师专业发展委员会全面负责"3+2"课堂改革推进工作，统筹开展理论研究、制度建设、专题培训、立标学标、督导评价、总结推广等工作。

3. 发挥骨干教师的引领作用，扎实开展立标、学标、达标活动

学校推出学科立标人，开展"高质量学习型"课堂教学模式磨课晒课、听课评课、课堂改革论坛等活动，发挥骨干教师的引领作用，唤醒广大教师的改革热情；分批次推进"高质量学习型"教学模式达标课验收工作，实现新课堂教学模式全覆盖。

4. 帮扶课改薄弱教师

通过"一带多"的示范引领、"一对一"的结对活动、"多带一"的帮带扶困等,实现对教学改革中薄弱教师的帮扶。通过开展各类研讨课、优质课、常态课开放式课堂教学活动,促进每位教师的专业发展。

5. 做好资源开发工作

各学科教师探究"高质量学习型"教学模式下相应学科的教案、导学案、多媒体课件的模板。学校整合、调度全校专业资源,研发典型案例,进行学科教学资源库建设。

6. 加强学习小组基本建设

教师教给学生合作方法和技能,形成学习小组合作机制,培育学习小组合作文化,建立完善的小组评价机制。

7. 不断完善教学模式

在教师专业发展委员会和骨干教师的引领下,各学科组定期开展教学模式研讨专题活动,及时发现和研究解决新的教学模式在实施过程中发现的新情况、新问题,不断完善适应本学科特点的"高质量学习型"课堂教学模式。

此外,学校还开展个性化教学模式和特色化教学名师创建活动,推出了一批创新模式和品牌教师。

五、实施步骤

(一)建模立标阶段

学校组织部分教师讨论制定课改总方案,设计问卷并进行调查分析,培训研究成员,召开研讨会。

1. 开展全员培训

学校组织全体教师学习相关文献资料,学习"3+2"课堂教学改革的理论体系和操作模式,进一步明确"高质量学习型"课堂教学模式的具体内容，加深教师对相关理论的认识和对相关研究的了解。

2. 加强制度建设

学校研究制定"3+2"课改整体推进实施方案及相关配套制度，制定相对完善的课堂教学评价标准，对课堂教学实行专业性、多元化评价。

3. 做好资源开发工作

学校重点研制了"3+2"教学模式下学科教学的教案、学案、多媒体课件、微课模板，研发了主要单元和重要课时的教学案例，进行学科教学资源库建设。

4. 打造"3+2"课堂教学模式

学校整体推行教学模式改革，原则上全员推进、共同行动，策略上重点打造、批次运行；同时，确定首批立标人进行重点促进，全面开展立标、学标、达标活动。之后进入第二批次，以此类推。

5. 搞好立标学标活动

学校制定了《关于开展课堂改革系列达标活动的意见》，推出学科立标人，进行新模式教学磨课晒课、课堂改革论坛和课堂观察、评议、论说、写作（观课、评课、论课、写课）活动，使立标学标活动广泛、深入、扎实、高效。立标课由学校聘请校外专家组验收。

（二）全面推进阶段

1. 加强学习小组基本建设

学校形成了学习小组合作机制，培育学习小组合作文化，建立完善的小组评价机制。

2. 不断优化"3+2"课堂教学新模式

各学科组定期开展模式研讨专题活动，及时发现和研究解决实施过程中发现的新情况、新问题，不断完善适应各自学科特点的"3+2"课堂教学模式，并聘请专家长期跟进。

3. 全面、深入开展学标、达标、创优活动

学校启动第二轮立标学标活动，实验范围扩展到毕业年级，实现新课堂教学模式全覆盖；完成了"高质量学习型"课堂教学新模式第二、三批达标验收，达标课验收通过率达60%以上；完成了第一、二批"高质量学习型"课堂教学新模式优质课评比。

另外，学校还探索支持新课堂教学的管理体制、长效运行机制，开展课程建设等，与课堂改革交互作用、相辅相成。

（三）深化提升阶段

首先，完成新模式教学第五、六批达标验收，达标课验收通过率达80%以上。完成第三、四批新模式优质课评比。

其次，开展个性化教学模式和特色化教学名师创建活动，推出一批创新模式和品牌教师。

再次，对课堂教学改革工作进行全面梳理，归纳整理研究材料，深化理性认识，提炼成果，将研究过程中产生的研究资料进行整理汇编，形成研究成果。召开总结表彰会议，部署课堂改革再推进工作。

第二节　逐步形成基于学生自主学习的学习型课堂

一、基于学生自主学习的学习型课堂核心概念

什么是学习？《反思教育："向全球共同利益"的理念转变》一书指出："可以将知识广泛地理解为通过学习获得的信息、理解、技能、价值观和态度。学习可以理解为获得这种知识的过程。学习既是过程，也是这个过程的结果；既是手段，也是目的；既是个人行为，也是集体努力。学习是由环境决定的多方面的现实存在。获取何种知识，以及为什么、在何时、在何地、如何使用这些知识，是个人成长和社会发展的基本问题。"

基于对以上问题的思考，我校开展了基于学生自主的学习型课堂探究与构建研究。基于学生自主的学习型课堂是"3+2"课堂。情境、自主、过程是学习型课堂的三个要素。

"情境"，即教师"创设情境"，是指教师为学生的学习创设的学习情境、学习场域、学习氛围等。

"自主"，即学生自主地"探究、共研、应用"。"探究"特指在教师的组织指导下，学生个体自主、独立地完成问题探究的过程；"共研"是以个体独立探究为基础的小组互动、合作、交流的学习过程；"应用"是在个体独立探究、小组合作共研的基础上，学生进行班级展示、交流，以表现性学习任务为载体进行学生的自我加工和转化，从而实现知识建构、能力达成。从探究、共研到应用，是学生亲历独立学习、小组学习、班级共学的学习历程，是学生深度参与课堂学习活动的过程。

"过程"，即教师引导课堂学习的过程，是指教师为学生个体自主学习、小组共研和全班应用提供学习的工具、支架和路径，遵循引导知识发生和认知的规律，保证课堂上的自主探究、自主共研、自主应用落到实处，帮助学生实现深度参与、深度学习。

二、学习型课堂教学模式解读及功能价值

我校建构的学习型课堂教学模式是以学生发展为本位的课堂，是"学生+教师"的共同体课堂。这一模式凸显学生的自主学习过程，把自主学习细化为"自主探究—自主共研（小组合作，分享共研）—自主应用"三个环节，各环节之间相互联系、互为依托。

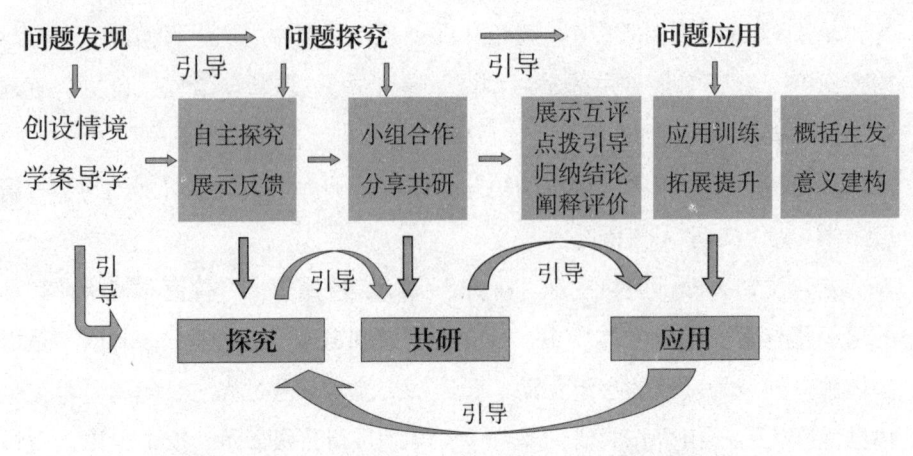

图 2-1 基于学生自主学习的学习型课堂教学模式

（一）自主探究学习

在自主探究环节，首先教师提出研究主题，创设教学情境，明确自主学习的目标及自主探究的具体要求等。学生在导学案和问题情境的引领下，围绕理论假设或问题，通过实验、操作、调查、信息搜集与处理、思考等途径开展独立的探究、分析、比较、论证，在规定时间内确定解决问题的方案，并重点标注未能独立解决的问题（此环节自主探究时间大约为3分钟）。

学生个体自主探究是小组共研学习的前提和必经阶段。只有通过学生个体充分的自主探究，学生才能对自己的学习情况做出自我监控、自我反馈。学生个体可以独立解决的问题不必在小组内讨论，个人无法解决的疑难问题则成为小组共研的起点。有明确的问题引领，才能激发学生参与共研的内在动机，从而提高共研的目的性、有效性。离开学生的独立学习和深入思考，就不可能有深度的共研。

自主探究学习有助于培养学生的探究精神。探究学习具有问题性、过程性、批判性和开放性。探究的过程是学生提出问题、分析问题、解决问题的过程，是学生在和谐、民主、宽松的氛围中，在实践中，主动发展的过程。学习者反复经历质疑、犹豫、试错、求证，和具有多样性、丰富性的学习过程，才能获得知识、技能以及情感、态度与价值观的发展，探究精神和创新能力也才能从中养成。

（二）自主共研学习

小组成员经过了自主探究学习后，自发地在4人小组中分享共研。在组长的带领下，小组成员按照4—3—2—1的顺序依次分享个体自主探究成果。对于难点问题、有争议的问题等在小组内进行充分讨论，小组成员互相倾听、平等对话，相互启发、补充、认证，进行观点碰撞、情感交流。同时根据小组合作的任务分工，由记录员记录并整理本组的观点、解题方法和总结的解题规律等，对本组仍未解决的问题做好标注，最后确定进行班级展示汇报的小组代表及小组展示的方式。

需要特别注意的是，要实现有效的小组共研学习，就必须合理地构建学习小组。应加强学习小组基本建设，形成学习小组合作机制，培育学习小组合作文化，建立完善的小组评价机制，营造良好的合作氛围。此处的小组共研，既可以是固定的4人小组内的共研，也可以组间共研。小组内达成的共识可以分享给其他小组，有待解决的问题也可以寻求其他小组的帮助。根据研究课题的不同，小组共研的策略可以灵活多样。

在学生分享共研的过程中，教师要密切观察小组活动，观察小组是否形成"思维场"，是否所有成员都参与到小组活动中，是否每一个学生的思维都处于活动状态；观察小组内的学习生态，观察学生是否是在自主平等的和谐氛围中进行观点碰撞、情境交流；观察学生的学习状态，了解学生学情，尤其应关注学习上存在困难的学生的困惑与需要，及时给予其鼓励、支持和帮助。依据学生的学习状态和学习进展情况对课堂进行有机的调控，引领学生的学习走向深入。

自主共研学习的功能价值如下。

1. 深化自主探究的有效性

苏联心理学家维果茨基认为，借助学生之间不同思考方式的交互作用，得以理解教学内容，才称得上"学习"。共研学习，即依托小组成员的交互作用、集体智慧，相互学习、相互合作、共同提高、彼此激励，实现对个人自主探究学习的深化，从而达到个人自主探究学习无法达到的高度。

2. 促进学生的个体发展

只有让学生获得发展的课堂教学才是有存在意义的课堂教学。小组共研讨论的过程是一个认知、智慧充分碰撞而又不断完善的过程，不仅仅是解决问题，还会促进学生的思维、记忆、分析、理解等智力因素的发展，也可实现学生情感、意识、兴趣等非智力因素的发展。

3. 培养学生合作精神，塑造合作型人格

共研学习以合作精神为基本出发点，以社会互动为基本关系，以人际交往为基本方式。共研学习不仅是手段，更是态度和品质。学生通过合作学习，互相增长知识，提高成绩，增进交往，促进深层次思维发展，激发公共性责任感，培养团队合作意识，同时使学生具备相互包容、相互尊重的品质，塑造学生的合作型人格。

（三）应用学习

各小组在充分共研交流的基础上，结束讨论环节，进入班级展示阶段。各小组代表主动在班内展示本组的学习成果。成果展示的形式多种多样，可以是个人汇报，也可以是小组汇报；可以通过小组表演、报告会、辩论会、小型比赛等方式进行展示。

小组代表进行展示时，所有学生应认真倾听。待展示结束，本组学生可以进行补充，其他组学生进行评价、补充、提问、质疑、交流等。

在学生观点交流碰撞时，教师要认真倾听而不予干涉，并进行客观的观察，了解学生个体、群体对问题的理解认知情况；待时机成熟或观点严重偏离方向时，教师再予以提示、引导、点拨和价值引导。展示结束后，学生反思探究过程，总结学习内容，提炼概括规律和结论，进行阶段性的意义建构。最后，小组内部对学习结论或成果进行巩固记忆、应用训练、拓展提升。教师在应用训练过程中应关注学生的个体差异，实行分层训练，重点关注学习上存在困难的学生的学习，教师基于个体差异实施个别指导或组内一对一辅导，巩固学生所学，实现差异化提升。

自主应用学习的主要价值如下。

1. 课堂展示激发课堂活力

展示是学习型课堂教学中的一个重要环节。课堂是一个展示场，只有给予学生话语权利和行为权利，让其充分展示，才能使其思维过程充分暴露，使所有的问题充分呈现，也呈现学习成果。这样，课堂才能成为学生展现才华、表达思想、辩论质疑、获取知识、培育能力、协同合作的舞台。在师生之间、学生与学生之间的思维碰撞中，课堂才能"活"起来，课堂因学生的展示而焕发生命活力。

2. 形成应用共同体

通过展示互评、归纳结论、应用训练、拓展提升等，学生们互相学习，取长补短，加深对学习成果的理解，习得有效表达学习内容的必要的批判性思考力、沟通能力及其他相关能力等，促进学力的提升。学生之间、师生之间成为相互依赖、坦诚相待、畅所欲言、共同研究、共同成长的应用共同体。

3. 实现意义生成的自由学习

美国人本主义心理学家卡尔·罗杰斯认为，有意义的学习主要具有四个特征：第一，个体全面参与性。即学习者整个人（包括情感和认知两方面）都投入学习活动；第二，个体自发性。即学习是学习者自我发起的，即使存在来自外界的推动力或刺激，但要求发现、获得、掌握和领会的感觉仍来自内部；第三，个体渗透性。学习会渗透至学习者的个性之中并引起相应变化，包括行为、态度等；第四，个体自我评价。即学习者自己评估自己的学习需求、学习目标是否完成。在自主应用学习中，学生自发参与、自主展示、自由交流对话、自主评价、自我归纳总结，课堂充盈着对"人"的关注，学生在参与过程中找到自己在课堂上的位置，找到自己的意义和价值，获得个人尊严以及成长的愉悦感和幸福感，进而实现有意义的自主学习。

三、优化自主学习过程的教学行为

教学过程是教师主动介入下的价值引领和学生主动参与下的自主建构的过程。在基于学生自主学习的学习型课堂中，学生是课堂的中心，但是学生的自主学习活动不可能在放任自流的状态中产生，教师必须主动介入和因势利导。教师通过创设情境、引导过程，优化教学行为，保障学生的自主学习顺利高效进行。

（一）创设情境

美国教育家杜威认为："教学的艺术就在于能够创设恰当的情境。"创设情境，即教师创设易于学生自我建构知识和发展的情境，为学生提供多样化的学习资源，营造良好的学习氛围等。情境创设贯穿学生的整个学习过程。

创设情境，要坚持学生立场。要从学生深度学习的角度出发，从素养目标出发深度思考：学生要学什么，如何创设情境能引起、维持、促进学生的学，学生会经历什么样的学习体验，学生将会获得哪些成长等一系列问题。缺少了这一思考，情境创设都是无效至少是低效的。

在学习型课堂中，教师创设教学情境，首先要精心编制导学案。导学案的设计以问题为抓手，使知识问题化、问题情境化，为学生的探究、共研、应用提供支架和路径，旨在通过活动建构、问题引领、任务驱动，实现以意义建构为目标的高水平学习。情境包括整体的结构式情境、生活情境、知识情境、问题情境、活动情境、故事情境、试题情境、语言情境等。

在学习型课堂中，教师创设的情境是集问题、环境、评价于一体的场域。"问题"是学习的动力、起点和贯穿学习过程的主线，所有的情境都要围绕问题的探究、共研、解决和应用而创设。"环境"即教师要细心构建有利于学生主体参与的教学环境，既包含师生关系、生生关系及教室环境等外部场，也包括学生个人状态等内部场。"评价"是指教师从学生学力形成、人格发展的视点出发，以学生为评价主体，对学习活动进行情境性评价，从而不断修正教学活动，借以引领学生的学习与发展。

创设情境是激励、唤醒、鼓舞学生的最好手段。德国教育家第斯多惠说："教学的艺术不在于传授的本领，而在于激励、唤醒、鼓舞。"教师精心创设各种教学情境，有利于激发学生学习的主动性和积极性，调动学生的求知欲，激发学生的生命活力。

要创设情境，帮助学生实现学习经验的再建构。情境创设为系列性梯度性的情境问题的解决提供逻辑铺垫和思维框架等深度学习的行为支撑，让学生在原有经验的基础上，通过个体探究、合作共研、互动展示等方式，完成对复杂而抽象的知识原理的认知建构，充分发展学生有效解决问题的技能和高阶思维能力，实现学习经验的再建构。

（二）引导过程

在学习型课堂中，教师要引导学生自主探究、共研、应用学习的过程，保证其自主探究、自主共研、自主应用落到实处，从而促使学生积极地进行自我建构，实现自我发展。教师的"引导过程"具体要点如下。

1. 保障学生的学习自由

教师要充分认识自主学习的价值，对学生自主学习的过程和效果给予充分的理解与信任，保障每一个学生的学习，使之成为学习的主体，这是学习型课堂的核心。学生的自主学习过程不被干预，学生拥有可以自由支配的自我意识和自主学习的自由时空，是自主学习得以实现的关键。

保障学生的学习自由，首先要构建相互信任的师生、生生关系。教师要努力营造安全的学习环境，学生之间、师生之间相互信赖，每个人的观点、想法都得到充分的尊重。小组成员面对共同的目标，相互信任、相互宽容，能自由言说，这样，小组成员才可能在对各自角色负有使命感的状态下实现共同的目标。其次，营造"基于倾听"的对话关系。曾任东京大学研究生院教育学研究科教授的佐藤学认为，学习本质上是一种对话性实践——同客观世界对话（文化实践）、同他者对话（社会实践）、同自我对话（反思实践），是三位一体的活动。唯有相互倾听，学生之间和师生之间才能在观点、发现、经验上产生必要的联系，才能形成对话关系。这样，所有的思考才会指向同一个方向，共研应用才会形成合力，形成突破点，真正的学习才能发生。

2. 促进学生的学习

在学生的自主学习活动中，教师是学习过程的组织者、引导者、促进者和价值引导者。因此，教师要掌握一些促进学生自主学习的方法。美国教育家齐莫曼主张从以下几方面来促进学生的自主学习：①激发学生的内在学习动机；②注重学习策略教学；③指导学生对学习进行自我监控；④教会学生利用社会性和物质性的资源。具体来说，这种引导既可以是关键之处的精辟讲解，也可以是学生遇到困难时教师富有启发性的提问、点拨；既可以是教师对学生小组展示情况的点评，也可以是教师深入到各个学习小组与学生零距离接触和交流；既要鼓励小组成员发表见解，又要制止小组合作过程中的话语霸权；等。当然，对于小组的创新设计和学生身上的闪光点，教师应予以积极的肯定和赞扬，并把个人或小组的创造性观点转化为班级的集体智慧。

联合国教科文组织发布的报告《共同重新构想我们的未来：一种新的教育社会契约》中指出："教学法应围绕合作、协作和团结的原则进行组织。它应促进学生同理心和同情心的养成，从而通力合作改造世界。它还应教会学生拒绝偏向、偏见和分裂等。对于教学法的评估应反映教学目标，包括促进有意义的学习和推动所有学生的学习等。"因此，教师要不断加强教育教学理论和实践研究，不断革新教育教学模式，积极探索在新课程改革中的角色转变，尊重学生的主体地位，培养学生的自主学习能力，增强学科育人和课程育人功能。

第三节 以模式引导教学行为的转变

一、总体框架

"3+2"课堂，"3"是指探究、共研、应用，是对于学生的"学"而言；"2"是指创设情境、引导过程，是对于教师的"教"而言。"3+2"课堂旨在让课堂成为学生和教师的高情感、高智慧成长共同体。

```
┌─────────────────────────────────────────────────────────┐
│  ③ 学生的学              教师的教 ②                      │
│                                                         │
│  探究 —— 自主学习         创设情境                       │
│                          引导过程                       │
│  共研 —— 合作学习        ─────────────                  │
│                                                         │
│  应用 —— 展示、巩固、提高   "3+2"课堂旨在让               │
│                          课堂成为学生和教师的           │
│         (核心)           学习共同体。                   │
└─────────────────────────────────────────────────────────┘
```

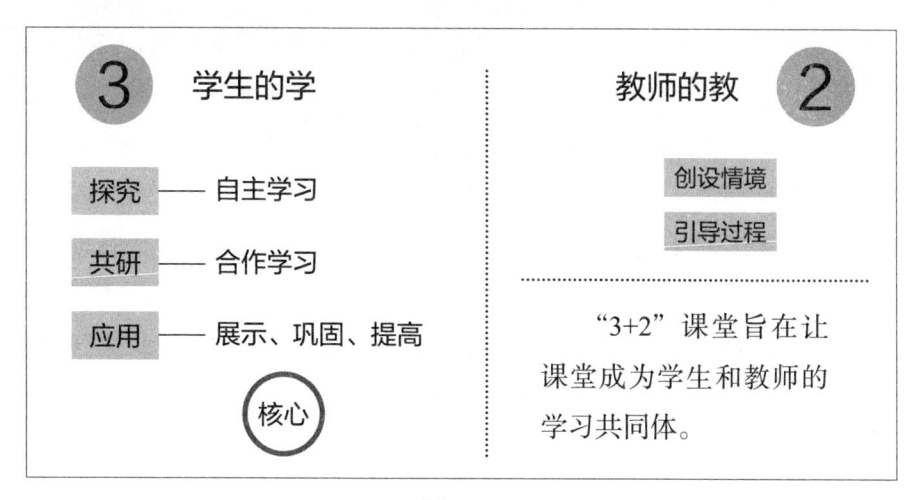

图 2-2

"探究"特指在教师组织指导下学生个体自主、独立完成学习任务的过程；"共研"是以个体探究为基础的小组合作学习过程；"应用"是在个体独立探究、小组合作共研的基础上，学生进行班级展示、交流，以表现性学习任务为载体进行的学生自我加工和转化，从而实现知识建构、能力达成的过程。从探究、共研到应用是学生亲历独立学习、小组学习、班级共学的学习历程，是学生深度参与课堂教学活动的过程。

教师通过创设情境为学生的学习提供学习情境、学习场域、学习氛围，帮助学生进入良好的学习状态。"引导过程"是教师为学生的个体自主学习、小组共研和全班应用提供学习的工具、支架和路径，帮助学生实现深度参与、深度学习。

学生的"探究、共研、应用"与教师的"创设情境、引导过程"相伴相生，深度融合。

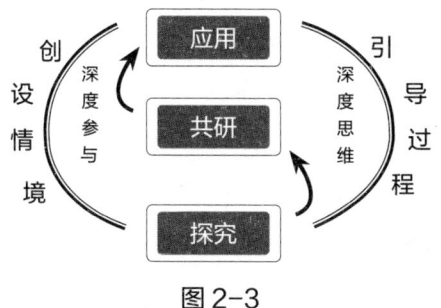

图 2-3

"3+2"课堂，是以问题为课堂的"心脏"，以问题的生成、解决和运用为脉络，带动课堂教学的运行，实现课堂教学的功能。学生的整个学习过程其实就是关于各种问题的探究过程。学生就是在提出问题、尝试探索、伙伴共研、归纳结论、展示运用的问题探究过程中获取知识和发展能力的。而课堂的"双基"授受的效度、能力培养的深度、情绪体验的强度、精神提升的高度和全体学生的参与度等，在很大程度上取决于问题设计的水平。创设情境、引导过程是课堂教学的核心技术。如何确立、分解、呈现课堂问题，引发学生思考和探究，是教师备课、上课的关键。

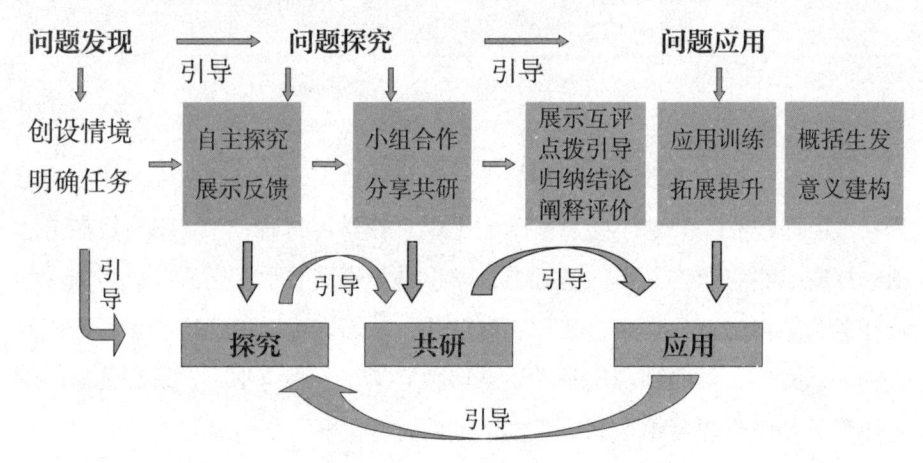

图2-4 "基于学生自主学习的'3+2'课堂教学模式研究与实践"总体框架

整个课堂教学过程可分为三个阶段，即问题发现、问题探究和问题应用。

问题发现就是在问题情境中发现和确立课堂教学研究的主题，明确学习的方向和目标，这是课堂教学活动的基础步骤。

问题探究就是学生以自主学习和合作学习的方式，利用相关资源和条件，自主进行问题的探索和解决，即探究和共研，这是课堂教学的中心阶段。

问题应用就是在求解问题的过程中，深化对现有结论的理解和认识，能展示、交流或补充、质疑、辩论，或进行价值评判，并能应用当堂课探究出的结论和成果，以练习、表演等形式，尝试解释一些相关现象，解决一些相关问题，以巩固、加深和拓展对本堂课学习主题的理解和掌握。

二、阶段分析

（一）问题发现

本阶段的关键是整合资源，创设情境。

呈现相关资源，创设问题情境，这是问题探究的基础。

情境，即情景、境地。它通常来自现实生活中的一个实景片段、一个背景素材等。所谓问题情境，就是蕴含某一问题的情境，即在教学过程中师生创设的蕴含某一个或几个待探究的问题的资源环境和情感氛围，还可以是由学科问题的逻辑推演所引发的思维前瞻、思维困惑和认知冲突。

问题情境是"3+2"课堂的基本要素和重要前提，创设问题情境是教师的一项重要教学技能。

如果学生不预习或只是进行粗放性预习，就需要调动视频、图片等教学资源，以新颖、激趣、扣题、生活化的案例、场景、话题等，创设相应课题的问题情境，为学生开展问题研究制造动机、奠定基础。

如果学生依据导学案进行了深度预习，借助微课、文本等进行了自学，此阶段的第一步则是检查预习、自学（以下统称预习）情况，了解预习效果，搜集、统计预习生成的问题，整合形成本堂课生成性的问题情境。具体分为以下三种情况。

第一种，小组问题的生成在课前，而上课的第一环节则是展示小组问题，营造班级的问题情境。

第二种，上课伊始，学生将其尚未解决的问题在小组内通过合作交流尝试解决，同时整合、提炼出小组的生成性问题（即"小组问题"）提交给班级，从而形成本堂课的"问题群"（即问题情境）。

第三种，没有任何预习，教师直接带领学生进入问题情境。

在这里，我们更加提倡第一种：实施学案导学下的学习前置。

教师在明确教学主题和教学范围之后，要充分寻找、挖掘多种形式的相关教学资源，为创设问题情境打好基础。教学资源力求内容丰富、形式多样：或文本知识，或图片视频，或标本实物，或实验器材，或生活实例，或自然现象。要使得资源支持有力，问题情境逼真，问题方向明朗，问题实质呼之欲出。

问题情境呈现给学生后，让学生尽情地发现、提出、生成，在他们现有的认知水平范围内穷尽所有可能的问题。然后，教师引导学生分析归纳，抓住主要矛盾，明确主攻方向，生成要研究的课题（即课堂的主题）。主题确立之后，可以呈现学习目标，为学习定向。学习目标可以在导学案和课件里同时呈现。具体学习过程为学生自主思考、个别展示、组内分享交流汇总、小组展示、组间补充、教师引导归纳。

一般说来，此环节大量的准备工作是在课前进行的。课上的组织操作大约需要1至2分钟。如果本堂课所需的问题资源较多，就要组织学生在课前充分准备，尽量节省课堂时间。

如果教师自己直接亮出课题，即所谓"开门见山""直奔主题"，甚至上课第一句就点明本节课的主题，并且板书于黑板之上或者预设于课件之中，这样做当然很简单，很快捷，貌似高效，其实是严重降低了问题研究的价值和品质。要知道发现和提出问题比解决问题更为重要。

（二）问题探究（包括自主探究和小组共研）

1. 自主探究

如何开始问题探究呢？学生需要根据自己已有的知识经验进行大胆而合理的猜想和假设，拟定问题探究的基本方向。然后再尝试把课堂主题分解成几个分问题，组成"问题链"或"问题串"，以便逐次探究，直至问题解决。问题链要逻辑严密，层层递进。分问题要有一定的独立性、整合性、挑战性，不可太碎、太细、太平、太淡。一堂课的分问题数以3个左右为宜。

分问题最好是在课堂上生成，也可以课前印制在导学案上，但问题解决的思路、方法、手段等不必提前告知，也不要事先做过多的铺垫，只需在学案上留有足够的空白，由教师实施过程引导。

问题解决是学生探究的发动机。问题解决的有效性是学生积极主动地自主探究合作共研的前提和保证。问题设计的好坏、问题表达的优劣，很大程度上决定着课堂运作的顺利程度和效益水平。因此，教师要将这个带动学生思考、研究的问题想清楚，设计好、表达好。譬如，这个问题有没有一定的挑战性，能否激起学生的好奇心和兴趣？它是否适合学生当下的认知水平，使学生不至于不知所云或无从下手？怎样表述才能让问题更清楚明白、更简洁生动、更具有学科专业性？怎样组织教学语言才能把问题表达得指向明确、坚定有力？

在提出第一个分问题之后，接着要明确自主探究、小组共研的具体要求。如：先个体思考，然后小组讨论，并做好展示准备；时间约几分钟；等等。具体做法是：首先让学生进行独立思考、探究，理清问题的情境、意图，形成个人解决问题的思路和方法的初步意向，做好组内展示、交流的准备。在小组成员大都有了基本思路以后开始小组个体展示自主探究成果，这个展示主要有三个目的：教师了解学情，促使学生集中思维，及时调控教学策略。

问题探究要求都要"书面化"（文本展出）。

此环节自主探究时间大约需要3分钟。

2. 小组共研

此环节是和"问题探究"的第一个环节"自主探究"紧密相连的。小组成员进行自主探究及展示后，开始小组内分享、讨论，共同得出最佳解决方案和结论，并做好展示准备。

由教师或小组组长或小组学科组长进行小组合作的任务分工。小组成员在小组内分享自主探究成果，并对问题进行充分讨论，相互启发、补充、认证，形成问题理解和解决的共识，拿出体现小组集体智慧的合作成果，并推出进行展示的小组代表（一二人或全体成员），商量选定小组展示的方式，分头进行展示准备。

在小组合作的时间段里，教师要专注地巡视课堂，尽可能多地了解各小组的合作情况、探究进度和生成性问题，注意发现最佳答案和典型错误。教师同时要加强个别辅导，掌控合作局面，调节合作进度。但是，不要随便大声说话，不要轻易干扰小组活动。

注意，确定了探究的方向和道路，明确了第一个具体任务之后，教师要给学生提供相应的条件支持，调度和使用诸如文本、图画、视频、器材、标本等资源和手段，以增强问题探究的综合性、真实性，使探究过程扎实、高效。探究性的学习要以逻辑演绎、实验论证、情景再现和情感体验等基本的探究方式，追寻客观事物和思想情感发展变化的内在规律，求得对现实问题的真实探究并加以有效解决。

（三）问题应用

1.应用之展示互评、点拨引导

教师在巡视的基础上进程对学习作出判断，适时结束小组讨论环节，宣布小组展示开始。

各小组代表踊跃举手示意，教师指定某小组展示。如果是书面表达，各小组应在小组讨论达成共识之后，主动在本小组的展示板（小黑板、展示牌、展示图纸等）上板书"合作成果"。待教师指示开始展示的时候，小组代表直接对本小组的展示进行解释和说明。同时，各小组还要迅速了解其他小组的情况，为组间互评做好准备。

小组代表进行展示时，教师要认真倾听，一般不插话、不予打断，让学生尽量充分完整地表述；同时要求其他学生认真倾听，本组同学准备补充，他组同学准备评价。

某小组代表展示一旦结束，其他小组立即进行评价，补充、质疑并进行价值评判，或以自己小组的作品进行比照，开展对话、交流、辩论、碰撞。此时绝非教师评价之时，更不是教师开讲之时。唯有当学生的交锋严重偏离了方向或者迟迟不到位的时候，教师才可以介入，介入不是直接讲解，而是用一两句话进行点拨、诱导、启发，教师直接讲解是不得已的最后手段。

小组之间、师生之间的交流、交融、交锋达到白热化，形成思维共识、情感共鸣的时候，便是师生达到忘我状态之时。这就是"3+2"课堂的本质特征和理想状态。

小组展示的方式有很多，可以是口头表达，可以是书面写作，可以是实验演示，也可以是模仿、表演……

小组展示要从容、自信、面向听众（最好在讲台上），言简意赅。口头表达要流畅、规范、简练、扣题，使用学科话语系统，声音要洪亮。书面表达要严谨、规范、工整、简明扼要，符合学科相关要求。如有必要，可以进行实验演示和情景剧表演等。

小组展示需要一定的资源支持，特别是空间资源的支持。要保证所有小组能够同时进行书面展示，这是提高小组合作学习效率所必需的。要做好"用空间换时间"的准备。

2. 应用之归纳结论、阐释评价

小组展示、互评之后，要在回顾探究过程的基础上，迅速概括出问题的结论性共识，并用学科语言准确、简练地表述出来，即完成阶段性的意义建构。反思探究过程，总结学习内容，提炼概括出规律和结论，这是十分重要的思维能力。

课堂上，教师要严密跟踪学生的思维动态和问题解决进程，一旦问题解决，就立即"收网"，让学生自己或师生一起归纳概括。这一重要的学习任务应该是学生自主完成的，而不应由教师代办，更不能是教师事先准备好的。唯有学生迟迟达不到要求时，教师才可"出手"（出示教师自己总结的内容）。

形成结论之后，教师还要对结论方方面面的意义进行挖掘和阐释，并分析它的学科地位和作用，把它归入学生个性化认知结构的某一处，并让学生进行强化记忆，这是非常重要却又常常被忽视和弱化的学习环节。

3. 应用之应用训练、拓展提升

一般以习题的形式对结论或成果进行实际应用，以达到进一步理解、巩固，并加以必要而适当的拓展、延伸。

发现规律、形成结论的目的是运用它来解决新的实际问题。同时，在求解问题的过程中，深化对现有结论的理解和认识。这就是当堂训练的本意，也有趁热打铁、巩固强化的意图。

在新课教学中，这种训练的主要目的是帮助学生巩固和加深对新学知识的理解，因此选题要有高度的针对性、典型性和简约性。

根据学生的知识掌握情况和认知水平，教师可以适当选择少量对新学知识意义建构有一定拓展延伸、深化提升作用的习题或问题，启发学生深入思考，开阔学生认知视野。但一定要把握好问题的难度、适切性，要求能放能收,适可而止。

在阶段性复习课上,这种以拓展提升为目的的问题训练的数量和难度方面的限制可以逐步放开。

这一环节也应该经历学生自主思考、个别展示、组内分享交流汇总、小组展示、组间补充、教师引导归纳等具体学习过程。

4.应用之概括生发、意义建构

一是课堂总结(包括知识概括和小组反思)。此为课堂教学的最后阶段,要求师生共同完成。首先是学生反思整个课堂探究过程,梳理问题探究的思路和方法,概括问题结论的意义和价值,总结当堂课的收获和感悟,评价自主合作的优劣得失。

二是问题生发。在完成当堂课主题学习任务之后,对当堂课的主题或相关问题继续关注:我们还想知道什么?还能研究什么?让学生透视、展望、生发应该继续探究的新问题,带着新的、更有价值的问题走出课堂,期待下堂课、下个学期的来临。

这就是说,该环节就是要让学生完成一整堂课(一个完全的探究过程)的带有一定终结性的意义建构。这是课堂教学的必要环节,不是可有可无的,不是可被当堂训练和当堂检测所挤占和取代的,也不是受限于课堂时间就可以被省略和舍弃的。如果课堂教学的各个环节非要分个主次的话,问题探究和总结概括是最为重要的,是任何时候都不能省略、简化和弱化的。缺失反思概括环节的教学,其效果会大打折扣。具体学习过程仍然是学生自主思考、个别展示、组内分享交流汇总、小组展示、组间补充、教师引导归纳等。

当前的问题是:好多课堂缺失这一环节;有的课堂是教师包办这一环节;有的课堂只总结知识收获,不评价合作情况;有的课堂则是散点状的知识点罗列,不去概括要点、建构网络等等。

教师要坚守这一重要环节,指导学生熟悉和掌握反思过程、建构意义的思维方法,养成随时进行阶段性意义建构的意识和习惯。

一般情况下,问题探究的两个环节及问题应用的一、二环节即探究、共研和展示、归纳组成课堂中的一个"微循环",指向一个个分问题的解决过程，是整堂课的中心环节，占据整堂课的大部分时间（具体时间依据课程内容和互动情况确定）。经过几个微循环逐次解决了分问题之后，师生共同归纳、分析，得出当堂课主问题的结论；然后，教学进入第三个阶段——问题应用阶段。

需要指出的是，如果课堂教学主题比较简单和浅显，那就不必分解成分问题，本流程的一次线性循环就可以完成课堂教学，无需进行"微循环"。

三、运行机制

首先，教师要熟练掌握"3+2"课堂教学的基本流程和操作要领，逐渐做到得心应手地对教材文本进行解读、重组和建构，以自主探究、合作共研、应用提升的模式来设计和运作课堂教学。

其次，学生的学习活动也要相应地建立和熟练应用一个运行机制。例如，面对某一问题，可以形成与教师教学相对应的"问题解决机制"：明确问题，接受任务—个体思考—小组协作—小组展示—组间互动—补疑评比（补充、质疑、评价、比照）—归纳结论，阐释评价。

总之，操作流程要烂熟于胸，每一环节的注意事项要因人（教师、学生）、因材（教学内容、资源状况）不断调整和丰富。每一环节的操作力求完整、扎实、真实、有效，各环节之间的转换要自然、流畅。也就是说，在教师熟练掌握教学模式的基础上，师生同步形成问题探究的运行机制，对于先干什么、再干什么、最后干什么了然于胸、自动生成、自然过渡、自我组织，无需教师告诫、提醒、呼唤、牵引、推动，流程本身已经隐形，环节因素已经不需要有意思维，而探究过程水到渠成。唯其如此，学生的思维能力、学习能力、问题探究能力、学科素养等才可得以有效发展。

四、学习型课堂的几点思考

（一）课堂总结及反思是学习型课堂的必要环节

在完成整堂课的自主探究、共研、应用学习后，学生需要对整堂课的学习进行综合建构，包括概括总结和反思评价。学生反思整个课堂的探究过程，梳理问题探究的思路和方法，概括问题结论的意义和价值，总结本堂课的收获和感悟，评价自主合作的优劣得失，以不断提高自身总结反思的水平，培养反思性学习的品质。在此基础上可以挖掘、生发新的探究问题，形成新一轮自主学习的起点。

（二）学习型课堂是课内课外高度融合的课堂

学习型课堂，既包含导学案前置的课前自主学习，课上的自主探究、共研、应用的深度学习，也包含课后的巩固延伸学习，是课外学习小组与课内学习小组一体化的学习。在课后延伸环节，教师根据学情及学习的难点、易错点、困惑点等精心设计分层作业，采取"组内互批，组间互批"的方式进行批阅，通过组内讲解、组间共研、组长反馈、教师点拨等方式探究解决疑难问题，实现对课堂学习的巩固、提高。也可以根据不同课题，设置生动有趣的课外实践作业、研究性学习任务等，增强学生对知识的综合运用能力、创新思维和实践能力，全面提高学生核心素养。

（三）学习型课堂是学生"探究、共研、应用"的循环课堂

学习型课堂是一个具有创新性的发展模式。在这一课堂模式中，学生的自主探究、共研、应用三个环节之间互相关联，可以自然转换、相辅相成、循环往复，组成课堂中的一个又一个"微循环"，指向一个个分问题的解决过程。教师的"教"与之相伴相生、高度融合，使得课堂操作具有很大的灵活性、探究性和科学性。

（四）学习型课堂必须不断优化课堂评价

学习型课堂教学模式以学生为根本的价值取向。因此，课堂评价必须从"人"的角度进行评价。评价必须关注"人"的存在，重视"人"的情感体验。在课堂评价中，学生不应只是被动地等待评价者，也应是主动参与的评价者，评价应该由教师、学习同伴以及学生自己共同完成。不但要注重对学习结果的评价，还要注重对学习过程的评价，真正做到定量评价和定性评价、形成性评价和总结性评价、对个人的评价和对小组的评价、自我评价和他人评价的良好结合。对课堂的评价，不仅仅是知识的习得、分数的获得，还应从学生在课堂中关键能力的培养、核心素养的形成、个性化的发展、创新思维的涵养、学习参与度以及愉悦感和成就感的体验等方面进行全面评价、综合评价、增值评价。总之，以多元开放的评价引领学生转变学习观念，优化学习行为，培养良好学习习惯，从而走向自主自由、创生创新的学习。

教育承担着培养担当民族复兴大任的时代新人的根本任务。培养德智体美劳全面发展的人才，根本保障在于课堂教学提质增效。当前，我校基于学生自主学习的学习型课堂改革，还面临着教师角色意识尚未彻底转变、教师课堂教学实施水平不均衡、学生自主学习能力不足、信息技术与课堂教学整合度不高等诸多挑战，我们会立足农村中学实际，从学校教育教学具体情况出发，持续推进学习型课堂改革，最大限度地提高课堂教学效率和育人质量，让核心素养落地，让农村孩子真正实现德智体美劳全面发展。

第三章

先导课式集体备课
助力教学改革

遥墙中学自2018-2019学年开始尝试先导课式集体备课，即学科组头一周集体备课，下一周由一位教师选取其中一节上课，其他教师观摩。先导课结束后学科组再进行研讨，借鉴先导课的得失，开展新一轮的集体备课。先导课式集体备课以级部备课组或学科教研组为单位，一周一次。经过四年多的研究探索，先导课式集体备课已经成为学校常态化的教研模式，成为广大教师备课、授课的自觉选择，在教学思想、教学实践上都取得了一定的阶段性成果。

第一节 先导课式集体备课的特征

先导课具有以下特点：标的性，即教师观摩点评的"箭靶子"；继承性，是上一次集体备课的成果；改进性，是课后反思、规避缺点之后的体现；创新性，是新思维、独具慧眼的展现手法；导向性，是新课堂教学模式实施的参照及方向。

先导课式集体备课的核心是"课"，即打造高效课堂；任务是"备"，即准备；方法是"集"，即融汇众人的智慧；"靶"则是先导课自身。先导课式集体备课是对上周集体备课"果"的验证，同时又是对下周课具有鲜明导向的集体准备。

一、建立先导课式集体备课组织体系

（一）成立先导课式集体备课领导小组

学校加强对集体备课活动的组织领导，成立了由校长、书记、中层领导干部、年级组长、教研组长、备课组长组成的先导课式集体备课领导小组，每个备课组要明确一名中层以上领导参与集体备课活动并作为备课组活动的考核人。

（二）建立先导课式集体备课小组

以教研组、年级组为单位进行集体备课。语、数、英三科以备课组为单位开展备课，政、史、地、生、理、化、音、体、美、微校本地方课程等以教研组为单位开展备课。

各组的备课活动由教研组长、备课组长负责组织，保证各学科每周有半天的集体备课时间。

二、先导课式集体备课的主要流程及操作要点

（一）主要流程

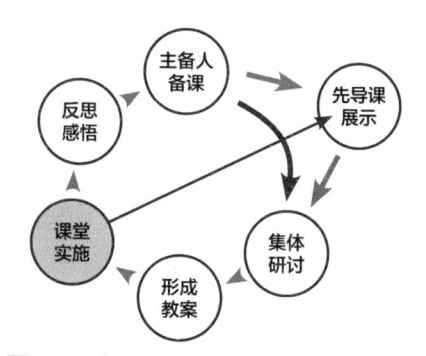

图 3-1 先导课式集体备课的主要流程

（二）操作要点

第一周

1.任务分工

备课组长根据教材的内容分单元、分课时把备课任务落实到各任课教师和每一课时的备课指定主备人。

2.主备人备课

先导课式集体备课要求学科组每一位成员都要根据所分配到的教材内容先进行自主独立备课。主备人要在充分开展课标研究、教材研究、学生研究、教学策略研究等基础上形成教案、课件和导学案。学科组其他成员在个

人初备后形成个人电子版简案或手写详案，完成第一次备课。

第二周

1. 先导课展示

主备人在上周集体备课的基础上，加入自己在课堂教学实践中的一些反思、感悟，特别是具有继承性、改进性、创新性、导向性的想法和做法，选取一课时进行先导课展示，为其他教师提供范例，通过真实的课堂寻找问题。

2. 集体研讨

执教先导课教师进行说课，反思先导课的得失，其他教师带着对本节先导课的直观感受和新的思考展开讨论，谈优点，找不足。教师在教学评议时重点关注学生学到了什么、还有哪些薄弱环节以及通过观摩，"我"学到了什么，在集体讨论的基础上达成一致意见。同时通过反思上周集体备课的得失，引导新一轮的集体备课。（时间15分钟左右）

3. 形成通案

集体备课结束后，主备人在集体研讨的基础上再次对教案、课件、导学案进行修改完善，形成通案，完成第二次备课，与学科组共享。

4. 课堂实施

备课组教师在备课组形成的通案的基础上，结合自己的理解感悟、班级学情及个人教学特色等，对教案、课件进行修改、创新，形成个性化教案，完成第三次备课后进行课堂实施。

5. 反思感悟，开展新一轮集体备课

在对先导课进行导向和反思的前提下，备课组开始新一轮的集体备课。新一轮的集体备课仍是在主备人备课形成的个案基础上进行的主备人说课、集体研讨、反思修改、形成通案等。

第二节 先导课式集体备课实施要点（数学学科）

为了增强集体备课过程的实效性，实现集体备课的精准性，2018年学校提出了先导课式集体备课的概念，通过学校的引领和教师们的共同努力，遥墙中学坚定地走向了"以教学研究带动课堂学习，建设以学为核心"的课堂教学之路。

一、先导课是师生共同成长的平台

顾名思义，先导课就是集体备课前的课堂展示，为集体备课的研讨提供一个靶子，通过对先导课的研究，为下周的备课提供具有导向性和可行性的方案。

我们的先导课的流程是：①主备人备课，集体研究讨论教学的情境创设与活动设计；②上课教师整理教学设计，上先导课；③集备研讨形成教案；④教师上课（课堂实施）；⑤反思感悟。

先导课展示的是上周集备的成果，课堂实施是教师在课后反思研讨、规避先导课中的问题、形成新的教学设计后进行的，因此先导课对课堂教学实施起到引领、导向的作用。课堂教学实施以先导课为基础进行改进与创新，丰富课堂教学活动，直接指向学生的"学"。

先导课式集体备课的核心不是"课"本身，而是通过先导课进行的"研"和"备"。

表面上看，先导课是一名教师执教一堂课，实际上备课组的所有教师都参与到先导课的准备和课堂教学中来，非执教教师主要负责观察课堂、记录学生小组活动以及课堂生成情况，通过课堂教学来思考和分析上周集备时确定的学习目标、活动设计的思路是否达到预期目标以及如何改进。

教研时我们提出如下要求：

上课教师回答3个问题：①学习目标是否达成?②小组活动的有效性如

何，是否真正实现了学生的"学"？③有无偏离上周集体备课的方向？

听课教师回答3个问题：①听课中有何不明白的地方？②课堂小组活动的设计如何以及如何改进？③"我"从中学到了什么（优点）？

先导课承载着教师研究课堂、改进教学设计、提高课堂教学效率、促进教师自身成长的功能。

案例：先导课《二元一次方程与一次函数》的研讨

《二元一次方程与一次函数》的课标要求为体会一次函数与二元一次方程的关系。本堂课从"数"和"形"两个角度挖掘一次函数与二元一次方程（组）本质上的联系，充分体现数形结合的数学思想，发展学生的几何直观概念，为某些问题的解决提供新的途径。

先导课后教师们进行了研讨：

1. 新课导入环节如何更好地激发学生兴趣，给学生思维定向

我在上课时创设了如下（图3-2所示）问题情境：让学生思考这是怎么回事，x+y=5应该去哪儿？意图引领学生从数的角度体会二元一次方程和一次函数的关系，从而展开本节课的学习。

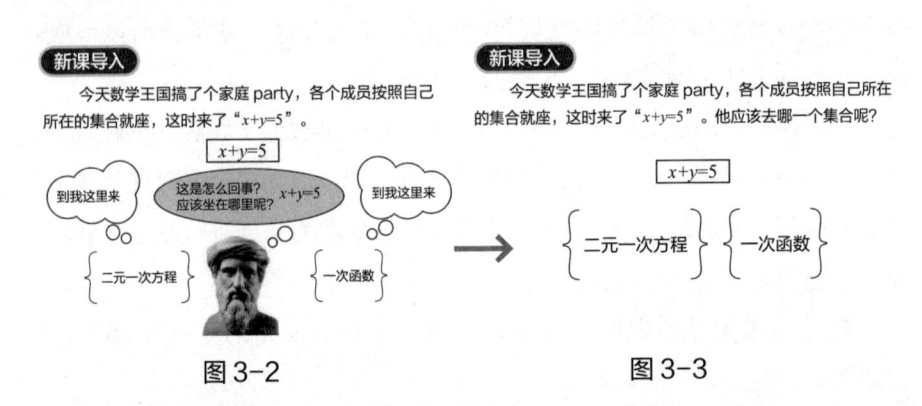

图 3-2

图 3-3

教师们认为本堂课是让学生体会一次函数与二元一次方程的关系，而新导入环节只是为了引入，没有在真正意义上给学生的思维定向，引向数学的本质，即从数的角度一次函数就是二元一次方程。建议改成如图3-3所示的形式，让学生自己选择，进而通过式子的变形建立一次函数和二元一次方程的关系。

2. 学生展示环节，要注重数学思想方法的生成和数学活动经验的积累

合作学习卡	如图所示的四条直线，其中直线上每个点的坐标都是方程 $x-2y=2$ 的解的是（　　）
活动要求： （1）自主探究（2分钟） （2）小组交流（2分钟） （3）小组展示：3号或2号	A　　B　　C　　D

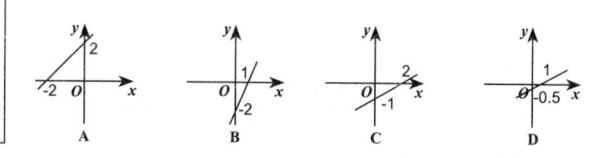

在上面的合作学习中，根据小组展示的成果，引导学生归纳解题方法：把一元一次方程转化为一次函数，再去判断图像。

教师提出：本节课的一个重点是体会数形结合的思想，本题选得非常好，在学生展示的基础上，再引导其从"形"的角度去体会"数"的问题。

解题方法：把点的坐标代入方程，看是否成立。这样可以从数、形两个方面让学生体会：

（1）把二元一次方程转化为一次函数，再去判断图像。（数的角度）

（2）把点的坐标代入方程，看是否成立。（形的角度）

这样可以真正发展学生数形结合的思想，帮助他们积累数学活动的经验。

通过讨论，我们对教学设计进行了优化和改进，在二次上课（课堂实施）时收到了良好的效果。

这样的研究是实在的、真实的，极大地促进了青年教师的成长。先导课堂已成为师生之间沟通交流，学生之间合作与分享，教师之间相互支持、交流与反思的平台，真正成为师生共同成长的课堂。

二、集体备课已从备知识体系向备情境创设和活动设计转变

我们常规的集备：

集备前：在研究本周教学内容的基础上主备一节课，形成教案、课件、学案。

集备中：主备教师展示备课内容，教师们交流研究，形成统一的教案、课件、学案。

集备后：教师上课，课后反思。

集备成果：教案、课件、学案。

（一）创设情境

情境创设旨在通过教师展示的问题或生活情境，激发学生学习兴趣，培养其定向数学思维；引导学生快速融入课堂，进入良好的学习状态，并加以保持。数学情境应具备三个特征：①学生熟悉的；②简明的；③具有必然引向数学的本质。

（二）活动设计(合作学习)

一节课的重点、难点和易错点需要在备课中先进行罗列，选择合适的合作点，开展小组活动，如此才能有效地达成活动设计的目的，保证知识学习和思维方法的融合，从而促进学生的发展。

独立思考是小组活动的基础。在小组活动中，学生应当先独立思考（非常必要），在一定思考的基础上再进行共研，这样才可能有思维的碰撞，形成正确的学习方法。

充分考虑3、4号学生的学习，把较为简单的任务交给他们，稍难的任务由1、2号学生进行引领。

在学生的展示评价中注重方法、思想的生成和总结。

（三）活动实施（合作学习）

（1）独立思考。

（2）组内交流。

（3）组间质疑、评价。

（4）教师引导、点拨：在学生展示、质疑、评价后，教师要进行适当的引导、点拨，总结通法和数学思想，进一步提高学生发现问题、解决问题的能力。

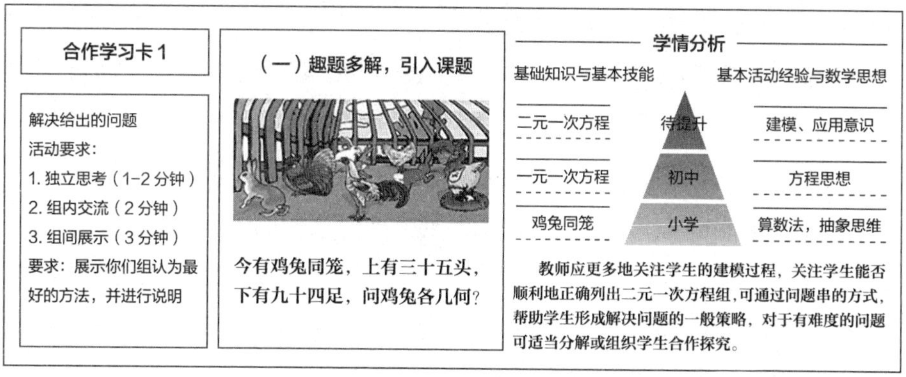

图3-4 "二元一次方程组的应用——鸡兔同笼"的活动设计

这是教师在"鸡兔同笼"一节课中的活动设计，活动基于学生学情，对每一环节设定了时间并提出了明确的展示要求，因为学生有小学算数解法和一元一次方程的经验，所以组间展示的顺序设定为4—3—2—1，鼓励3、4号学生回答问题。教师的作用在于引导学生体会解决鸡兔同笼问题的不同思维过程，通过三种方法优缺点的比较，感受引入方程（组）模型思想的必要性。

这种基于学情的活动设计，每一个学生都能参与到活动中来，并学有所获，能让不同层次的学生都有自我展示的欲望和机会，教师在其中的作用是点拨与引导。

（四）应用展示

应用展示是学生学习、活动后的一个展示收获环节，也是促进学生积极学习的手段。在集备时，我们认真研究教学目标和学情，设计好展示的内容，既要有针对3、4号学生基本技能、基本知识的考察，也要有针对1、2号学生的数学活动经验与思想方法的考察。

经过不断实践，我们发现，只要给学生留有展示的空间，学生就一定会回报给教师一个惊喜。在这个过程中，学生得到了知识技能和思维方法的训练，更收获了与他人分享的快乐，激发了学生"我能行"的潜意识。

展示运用的第二个作用就是加强思想方法、数学模型建构的研究，借助学生的展示，帮助学生构建知识框架、掌握思想方法，提升学生整堂课的学习效果，这里需要强调的是教师的引导。

教师上课面对的是一个变化的、开放的、动态生成的课堂，"预设"与"生成"之间怎样调整，如何开展数学学习活动，将教师的"教"与学生的"学"有机融合，走向高效，实现高效课堂，是我们集备的主要目的之一。

通过先导课的备、上、评、改，再到上课，在我们不断地磨课中，教学的方法变了，但教学的方向没变；教学时知识的存在方式变了，但教学的本质没变。我们的"3+2"课堂正在从"教学生探索数学"向"给从事探索活动的学生提供帮助"转变。我们相信，思想的碰撞更能闪现创新的火花，先导课式集体备课与"3+2"课堂使得师师、师生、生生之间不断地进行思想碰撞，其中既有自我展示的平台，也有合理借鉴的空间，更是创新的开始。

虽然先导课式集体备课还存在很多不足之处，但是我们已然坚定地走上了以教学研究带动课堂学习，建设以"学"为核心的课堂之路，这些不足正是我们继续研究的动力。相信一分耕耘一分收获，在前进的道路上，我们一定能收获梦想，成就学生，也成就自我。

第三节 教学研究引领教师发展

为创建具有我校特色的教师教学能力发展平台，培育善于反思、乐于分享、甘于奉献的教学文化，全面提升教师的教学能力和水平，促进教师专业发展，提高课堂教学效益，提升学校办学品位，经学校研究，决定成立遥墙中学教师专业发展委员会。

一、整体设计

全面贯彻党的教育方针，贯彻落实教育发展纲要和有关教师专业成长的各项政策、法规，紧紧围绕促进教师专业发展这一中心任务，结合学校实际，充分挖掘本校资源，立足行动研究，发现真问题、真研究问题、真解决问题，为学校的教育教学和教师的专业成长、名师培养做好指导和服务，引导教师做专业人，走专业发展之路。

遥墙中学教师专业发展委员会以服务教师教学能力发展、提升教学质量为宗旨，以促进教师专业发展、提高教师教学能力水平、深化教育教学改革、优化教师的教学方式和学生的学习方式、提高课堂教学效率、全面提升教育教学质量为目标，是研究教育教学方法、寻求教学改革道路、强化学校科研意识、培养学校名师团队，从而提升学校办学品位的学术组织，直接隶属学校校委会领导。

二、基本架构及主要工作

（一）基本构架

遥墙中学教师专业发展委员会共有成员5名，其中主任1名、副主任1名、委员3名。

（二）主要工作

（1）组织开展教学发展需求调研。

（2）对各级部教学活动进行调研评估。

（3）加强教学效果测评和学生评教信息反馈，以评促学。

（4）完善教学基本状态检测评估制度，提高教学培训及相关工作的针对性。

（5）教师教学研讨交流：组织教学名师、教学能手开展教学专题研讨；组织教学观摩研讨活动；组织教学研究、教学发展专项研究和优秀成果推广应用活动。

遥墙中学教师专业发展委员会成员享有优先参加各级各类外出学习培训、优质资源推荐活动，在职称评聘中的兼职加分项享受学校中层同等待遇。

第四节　青年教师导师制实施方案

为加强我校师资队伍建设，促进青年教师快速成长，帮助青年教师系好职业发展的"第一粒扣子"，使青年教师尽快"站稳课堂"，更好地实现人才培养上的"传帮带"，经学校研究决定，实施"青年教师导师制"。具体方案如下：学校遴选思想品质好、教学水平高、教学经验丰富的骨干教师作为青年教师的职业导师；具体指导青年教师的培养提高工作。培养期限为一年。

一、指导教师的职责

指导教师根据青年教师的具体情况，制订培养计划，提出培养目标、要求和具体措施。

指导教师要本着对学校发展负责、对青年教师成长负责的高度责任心，认真、全面做好指导和督促工作，培养青年教师的敬业精神和严谨踏实的工作作风，促进青年教师快速成长。

指导教师要在教学常规方面起到示范和引领作用，如制订学期教学计划、研究课标、进行先导课式集体备课、开展"3+2"课堂教学、进行作业设计与批改、进行学科辅导、进行检测与分析等；严格训练青年教师的教学基本功，全面提高青年教师的教学水平。

指导教师帮助青年教师上好过关课、汇报课和各类公开课，针对其教学中存在的问题及时寻找解决策略。

指导教师每周上示范课，并邀请青年教师听课，互相取长补短，每周至少互听1节课，认真填写听课记录并进行指导点评。

指导教师引领青年教师走专业发展道路，引领青年教师认真学习先进的教育教学理论，积极投身"3+2"课堂教学改革和先导课式集体备课，立足于日常教学进行教育科研，尽快提升青年教师的教育科研水平，促进青年教师专业成长。

培养期间，指导教师对结对帮扶的青年教师进行期中教学评估，学期结束时进行全面总结。

指导教师要在工作、学习、生活等方方面面关心、帮助青年教师，让青年教师在团结、友善、温馨的集体中成长。

二、青年教师的职责

青年教师要树立主动学习的意识，自觉主动地提升自己的专业素养，增强职业光荣感、使命感、责任感、爱岗敬业、为人师表。

青年教师要主动接受指导教师在思想、业务等方面的指导，积极进取，虚心求教，勤奋好学，主动与指导教师沟通交流。

青年教师要严格执行先周备课制度，在参加集体备课之前，精心完成下一周的所有备课任务，手写教案并将其交给指导教师接受指导。

青年教师每周请指导教师听课不少于1节，课后主动请指导教师评课，写好评课反思；每周听指导教师的示范课不少于1节，写好听课记录，课后主动交流。

青年教师要积极参加听评课、先导课式集体备课、各级各类教学交流研讨、课堂展示等，每次活动之后及时撰写教学反思。

青年教师要虚心学习其他教师的课堂教学，每学期听课不少于30节，认真写好听课记录。

青年教师要具有创新意识，根据自己的优势和学科特色走出一条符合"3+2"课堂教学改革指导思想的新路。

培养期满时，青年教师要围绕目标任务完成情况、学习收获、问题与不足之处及改进措施等方面进行全面梳理，形成书面总结。

三、评估

通过定期不定期检查、抽查以及学校课堂教学评比等活动，促进青年教师导师制工作的落实。

每年11月中旬，青年教师进行汇报课展示。

培养期间的过程材料（手写教案、听课记录、教学反思、培养计划、培养总结等）于学期末上交学校教导处存档，作为对青年教师和指导教师业务考评的重要依据。

学校将按照学校KPI考核方案每月给指导教师发放导师费。

第四章

教师反思与成长

第一节　"应用"如何在教学中实现

济南高新区遥墙中学　李芳

《义务教育语文课程标准（2011年版）》（以下简称"语文课标"）指出："语文课程致力于培养学生的语言文字运用能力，提升学生的综合素养，为学好其他课程打下基础。语言文字的运用，包括在生活、工作和学习中的听说读写活动以及文学活动，存在于人类社会的各个领域。语文课程应特别关注汉语言文字的特点对学生识字与写字、阅读、写作、口语交际和思维发展等方面的影响，在教学中尤其要重视培养良好的语感和整体把握的能力。"

2019年7月，在前期做了大量工作的基础上，遥墙中学开启了"3+2"课堂教学改革之旅。"3"是学生活动"探究、共研、应用"，"2"是教师活动"创设情境、引导过程"。

三年来，我们对此教学模式不断探索和实践，以寻求更有效的方法，帮助学生更好地掌握知识和培养能力。在探索过程中，我对其中的"应用"环节有了一些心得体会，下面就结合我们的教学实际来简单谈一下。

一、对"应用"意义的认识

"语文教学要注重语言的积累、感悟和运用，注重基本技能训练，让学生打好扎实的语文基础。尤其要注重激发学生的好奇心、求知欲，发展学生的思维，培养想象力、开发创造潜能，提高学生发现、分析和解决问题的能力，提高语文综合应用能力。""3+2"课堂中的"应用"环节正是在学生"探究、共研"的基础上，以及掌握基本知识和技能的前提下，提高学生应用知识的能力，帮助他们进行知识的迁移和运用，对学生思维和能力进行拓展和提升，以体现语文工具性和人文性统一的基本学科特点。

二、语文教学中"应用"的形式

"应用"的内容十分丰富，形式非常灵活，涵盖"说、读、写、练"。其中"说、读、写"主要体现在新授课中，"练"主要体现在复习课和试卷讲评课中。根据需要，"应用"可以安排在课前、课中、课后阶段。

（一）关于"说"的应用

语文教学中，由于我们长期秉持的教育教学理念和对应试教育的重视，所以一般对于"读""写"训练比较重视，而忽视了"听""说"能力训练。其实在教学中，"听"和"说"是紧密结合的，要培养学生倾听、表达和应对的能力。要将语文课标要求的"教学活动主要在具体的交际环境中进行，努力选择贴近生活的话题，采用灵活的形式组织教学"落到实处。

我们的"3+2"课堂中关于"说"的应用大体有以下几种方式。

1.讨论探究

大多数时候我们是在教学的每个活动中提出具体要求，让学生根据教学内容进行小组讨论，对问题进行探究，然后推选代表分享组内的观点及依据。

比如在教七年级学生《紫藤萝瀑布》一课时，我们在教学设计"活动一"中对学生的学法指导是：

【活动】赏一树繁花

（1）先请一个小组配乐朗读1~6段，教师朗读7~11段，同学们感受紫藤萝瀑布之美。

（2）教师：作者说从未见过开得这样盛的藤萝，它"盛"在哪里？

请同学们自由朗读1~6自然段，对描写紫藤萝的语句进行批注，然后小组交流，回答作者是如何表现紫藤萝之美的。

小组合作要求：①自主阅读及思考；（2分钟）②组内交流，按照4—3—2—1号的顺序发言，并互相补充；（3分钟）③各小组之间进行分享。（2分钟）

④其他组补充并评价。（2分钟）

批注要求：画出描写紫藤萝的句子，并按照如下形式进行讨论分析。

第X段……使用了……的手法/从……方面描写紫藤萝，写出了紫藤萝……的特点。

在"合作要求"的第2条"组内交流、互相补充"、第3条"组间分享"、第4条"补充并评价"以及指定句式来分享等要求中，我们都可以看到，教师注重培养学生"说"的能力。

2.根据教学情境进行说话练习

比如在七年级《写人要抓住特点》一课的教学过程中，我们的教学设计如下：

【活动】学习语言描写

练习一：猜一猜他们的身份

街头小店里有部公用电话，南来北往的行人很多，这天来打电话的人一个接着一个。

一个戴眼镜的青年在电话里说："我叫苏若甫，苏东坡的苏，郭沫若的若，杜甫的甫。"

一个红光满面、挺着将军肚的男人，从小车里钻出来，拿着手机说没电了，也来这里打电话。他在电话里说："我叫李美财，李嘉诚的李，美女的美，财富的财。"

一个戴着安全帽、背着工具包的中年汉子来打电话，他在电话里说："我叫马再新，下马的马，再就业的再，创新的新。"

一个提着青菜的老大娘来打电话，她在电话中说："我叫黄玉芹，黄豆的黄，玉米的玉，芹菜的芹。"

练习二：说话要符合人物性格

现场说话练习一（符合人物性格练习）：

弟弟不小心把你心爱的钢笔摔坏了，这时——

> 性格温和的你会说：
>
> 脾气暴躁的你会说：
>
> ……
>
> 现场说话练习二：
>
> 同样向别人要求帮助，如让别人帮你把书包从背上拿下来，这时——
>
> 你会对陌生人说：
>
> 你会对妈妈说：

在这个教学设计中，我们如此设计了恰当的教学情境让学生练习"说"的能力。

3. 根据教学内容的需要，设计具体的话题让学生进行辩论

比如在进行《陈涉世家》一课的教学中，我们做了以下设计：

> 辩论：假如九百戍卒既没有遇雨，也没有失期，你认为这次农民起义会爆发吗？对各组之间分别选择不同立场进行辩论，任何一方都要结合课文内容或者自己搜集到的资料来发表辩论意见。
>
> 合作要求：
>
> ①自主思考。（1分钟）
>
> ②小组交流。（2分钟）
>
> ③班内分享。（2分钟）
>
> ④评价补充。（1分钟）

通过辩论，学生加深了自己对于文本的理解，更能理解当时的社会背景及农民起义的必然性。

在语文课堂教学中进行"说"的应用训练时，我们首先要求学生自然流畅地表达，注意对象和场合，注意谦辞、敬辞的使用，并且在每个活动学生分享之后，其他小组都会进行补充和评价。在这一过程中，又再次对学生进行了"说"的训练。这有力地提高学生的语言表达能力，促进学生思维能力的发展，为"写"打下坚实的基础。

（二）关于"读"的应用

阅读教学要重视朗读和默读。各个学段关于朗读都要求"有感情地朗读"，就是要让学生在朗读中通过品味语言，体会作者及其作品中的情感态度，学习用恰当的语气、语调朗读，表现自己对作者及其作品情感态度的理解。

"3+2"课堂中，我们关于"读"的应用有以下探索。

1. 各种形式的"读"

例如在教学八年级《三峡》一课时，我们进行了以下教学设计：

第一课时教学过程设计了四个活动：

【活动一】初读课文，整体感知。

（1）听读课文。

（2）教师配乐范读，学生配乐朗读。

（3）体会句式特点。

合作要求：

①听读课文2分钟，注意字音、节奏、句式特点；②自读课文2分钟，注意字音和节奏；③同位互读2分钟，4、3号学生读，互相修正读音及节奏；④班内配乐朗读2分钟，其他组进行评价。

【活动二】再读课文，结合注释疏通文义。

【活动三】三读课文，积累重点词语。

【活动四】回顾课文，写导游词。

第二课时教学过程设计了四个活动：

【活动一】自读并翻译课文，进行思考。

【活动二】再次浏览课文，看作者是如何写景的。

【活动三】总结三峡四季景物的特点（用四字短语），再次齐读课文，体会作者的感情。

> 【活动四】小练笔：三峡的景色是优美的，但在我们身边，同样有许多名胜古迹和优美的山川，请写一写你见到的美景。（200字）

在《三峡》的教学过程中设计了两个课时，每个课时均有四个活动，共八个活动，这八个活动都与读课文有关，涉及听读、范读、配乐朗读、互读、自读、浏览、齐读等形式，相信通过这两个课时"读"的应用性训练，会使学生对本文烂熟于胸，更有利于学生理解课文内容、写景方法、句式特点及作者感情，也会从中学习到写作方法，从而为"写"打下基础。

2. 复述的应用

比如《曹刿论战》一课中的总结应用：

> 【活动】
> 总结：本文主要讲了曹刿毛遂自荐帮助鲁庄公赢得长勺之战胜利的故事，表现了曹刿卓越的个人才能。
> 应用：同桌之间互相复述故事。
> 通过对故事的复述，学生可以更好地把握文章内容，理解人物形象的特点等。

3. 根据文本内容的需要，进行分角色情境朗读或者演读

在讲《范进中举》一课时：

> 【活动】体会范进中举前后胡屠户态度的对比。
> （1）找出集中描写胡屠户的段落，小组选择其中一段，分角色朗读或者表演。
> （2）找出胡屠户对范进前后态度的变化，填写表格。
> （3）总结胡屠户这一人物形象的特点。

在《我的叔叔于勒》一课中的分角色朗读：

> 【活动】
> 　　分角色朗读，体会人物形象特点。梳理情节不是目的，人物才是小说的灵魂，哪些段落集中刻画了菲利普夫妇的形象？
> 　　合作要求：①组内分角色朗读父亲、母亲、船长、"我"、于勒、旁白的句子，要求读出对人物的理解，勾画运用描写刻画人物的句子；②选出表现好的小组进行展示，其他同学进行补充；③总结、评价角色朗读情况。

在《变色龙》一课中的角色演读：

> 【活动】角色演读
> 　　组内选取喜欢的细节，模仿主人公奥楚蔑洛夫进行角色朗读或者表演（选择一或两次变化），选出班里未来的"奥斯卡之星"！
> 　　提示：
> 　　①要读准人物说话的语气和语调；②注意语言的停顿；③有省略号处要特别注意；④注意说话的间断；⑤注意省略重复的语句；⑥注意语意未尽或声音延长。

　　教学活动中，通过"读"的应用，能够将学生的思维带入课文的深层次中，对人物的心理以及情感进行探究，提高学生的学习兴趣和学习语文的积极性。

（三）关于"写"的应用

　　语文教学是由阅读与写作两大块内容构成的，正如叶圣陶先生所说："学生须能读书，须能作文，故特设语文课以训之。"读写是语文教学的根本，其重要性不言而喻。教师也深知二者须有机结合，方能相得益彰。但在具体的教学实践中，阅读与写作严重脱节，学生在阅读教学中获得的知识未能及时在写作实践中加以运用。于是我们在进行阅读教学时,结合典型课文与学生实际情况,精选训练点,采用当堂写作的形式进行应用训练。

1. 批注形式的应用

《紫藤萝瀑布》一课中的应用:

> "请同学们自由朗读1~6自然段,对描写紫藤萝的语句进行批注,然后小组交流,回答作者是如何表现紫藤萝之美的?"
>
> 批注要求:画出描写紫藤萝的句子并按照如下形式进行分析。
>
> 第×段……使用了……的手法/从……方面描写紫藤萝,写出了紫藤萝……的特点。

2. 仿写形式的应用

《紫藤萝瀑布》一课中的应用:

> 【活动】写一种情怀。
>
> 作者通过对紫藤萝的描写和叙述,抒发了自己的情感,告诉了我们一个道理,这种手法就是"托物言志"。
>
> 那么,相信你也有过类似的经历,走进大自然,你遇见了什么?看到、听到了什么?感受到了什么呢?
>
> 请以"我的那朵花"为题,学习本文托物言志的写作手法,仿写一篇小短文。(200字左右)

3. 续写形式的应用

《变色龙》一课中的应用:

> 续写:文章最后写到奥楚蔑洛夫"裹紧大衣,接着穿过市场的广场径自走了",请设想并写下离开广场后奥楚蔑洛夫去了哪里。要求所设计的情节符合人物的性格特征。(100字左右)

4.扩写形式的应用

《我的叔叔于勒》一课中的【作业设计】

> 将应用部分扩写补充完整，使人物形象更饱满。（300字左右）

5.拓展形式写作的应用

《三峡》第一课时中的【活动四】回顾课文，写导游词。

> 假如你是一名小导游，带领大家游览三峡，请根据本文写一段导游词，体现三峡的优美风光和突出特点。（150字左右）

《三峡》第二课时中的应用：

> 三峡的景色是优美的，但在我们身边同样有许多风景优美的山川，请你写一写身边的景物，或者你外出旅游时见到的美景。（200字左右）

这些形式的写作既有机结合了文本，又能贴近学生实际，达到让学生易于动笔、乐于表达的目的，引导学生关注现实、热爱生活，表达真情实感，为大作文积累素材，提高写作的兴趣，使写作不再成为难事。

（四）关于"练"的应用

"听""说""写"的训练，是为了夯实学生的基础知识，使学生具备基本的技能，培养语文核心素养。但在当前的教育教学背景下，更应该引导学生把所学真正运用到实践中去，实现自己的预期。

在"3+2"语文课堂教学中，"练"主要体现在复习课和试卷讲评课，有课前导练、当堂训练和课后检测几种形式。

以《三峡》的复习课为例，有课前导练、课上的当堂训练和课后练习三种形式。

课前导练

1.结合中考考点，对基础知识进行课前检测，并分析做题情况。

2.学案反馈：①虚词整理不到位，串联能力不够；②个别学生对个别实词、虚词区分不明确；③对文章内容的梳理不够全面。

3.复习过程。

由学案反馈情况确定本课复习目标为：梳理真题，明确中考课内文言文考点；准确、完整夯实《三峡》中的考点知识。

复习导入：出示2020年中考真题（《与朱元思书》相关试题）和2021年中考真题（《大道之行也》相关试题），结合真题，小组讨论中考考点。

当堂检测

1.下列加点词解释有误的一项是（　　）

A.沿溯阻绝　　溯：逆流而上

B.回清倒影　　清：清澈

C.虽乘奔御风　奔：这里指飞奔的马

D.林寒涧肃　　肃：肃杀，凄寒

2.下列各项中加点词意义和用法相同的一项是（　　）

A.至于夏水襄陵　　皆以美于徐公

B.则素湍绿潭　　入则无法家拂士

C.春冬之时　　禽兽之变诈几何哉

D.其间千二百里　　其真无马邪

3.下列对文章理解有误的一项是（　　）

A.本文选自《水经注》，描绘了三峡雄伟壮丽的景象，抒发了作者对祖国山河的热爱。

B.第二段正面描写与侧面描写相结合，突出了三峡夏季水势之盛，水流之急。

C."素湍绿潭，回清倒影"是俯视，"绝巘多生怪柏，悬泉瀑布，飞漱其间"是仰视，俯仰生姿，相映成趣。

D.作者引用渔歌表现了三峡的山高水长，同时渲染了三峡秋季的清幽秀洁。

课后练习

全体：完成课后检测题。
A层：整理本课思维导图。
B层：整理本文中的重点实词和虚词。

通过以上"练"的应用，使学生明确复习目标，夯实基础知识，提高应用能力。

语文的"听、说、读、写"不能割裂开来，而应互相配合、互为依托，而决不可偏重其中之一。"3+2"课堂教学中的"应用"环节正是在学生"探究、共研"基础上，把学生作为学习的主体，注重语言文字的积累、感悟和运用，重视基本技能训练，发展学生的思维，培养其想象力，开发其创造潜能，提高学生发现、分析、解决问题的能力，提高语文综合应用能力。

三、"3+2"课堂"应用"实施的几点思考

教学内容设置要围绕教学目标，不能漫无目的；要根据不同层次的学生分层制定目标；指向性要明确，能为以后的同类型教学起参考作用。

要根据需要选择所设置的内容，所设置的问题不要太多太杂，不能"为了应用而应用"。

要求要明确，要注意找准合适的训练点，更要注意训练的方式方法。

环节设置的时间安排要合理，不能"前松后紧"，导致"应用"环节一带而过，要留出充足时间；时间也不可设置过多，导致学生效率不高。

要给学生交流、展示、补充、评价的时间，其后是教师明确、强调的过程，充分发挥学生的主动性，提高学生学习的积极性。

每节课根据需要可以组合采用多种"应用"形式，使活动形式更加丰富多彩。

我们的"3+2"课堂改革之旅已经扬帆起航，希望能跟随学校课改脚步越走越远。

第二节 生物课堂小组共研的实现

济南高新区遥墙中学　陈丽媛

自2019年以来，遥墙中学开启了"3+2"课堂教学改革的探索和实践。三年以来，在我们生物课堂中处处"演奏"着课改的旋律，从最开始的先追求"形似"，以期学生做到"探究、共研、应用"，教师做到"创设情境、引导过程"；慢慢地，我们追求"3+2"课堂改革的"神似"，在生物课堂中不断深耕，通过不断调整和实践，使自己的课堂与课改相得益彰。

新课标下的初中生物课堂，旨在立足培养学生的核心素养，主要是指学生通过本课程学习而逐步形成的正确价值观、必备品格、关键能力，是生物学课程与人价值的直接体现，主要包括生命观念、科学思维、探究时间、态度责任。

今天我就结合自己的教学实践，谈一谈小组共研在课堂教学中的实施与应用。

首先，我们在课堂教学实施过程中，学生主要以小组为单位进行合作学习。小组合作学习模式对课堂教学效果的提高有着举足轻重的作用。在传统教学模式中，授课形式是单向传递，而随着新课程改革的实施，课堂教学活动已经转变为生生互动和师生互动的学习过程。小组合作、组组竞争可以活跃课堂气氛，提高课堂效率，使学生树立团队合作意识，促进学生思维能力和探究能力的提高，为学生良好心理品质的形成奠定基础。

在我们的生物课堂中，有些简单的问题或者一些生物常识学生只需要自主学习即可获取答案，因此组内互相交流就可以1号和4号、2号和3号两人交流即可，从而大大节约课堂时间，也让3号和4号学生在交流中得到锻炼和发展；而对于较难的问题，特别是一些需要逻辑思维、推断等高阶思维的转化问题，教师可组织学生在小组内共同研究，这也就是共研的意义所在。在讨论过程中，由4号学生先发表意见，由4号学生到1号学生每人依次说出自己理解的部分。在思维碰撞的过程中，很多问题就能迎刃而解，知识的构建在此过程中自然而然达成，每个人都在自己的最近发展区获得发展，因此对每个人都是非常有好处的。

要实现小组合作的有效性，教师就必须充分做好准备工作，如在小组讨论的时候如何引导、哪些问题需要小组讨论、小组合作在哪个环节进行比较合适、需要讨论多长时间、讨论的问题是什么、过程中可能会出现什么情况、如何解决和调整才能达到优势互补等。

下面就以《传染病及其预防》一课的几个小组共研片段为例，说明共研对学生发展的帮助。

《传染病及其预防》一课中，我们设计了一个关于去年冬季爆发的甲型流感是怎样传染的情景剧。根据学生表演的情景剧，我们设计了以下几个问题：

（1）剧中展示了甲型流感的传染有哪几个环节？

（2）剧中是谁散播了甲型流感病毒，他代表了传染病的哪个环节？

（3）剧中谁易被传染上甲型流感，他代表了传染病的哪个环节？

（4）甲型流感病毒通过什么途径从菜摊摊主到达了买菜老人那里？

小组合作要求：先自主思考，然后小组讨论。3、4号学生发言，1、2号学生予以指正。

学生们大都经历过流感、肺炎等传染病，情景剧中出现的人物所代表的"传染病的三个环节"学生通过查阅课本内容就能了解，那么小组讨论的重点就在于3、4号学生对课本知识点的输出，看看是否能够准确地"对号入座"，能够说出三个生物学名词——传染源、传播途径、易感人群。1、2号学生的责任在于当3、4号学生偶有错误的时候及时给予帮助，用更为规范、准确的教材中的语言对上述三个生物学名词进行描述并给予解释。通过这种共研活动，每个层次的学生都可获得思维的发展。

如果说上述部分是对教材知识的初步认识和运用，那接下来在传染病预防环节的小组共研更能体现学生思维的深入和碰撞。

观察教材第112页内容，思考图中分别是通过哪种预防措施预防传染病的？

1. 消灭蚊虫
2. 不要随地吐痰
3. 生吃瓜果要洗净
4. 病死动物要深埋
5. 传染病人要隔离
6. 按时做好预防接种

图4-1 预防传染病的六种措施

图片中展示了6种方法，学生要分辨出其中每种方法所代表的预防传染病的措施，首先要对传染源、传播途径、易感人群有清晰的定位。学生只有明晰概念的本质，才能对后面概念的外延进行拓展。因此，本次小组共研的难度就比上一课例有所提升。

小组共研期间，我在对每个小组进行指导时发现学生对隔离传染病人（方法5）属于控制传染源这一内容理解得比较到位，但对消灭蚊虫（方法1）、病死动物深埋（方法4）的应对措施容易混淆，反映出的问题就是学生对于概念本质认识不清。其实病死动物本身会感染并散播病原体，因此病死动物就是传染源，对其采取的措施即控制传染源，而蚊虫本身不含病原体，只是散播病原体的一种途径，因此消灭蚊虫属于预防措施中的切断传播途径。

本次小组共研的意义就是大家继续对传染源、传播途径、易感人群的概念进行深入挖掘和理解。1、2号学生能讲解到位，促进思维深入；3、4号学生在1、2号学生的讲解中领会概念的含义。大家都能有所收获，思维品质得到进一步提升，最终才会在应用时得心应手。

· 085 ·

小组共研不仅在新授课中有着很好的效果，在生物学科复习课堂中也发挥着举足轻重的作用。

以《人的新陈代谢》一课为例，其知识点都比较基础，但是串联在一起就非常灵活、多变。

例题：（2021·济南）如图为人体部分生命活动示意图，1~9表示生理过程，a、b分别表示两种气体，A、B表示与毛细血管相连的血管。请据图分析回答下列问题：

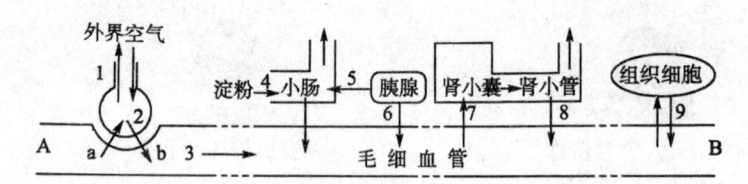

图 4-2 人体部分生命活动示意图

（1）图中1、2、3、9表示人体的呼吸过程，过程2是通过_____实现的，气体b在过程3中以与红细胞中的_____结合的方式运输。

（2）淀粉在小肠内被彻底分解为_____，血液流经小肠绒毛处毛细血管后，变成营养物质丰富的_____血。

（3）血液经过程7在肾小囊内形成_____，然后经过程8_____作用，形成尿液。脑组织细胞产生的二氧化碳在排出过程中，随血液循环一定会流经心脏的_____心室。

（4）在胰腺的分泌活动中，过程_____（填序号）属于内分泌腺的分泌过程，它分泌的_____能够降低血糖的浓度。

合作要求：先独立完成任务，1号学生给4号学生讲解，3号学生给2号学生讲解，然后4号和3号学生之间进行讲解。

本小节的小组共研模式进行了适当调整，在复习过程中虽然已经通过小组合作巩固和讲解过基础知识，但是3、4号学生却难以及时、准确掌握和深入理解。本题综合考查关于消化吸收、呼吸、循环、泌尿以及激素的调节等内容。因此在自主完成学习任务后，先由1、2号学生针对3、4号学生出错的问题进行有针对性的讲解，同时1、2号学生可以针对不会讲解的地方进行讨论，促进其对知识的深度理解，由3、4号学生转化输出。这样1、2号学生在讲题过程中能更加深入理解，3、4号学生也能得到相应的提高。

为了提高小组合作共研的效率，我们在日常生物课堂教学中有意识地强化合作小组的集体荣誉感。每次共研结束都会有各小组的展示环节，较难的问题采用推举小组发言人、小组主讲人的形式，较简单的内容指定3号或4号学生回答，在这样的激励制度下，1、2号学生就会主动帮助3、4号学生。帮助别人的过程，也是提高自己的过程。基础较差的学生会意识到小组的成功取决于每个小组成员的努力，认识到自己对于小组的责任，进而化压力为动力。长此以往，就会在组内形成互动、互助、互促的局面。

很多时候，是我们教师自己不敢"放手"，总觉得学生的能力不足、知识储备不够。其实把权力适当下放给学生，你会发现他们的讲解虽然不如教师标准，但是没有了教师的"居高临下"，同学间平等和相互尊重的态度让基础学习较差的学生更愿意倾听和采纳意见，这就大大增强了学生的学习意愿。

叶圣陶先生说过："教师之为教，不在全盘授予，而在相机行事；必令学生运其才智，勤其学习；领悟之源广开，记熟之功弥深，乃为善教者也。"教学过程中，学生既是教学的客体，也是学习的主体，我们充分利用小组共研的机会，使各个层次的学生都成为学习的主人，达到人人参与，使学生人人能体会到成功的快乐，使各层次的学生在各个方面都能得到发展和提高。

总之，课堂教学既是一门艺术，也是一门技术。遥墙中学的"3+2"课堂教学改革已经扬帆启航，未来还需要我们继续调整，最大限度发挥学生的主观能动性。要想提高课堂教学效果，教师就必须以学生为主体，深入了解学生的实际情况，不断实践和反思，不断总结和提高，不断完善和创新。只有这样，才能提升学生的学习能力，为教学效率的提高提供更多可能。

第三节　设计梯度问题组引导学习发生

济南高新区遥墙中学　孙淑丽

义务教育化学课程旨在发展科学思维，倡导学会学习、合作沟通、创新实践，从化学观念、科学思维、科学探究与实践、科学态度与责任等方面构建课程目标和学业质量体系。在不断的课堂实践过程中，我发现在"3+2"课堂"引导过程"的教学中，设置梯度问题组可以有针对性地分层设计科学的、有梯度的问题链，激发学生学习热情，突出学生主体地位，培养学生学科思维，促使学生自主发展，从而真正实现课堂教学"减负增效"。

下面谈谈化学教学中梯度问题组的设计在教学中的应用。

一、遵循化学知识的内在逻辑顺序设计梯度问题组，便于学生整合知识，提高思维容量

专题复习课《实验推断专题》对学生知识水平和思维能力都有较高的要求，属于较难的题目，例如2021年济南市中考第19（2）题（如下）。

（2021年济南）19（2）已知某无色溶液A中的溶质可能是$NaNO_3$和Na_2CO_3或两者之一，另有一种无色溶液B，其中的溶质可能是$MgCl_2$和$MgSO_4$或两者之一。按下图所示进行实验探究，实验现象如图中所述。（设过程中所有发生的反应都恰好完全反应）

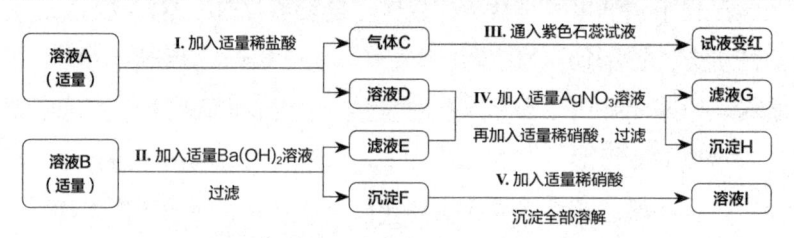

```
溶液A      I.加入适量稀盐酸    气体C    III.通入紫色石蕊试液    试液变红
（适量）                      溶液D    IV.加入适量AgNO₃溶液    滤液G
                                      再加入适量稀硝酸，过滤   沉淀H
溶液B      II.加入适量Ba(OH)₂溶液  滤液E
（适量）             过滤         沉淀F   V.加入适量稀硝酸
                                        沉淀全部溶解           溶液I
```

试根据实验过程和图示提供的信息，进行分析推理，回答下列问题：
① 气体C的化学式为_____，沉淀H的化学式为_____。
② 在滤液G中，一定大量存在的阳离子是_____（填离子符号）。
③ 写出步骤II中生成沉淀F的化学方程式：_____。

将该例题直接交给学生时，发现各小组中学生分化很严重，有的学生思路清晰，可以较快速地分析题目得到答案，而大部分学生则被题目打败，找不到突破口，无从下手，静等1号学生"投喂"。虽然1号学生可以为大家分析清楚，但由于整个题目的思维跨度较大，被动听懂的学生并没有在这一过程中形成自己的概念建构，随着题目的深入，后续问题更加难以理解、解决。如何让所有学生在课堂中都有所作为？这就需要把复杂的、综合性的问题进行拆分，按照一定的逻辑形成"小台阶"，给学生（尤其是学习上存在

困难的学生）搭建梯子，每名学生表达一小部分，让更多的学生参与进来。按照解题的逻辑顺序，我给学生设计了如下有一定梯度的问题组：

> 1.在流程图中你发现了哪些常见现象？请用红笔圈出。

流程图中的现象即气体、沉淀、颜色等的生成和消失均比较直观，3、4号学生也都可以找出：气体C、沉淀F、沉淀H、沉淀F在反应Ⅴ中全部溶解。

> 2.这些现象说明原混合物中存在或不存在哪些物质？

大部分学生由反应Ⅰ中生成的气体C可以联想到以下知识点：

$H^+ + CO_3^{2-} \rightarrow$ 气体CO_2，从而确定A溶液中存在Na_2CO_3；反应Ⅱ中生成的沉淀F联想到$BaSO_4$和$Mg(OH)_2$或两者之一，但由于$MgCl_2$和$Ba(OH)_2$反应可以生成沉淀$Mg(OH)_2$，而$MgSO_4$与$Ba(OH)_2$反应可生成$Mg(OH)_2$和$BaSO_4$，两种沉淀都满足反应Ⅱ的现象要求，由反应Ⅳ中生成的沉淀H联想到$AgCl$，由于反应Ⅰ加过的盐酸（溶质HCl）中含有Cl^-，所以没有新的推测；但反应Ⅱ中生成的沉淀F在反应Ⅴ中全部溶解，只有1、2号学生形成注意和思考——沉淀中不能有$BaSO_4$，从而确定B中的物质是$MgCl_2$，而不是$MgSO_4$。即使这样，由于前面的大部分问题3、4号学生可以解决，他们在问题任务驱动下也在调动自己的知识储备积极思考，所以对于沉淀F的信息，在别人讲解时可以快速理解并内化。

> 3.将确定存在的物质写到流程框内，这些物质在流程中发生了哪些反应？试写出他们的化学方程式。

在经过了问题2的思考和讨论解决后，1~3号学生可以写出方程式，由3号讲给4号听，2号负责补充解释，1号监督。

> 4.反应后各物质的成分是什么？

在问题3的交流讨论后，4号学生对反应有所了解，3号学生通过问题讲解也得到了更深刻的理解，梳理物质时，绝大部分学生都可以完成。

实验推理题既要求学生熟练应用基础知识，又需要一定的解题方法，其方法和步骤如果是自己总结出来的，应用起来会更加得心应手，所以复习此类题目时应该引导学生自己总结解题思路和方法。学生根据这些问题设置对题目进行分析，由于问题之间是引申关系，即前一个问题是后一个问题的暗示或铺垫，如此设计既可将物质推导过程分化成学生可以解决的一个个小问题，既降低了题目难度，又暗示了解题思路，能帮助学生提高分析、推理和归纳的能力，进而形成系统的知识网络结构。在学习和探究这一专题时，依次进阶、逐级深化的思维方式培养了学生的推理能力，促进了其思维的发展。经过几个题目的练习，我发现学生们已经能够总结出实验推理题的解题思路和突破口，并能够自行整理常见的知识点。

二、根据学生的知识水平和性格特点设计有梯度的问题组，激发学生的自豪感和责任感

对于常见的知识性概念和理论的学习，学生往往只重视记忆，接受教师传授的知识，而没有深度参与课堂教学并思考，比如第九单元第一节的《金属冶炼》第二课时，主要知识点有常见的铁矿石、炼铁的原理及应用（高炉炼铁）。知识点铁矿石是教材直接呈现的记忆性知识，炼铁的原理又属于比较难以理解的反应，中间的思维跨度也很大，以往学生对于铁矿石的自学是直接记忆教材呈现的知识，而炼铁原理主要以教师讲解、学生记忆为主要的学习方式，没有感情的注入，所以记忆不深刻，随学随忘，于是我设计了如下有一定梯度的问题组，并让学生进行小组内汇报：

> 1.学生查阅资料，列举常见的铁矿石有哪些。

学生通过自己查阅资料，可以了解更多的相关知识，如矿石种类、产地、含铁量等，知识更丰富，呈现形式更生动。

> 2.学生根据自己查阅的资料，分析这些铁矿石在炼铁方面的优缺点，并在小组内分享。

通过分享所查、分析交流，突出小组合作，相互交流，锻炼学生分析问题的能力和语言表达能力。

> 3.假设你是一位炼铁厂厂长，你将选择哪种铁矿石，选择依据是什么？

化学走进生产和生活，有领导欲望的学生特别喜欢解答此题。

> 4.假如你是一位工程师，根据炼铁的原理：$3CO+Fe_2O_3 == 2Fe+3CO_2$，如何通过实验计算赤铁矿中Fe_2O_3的含量。

既然是计算，就必须有已知质量，那么到底哪一质量可以被测量呢？这个题目要求学生有较高的想象能力和模拟实验的能力，可以把问题抛给学生，同时给学生播放实验视频。

> 5.假如你是金属冶炼团队的一员，请设计在实验室中冶炼金属的实验，并说出实验现象和注意事项，经过小组讨论完善设计。

问题1、4、5均需要学生带着使命感去思考，而组内的讨论进一步补充、完善和深化了思考的过程和结论。

这些问题设计具有明显的梯度，问题1，学生经过查阅资料都可以获得信息，属于简单题目，可以由4号学生回答；问题2既需要查阅资料，又需要分析资料，因此对个人分析能力有一定的要求，实际是为3号学生量身打造的；问题3在问题2的基础上明确优劣、做出选择，要求学生既要思路清晰、立场坚定、头脑灵活，又要有一定的魄力和全局观念，非常适合2号学生；

问题4要求学生思维严密，有很强的分析问题、解决问题的能力，适合1号学生解答。这些问题梯度明显，具有针对性，让不同层次的学生感到适合自己回答，这样就调动了所有学生的学习积极性和参与度。最后一个问题刚好在大家都积极参与的情况下模拟、完善实验，解决问题，既使学困生首先有表达的机会，提升学习兴趣，又逐渐转难，优秀生也不至于觉得索然无味。学生不仅经历了科学探索的过程，而且享受了思维成功的喜悦，培养了学生的自信心，减轻了学生的课堂负担。

三、遵循实验学习顺序设计有梯度的问题，培养学生思维习惯

化学实验学习是一个科学探究的过程，要经历实验设计、实验实施、数据处理等一系列阶段。每一阶段又有许多步骤，如实验设计包括分析实验对象、构思实验原理、确定实验步骤等。在实验过程中又有实验装置的安装顺序、实验步骤的先后顺序、实验现象出现的先后顺序等，这些都可作为实验教学中设计有梯度问题的重要依据。在第四单元第三节《实验室制氧气》中，我设计了以下具有并列关系的有梯度的问题。

（一）药品选择

1. 回顾：哪些反应可以得到氧气？
2. 要想制取氧气，其药品中必须有哪种元素？
3. 提供的药品中，你认为哪些药品不能制得氧气？理由是什么？
4. 根据老师提供的资料，分析三种药品中哪一种最适合作为实验室制氧气的药品？
5. 根据上述问题分析，选择制取气体药品的概率因素有哪些？
6. 进行实验并记录现象，你对气体放出速度满意吗？加入实验台上的其他药品进行尝试，最终确定药品。
7. 制备的原理是什么？请用化学方程式表示出来。

（二）仪器选择

1. 从图中选出氧气的发生装置，制气体发生装置的选择依据是什么？
2. 根据氧气的物理性质选择合适的收集装置，气体收集装置的选择需要考虑哪些因素？
3. 请自主选择仪器，搭配成实验室制取氧气的装置，并完成实验。
4. 拓展：若要在制气过程中补充过氧化氢溶液，应该如何改进实验装置？若想随时控制反应的发生和停止，还可以怎样设计实验装置呢？
5. 如何证明收集到的气体是氧气？
6. 如何验证集气瓶中的氧气是否收集满？
7. 某学生实验时，集气瓶中始终收集不到氧气，可能的原因是什么？

实验室制取氧气是学生第一次学习综合实验，逻辑和步骤都很清晰，比较简单，可以大胆放手让学生探究，但又因为是全新的领域，内容新颖且陌生，所以设计环环相扣、步步深入的梯度问题组，结合实验，引导学生对氧气的实验室制法从动脑、动手到实验探究，亲历在不断发现问题、分析问题、解决问题中自我改进、完善的探究过程。这是一个深刻的学习过程和自我探究、自我建构的过程，学习的效果不言而喻。通过这样的训练，学生以后在学习中遇到有关气体制备的问题时，就会用上述逻辑顺序进行思考。由于所设计的序列问题中蕴含着气体制备的知识结构，这种结构化的问题的解决有利于学生知识结构的建立，以及减轻学生的记忆负担。

问题组的"导"是在教学设计上以"问题"为引领，以"情境+问题串"为主线，贯穿课堂教学始终。在教师的问题引导下，学生在对知识进行梳理、讨论后理解和领悟。"导"是为了"悟"，是学生把自己的探索成果以小组交流和组际交流的学习方式，通过不同观点的交锋，互相辩论、补充、修正的过程。在波浪式的推进过程之中，学生会产生强烈的参与欲和探究欲，从中深刻领悟基础知识，从而创造性地学习知识、解决问题，形成科学探究的学习品质。

设计驱动梯度问题组，在引导过程中使其发挥作用，通过"分台阶"将问题分解，强调让学生在对问题的主动研究过程中掌握化学概念，通过自主探究、合作学习、分组讨论，体现思维顺序。要让学生在思维的认同与体验中建构知识，形成科学思维、化学观念，培养科学思维精神，在自主学习、科学探究和问题解决当中提高学科研究能力和核心素养。

第四节 构建"学为中心"的道德与法治课堂
——以"自由平等的真谛"教学为例

济南高新区遥墙中学　左侠

新课程倡导"以生为本，学为中心"的"自主、合作、探究"的学习理念与策略，鼓励学生自主发现问题、分析问题、解决问题。而知识具有情境性，在无背景的情境下获得的知识，经常是惰性的和不具备实践作用的。学生只有在情境中自主体验、感悟、探究，才能实现知识整合、情感熏陶、智慧启迪和生命成长。因此，教师要善于创设情境，即创设易于学生自我建构知识和发展的学习情境、学习场域、学习氛围等，为学生的自主学习服务。

创设教学情境，是实现道德与法治课程教育意义和教学价值的重要途径。在道德与法治课堂教学中，每一个教学环节的推进、每一次学习活动的进行，都需要有效地"创境"，创设情境贯穿于学生学习的全过程。下面试以人教版初中道德与法治八年级下册第七课第一课时《自由平等的真谛》一框说明之。

一、创设生活情境，促进学生真实学习

陶行知先生说过："教育只有通过生活才能产生作用并真正成为教育。"生活是道德与法治教学生命力的源泉。因此，教学情境创设必须走进

学生生活，从中汲取鲜活的知识经验，让学生探询知识与生活之间的内在关联，去感悟一个个有血有肉的知识体，而不是一个个抽象的知识点。唯有在真实而丰富的生活情境中，真实的学习才能发生，知识、能力、智慧和情感的共生才能实现。

在本节课教学中，教师基于学生已有生活经验，围绕"自由""平等"创设了一系列生活情境，在学生的亲历、体验和反思中，在师生平等而又充满生活气息的对话中，学生原有认知不断被修正和完善，知识、情感和思维不断得到整合、调适，学生自由平等的意识不断增强，法治信仰愈加坚定，学科核心素养也悄然生长。

教学片段一：正眼寻自由

教师：人人向往自由。陶渊明的自由是"采菊东篱下，悠然见南山"，李白的自由是"人生得意须尽欢，莫使金樽空对月"，庄子的自由则是"扶摇直上九万里"。你向往的自由是什么？

学生1：不写作业。

学生2：外出旅游。

学生3：尽情上网。

学生4：和好朋友在一起。

学生5：想打人就打人。

……

教师：看来同学们向往的自由就是要按照自己的意愿自由自在地生活，那这些自由能实现吗？说说你的理由。

学生1：不写作业肯定不行，不仅违反学校纪律，而且是不珍惜受教育的权利、不履行受教育义务的表现。

学生2：尽情上网不可以，那样会影响学习、工作和生活。

学生3：想打人就打人不能实现，这样的行为会给他人造成伤害，违反相关法律法规，扰乱社会秩序。我们应加强自我约束，而不应自我放纵。

学生4：旅游、好朋友在一起可以实现。

学生5：旅游是个人的自由，但是如果不遵守相关法律法规，就可能受到行政处罚；构成犯罪的，会被依法追究刑事责任。

教师：同学们分析得非常透彻。看来同学们已经认识到，有些自由是不能实现的。"为所欲为"不是自由的真谛，自由是有限制的、相对的，无限制的自由只会走向自由的反面，导致混乱与伤害。那自由要受到什么限制呢？

学生：纪律、法律、道德等。

教师：根据刚才的分享，大家能总结一下自由与法治的关系吗？

学生1：法律划定了自由的边界，自由是法律范围之内的自由，法治规范自由。

学生2：法治不仅规范自由，还能保障自由的实现。

学生3：我认为，自由就是我们依法行使自己的权利。

教师总结：自由，主要是指在法律规定的范围内，按照自己的意志活动的权利，体现为我们享有的、正当行使的权利。法治与自由相互联系，不可分割。法治标定了自由的界限，法治是实现自由的保障。

[设计意图] 本活动从学生已有生活经验出发，以"你向往的自由是什么"为话题展开讨论，直面学生在追求个性自由过程中遇到的现实问题。通过学生之间的对话、师生之间的对话、与生活对话、与教材对话，引领学生从内心深处反思自我行为，深入思考"真正的自由"，从而实现对自由内涵与真谛以及自由与法治关系的深刻理解，产生在实际生活中珍视自由、自觉依法行使权利和自由的认知。

二、创设直观情境，激励学生主动学习

直觉思维和具体形象思维是人类非常重要的思维方式。实现让学生直观感受所学知识的最佳途径在于直观性教学情境的创设。对于初中学生而言，

音频、视频、漫画、图片等直观性教学情境更能吸引其注意力,激发学生的学习热情和探究欲望,促使学生主动学习。

本节课的教学中,教师在精准分析学情、准确把握课标要求和教材内容的基础上,选取了具有针对性、导向性、典型性且与所学知识密切关联的漫画,以漫画情境的形式将抽象的"平等"概念生动形象地呈现出来。学生在漫画图文分析、互动参与体验的过程中,深化对"平等情况同等对待"的认识,同时提高学习能力,提升法治素养。

教学片段二:明眼看社会

教师:请同学观看以下图片,你能从图片中获取哪些信息?

图 4-3

图 4-4

图 4-5

图 4-6

学生1:所有适龄儿童或少年都要同等地接受义务教育。

学生2:公民享有选举权,在选举时一人一票。

学生3:正式工和临时工同工同酬,付出了同等的劳动就应得到同等的劳动报酬。

学生4："老虎"和"苍蝇"一起打，也就是严厉惩治大大小小的腐败分子。

教师：从法律的角度来思考，这些图片还说明了什么呢？

学生1：公民平等地履行宪法和法律规定的义务。

学生2：公民都一律平等地享有宪法和法律规定的权利。

学生3：我国公民的合法权益一律平等地受到法律保护。

学生4：对于公民违法和犯罪行为一律平等地依法予以追究，任何个人都没有超越宪法和法律的特权。

教师：你还知道社会生活中有哪些受到同等对待的事例？请与同学们分享。

学生举例：男女平等；健全人和残疾人都同等地享有就业的权利；同罪同罚……

教师总结：任何公民都一律平等地享有宪法和法律规定的各项权利，同时必须平等地履行宪法和法律规定的各项义务；我国公民的合法权益一律平等地受到法律保护，对于违法和犯罪行为一律平等地依法予以追究；任何组织或者个人都不得有超越宪法和法律的特权。这就是平等的第一个层面——同等情况同等对待。

[设计意图] 本环节实施漫画直观情境教学，使抽象的平等形象化，使呆板、低效的说理灵动化、趣味化。学生通过漫画直观地理解平等就在我们身边，"同等情况同等对待"是法治的基本精神和基本原则。学生在达成这一认知的基础上继续探寻身边的平等事例，并从法律的视角来看平等，使教学内容更具有张力，使知识在学生的主动参与中真正落地，学生的能力和素养在探究中真正得到提升。

三、创设活动情境，引领学生探究学习

钟启泉在《现代课程论》中指出："人正是在活动的时候，才进行思

考，赋予情感，做出判断的。"在课堂教学中，如果没有学生活动，没有学生在情境中的感受、体验、思维、想象和实践，就没有学生的主体位置，就不可能有学生在知识、能力、情感等方面的主动发展。学生的活动体验和道德实践是道德与法治学科核心素养发展的重要途径。教师在创设教学情境时，可以设计一些与教学内容有关的活动情境，如讲故事、观点辩论、角色扮演等，让学生参与其中，成为体验者、发现者、感悟者，从而实现活动育人的目的。

在本节课教学中，教师选取了杭州发生的一起交通事故这一真实案例情境，创设了"我来当交警"的角色扮演活动情境，将教学内容有机融合在活动过程中。学生通过活动中的角色模拟进行体验感悟、自主思考、合作探究、判断辨析、观点交锋，最终明晰观点、澄清价值，深刻领悟"同等情况同等对待"这一法治平等精神，得以成就学生的法治思维能力、创新能力、合作能力等素养。

教学片段三：慧眼辨平等

活动名称：我来当交警

播放视频——行人横穿马路被撞伤，司机是否要赔偿？

2019年6月一天的上午，杭州发生一起交通事故。一名50岁左右的女性既不走斑马线，也无视信号灯，试图从双向四车道的马路直接横穿过去。走到中途，她突然加速小跑，一辆正常行驶的小轿车为了躲闪撞上马路边的护栏，造成小轿车和护栏不同程度受损。

教师：如果你是一名警察，你会如何裁定这起交通事故的责任？

小组活动：观看视频，围绕情境性任务展开自主思考，组内交流，班内展示汇报。

小组1：司机负主要赔偿责任。道路交通法规制定和实施的一大原则是保护弱者。行人是弱者，理应受到保护。即使负责任，行人也应负次要责任。

小组2：法律面前人人平等。行人既不走斑马线，也无视交通信号灯，横穿马路，违反交通规则，必须承担相应的法律责任。行人不能把自己违反规则的责任转嫁给司机，否则便是对法律面前人人平等的曲解。

PPT呈现：杭州警方的判决结果——行人负主要责任，司机负次要责任，赔偿比例为7∶3。行人除了承担70%的汽车维修费用外，还要全额赔偿护栏被撞造成的损失。

教师：同学们是如何看待这样的裁决结果的？

小组3：法律面前人人平等。任何公民都一律平等地享有宪法和法律规定的各项权利，同时必须平等地履行宪法和法律规定的各项义务。对于违法和犯罪行为一律平等地依法予以追究。

小组4：如果行人违法不担责，势必影响社会风气，甚至引发社会治安问题。

PPT呈现：《中华人民共和国道路交通安全法》第七十六条规定："机动车与非机动车驾驶人、行人之间发生交通事故，非机动车驾驶人、行人没有过错的，由机动车一方承担赔偿责任；有证据证明非机动车驾驶人、行人有过错的，根据过错程度适当减轻机动车一方的赔偿责任；机动车一方没有过错的，承担不超过百分之十的赔偿责任。交通事故的损失是由非机动车驾驶人、行人故意碰撞机动车造成的，机动车一方不承担赔偿责任。"

教师总结：法律面前人人平等，同等情况同等对待，是宪法和法律的基本原则。法治保障公民平等权利的实现。杭州交警的这一判决既有对法律面前人人平等的捍卫，又有对行人不遵守交通规则的法律制裁；有对司机注意礼让行人的警醒，也彰显以人为本、保护弱者的法律温情。

[设计意图] 本环节通过"我来当交警"这一角色扮演活动引导学生模拟处理交通事故，教师引导学生不仅要基于生活常识和情感因素

> 进行判断，更要基于法治思维，以法治为准绳来理性认识、分析和处理现实问题，在角色体验中使学生深刻理解平等的基本要求是同等情况同等对待。

四、创设思辨情境，推动学生深度学习

思政课"无论怎么讲，最终都要落到引导学生树立正确的理想信念、学会正确的思维方法上来"。质疑能力和思辨能力的培养，是发展学生核心素养的一项重要任务。思政课应帮助学生学会运用辩证思维、创新思维等正确的思维方法发现问题、分析问题、解决问题。应创设思辨的情境，为激发学生思维营造一种氛围，为情境问题的解决提供逻辑铺垫和思维框架等深度学习的行为支撑，使学生在探究、质疑、分析、试错和求证的过程中完成对复杂而抽象的知识原理的认知与建构，充分发展有效解决问题的技能、高阶思维能力和知识的迁移应用能力。

"思辨"是课堂教学走向深入最好的引线。本节课教学中，平等的第二层含义"不同情况差别对待"是学生认知的难点和认知易发生冲突的点。教师直面学生的思维困惑和成长需求，对情境的设置从简单情境、一般情境到认知冲突情境，通过渐进性、阶梯性的问题链引导学生进行深度探究。

教学片段四：法眼看平等

教师：同学们，我们一起来看两组图片。

图 4-7

请大家在小组内探究以下三个问题：

1.两组图片反映了哪些差别？

2.你觉得如何才能保障贫困地区少年的受教育权？

3.这些保障举措是否与平等相违背？

PPT呈现活动要求：①个体自主思考；②小组内交流分享；③班内汇报，其他小组补充评价。

小组活动：对比分析两组图片的差别，探究解决问题的策略，辩证认识"特殊保护"与"平等"之间的关系。

小组汇报：

问题1：两组图片的差别体现在家庭条件、师资水平、教育理念、教学硬件设施等方面。

问题2：保障贫困地区少年的受教育权，需要国家、社会和学生个人的共同努力。国家——加大投入、政策支持、鼓励支教等；社会——加强宣传，组织慈善、公益活动等；个人——捐款捐物、义务支教等。

问题3：

观点1：采取特殊政策保障贫困地区少年的受教育权，违反了同等情况同等对待原则。

观点2：这些政策措施与真正的平等并不违背。平等要求同等情况同等对待，这是我国宪法和法律的基本原则和要求。但是贫困地区少年属于相对弱势的群体，这是"不同情况"，不同情况差别对待，才能实现真正的、实质的平等。

观点3：二者不矛盾。如果不想办法帮助贫困地区的少年儿童，这不是我们追求的真正的平等。

教师总结：法律意义上的平等具有两层含义：一是同等情况同等对待；二是不同情况差别对待。对贫困地区少年受教育权的特殊保障体现的是平等的第二个层面——不同情况差别对待。

教师追问：生活中你还发现了哪些不同情况差别对待的事例？请说说你的看法。

小组活动：交流社会生活中不同情况差别对待的事例并说明个人观点。

小组汇报：公交车、地铁车厢设置的老弱病残孕专座体现了对弱势群体的关爱；高收入者纳税多，是为了调节过大的收入差距，促进社会公平；对少数民族考生实行高考加分政策，是为了给予少数民族学生更多接受高等教育的机会，促进民族地区经济社会的发展……

教师总结：同等情况同等对待是法律的基本要求和原则，不同情况差别对待则追求结果平等、实质平等，二者并不矛盾。当人类通过法治把同等对待和差别对待统一起来，便是将一份深挚的关爱给予社会中的特殊群体，其中闪耀的是文明的光辉。

[设计意图] 本环节的教学流程如下图所示，教师首先结合两组图片创设问题情境，设置了层层递进、由简单到复杂的三个问题，学生在问题情境中自主探究，合作共研，从多个角度探究问题，通过师生之间、生生之间的平等对话、观点碰撞、展示互评及教师的点拨引导等，学生的思维得到深化。在此基础上，教师引领学生交流、探究社会生活中不同情况差别对待的事例，进行知识的迁移应用和总结提升，学生最终完成对知识的意义建构，形成"不同情况差别对待正是对实质平等的追求"这一认知。在层层递进的深度学习体验中，教学难点得以突破，学生的正确价值观、必备品格和关键能力得到培养和提高，法治精神、政治认识、科学精神等学科素养都得以提升。

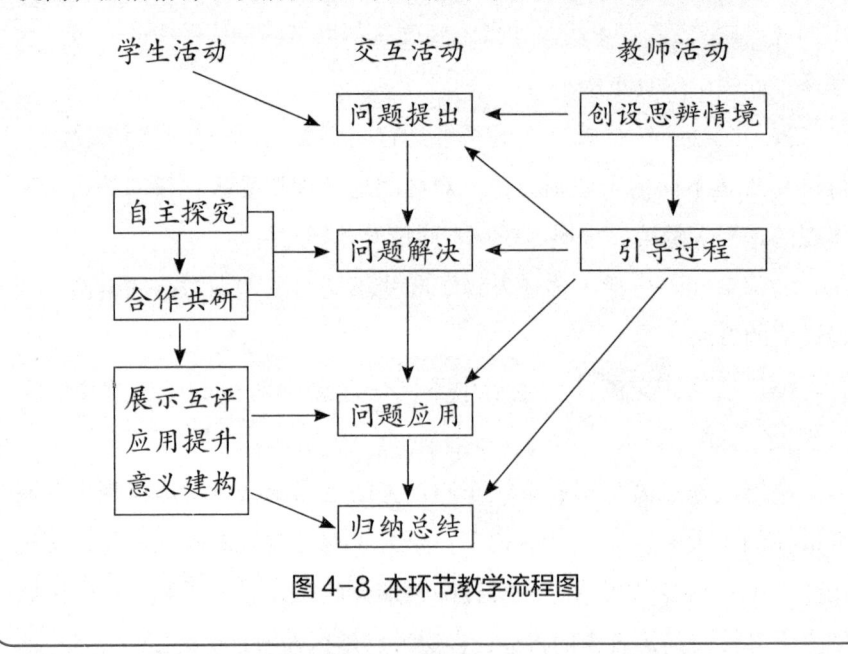

图 4-8 本环节教学流程图

五、创设展示情境，实现学生应用学习

展示是自主学习型课堂教学中的一个重要环节。课堂是一个展示场，只有赋予学生话语权和行动的权利，让其充分展示，课堂才能成为学生展现才

华、表达思想、辩论质疑、获取知识、培育能力、协同合作的舞台；在参与展示活动的过程中，学生才能找到自己在课堂上的位置，找到自己的意义和价值所在，个人尊严得到维护，获得成长的愉悦感和幸福感。课堂教学因学生的展示而焕发生机与活力。

在本节课的学习过程中，教师创设了小组角色扮演、报告会、小型辩论会、思维导图构建等形式多样的展示情境，学生在精彩纷呈的课堂展示活动中进行归纳总结、反思评价和意义建构。

教学片段五：综合建模

活动内容：学生以思维导图的方式呈现本节课学习的收获，进行小组汇报展示。

活动要求：准备时间为3分钟，汇报形式自定，鼓励学生创新。

学生活动：学生以小组为单位，进行多样化的汇报展示。

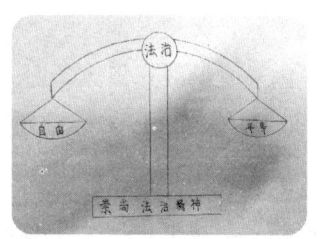

图4-9 学生小组汇报作品

[设计意图] 本环节，学生以思维导图的形式构建知识的逻辑体系，教师给学生留足自由交流、深度思考和自主展示的空间，学生自发参与、自主展示、自由交流对话、相互评价补充、归纳总结，用活知识，活用知识，在创新性的综合建构中更清晰地理解和把握本节课的知识逻辑、思想脉络，实现自由的、意义建构的应用学习。同时，在展示交流中，学生再次体悟法治的价值追求，生成弘扬和践行自由、平等、公正、法治、和谐的社会主义核心价值观的政治认同，引领学生从一腔热血的侠义少年走向具有责任担当意识的法治公民。

总之，创设教学情境是开展道德与法治学科教学、培育学生相应学科核心素养不可或缺的方式，也是以"学"为中心的课堂教学真正的魅力之源。在教学实践中，教师要以促进学生发展为目的，以自主学习策略，以生活逻辑、学科逻辑和学生认知逻辑为指引，精心创设具有真实性、典型性、建构性和适度复杂性的生活情境、活动情境、思辨情境等，让课堂情思交融、情理交融、情景交融，最终实现自主学习、真实学习、探究学习、深度学习，唤醒学生的生命自觉，引领学生身心成长。推动教学情境创新，构建"学为中心"的生命在场课堂，值得每一位道德与法治教师为之付出努力和智慧。

第五节 追寻历史教学的内在逻辑

济南高新区遥墙中学 刘锋

2018年以来，我校深化课堂教学改革，引领广大教师走专业化道路，做专家型教师。学校开创了先导课式集体备课，加强集体教研，集思广益，发挥学科组智慧，建构、探索、实践"3+2"课堂教学模式，历史学科的课堂教学逐步形成了以自主学习和问题探究为主的课堂教学模式。经过数年的教学改革，我们的课堂教学正发生着翻天覆地的变化。遥墙中学历史组在区教研室的关心下，学科组建设取得了很大进步，每一位教师都在课改中获得了成长，教师课堂教学发生了很大的变化。

一、创设情境史料教学，问题驱动合作探究，培养学生核心素养

"3+2"课堂教学模式改变了以往过于侧重记书本知识的现状，注重培养学生的历史意识。数千年的人类文明史仅靠几节历史课能穷究吗？英国教育家怀特海的著作《教育的目的》使更多的历史教师明白：知识是教不完的，知识学习只是手段，关键在于培养学生的历史意识。《义务教育历史课程标准（2011年版）》（以下简称为"历史课标"）特别强调初中历史教学的基础性，即根据学生的心理特征和认知水平，以普及历史常识为主，引领

学生掌握基本的、重要的历史知识和学习技能，逐步形成正确的历史意识。

历史意识最简单的解释就是对历史的感觉和悟性，即在学习的过程中能感受历史的智慧和价值，并用来理解今天的生活，如求真意识、全球意识、生态文明意识等。在教学中，教师依据课标和学情制定教学目标，在教学活动的设计上，依据历史课标确立教学重点，在细节上下功夫，在课堂教学中较好达成教学目标。

在《洋务运动》这节课的讲授中，教师注重历史情境的创设，让学生通过观看视频，关注十九世纪后半期全球化的世界，将洋务运动置于大历史时空下，来理解这场运动给中国带来的历史影响。教学实录如下：

创设情境，导入新课

观看视频《十九世纪后半期全球化的世界》，创设历史情境，感受世界近代化的历史进程。

导入语：

十九世纪中叶，现代化浪潮已从欧美席卷到世界各地，它打破了各国的隔绝状态，将不同的国家和民族连为一体，人类历史正经历着前所未有的巨大变化。而在中国，清王朝遇到了开国以来最大的统治危机——资本主义列强凭借洋枪洋炮打败了"天朝"军队。日渐衰落的清王朝犹如一座将倾的大厦，处在风雨飘摇之中。一些中国人开始了向西方学习、寻求救国之路的探索。

教师出示"近代化"的概念。

近代化推动着中国社会的转型，顺应着现代化的世界潮流。

教师出示年代尺。

回顾历史，引导学生了解清政府面临的内忧外患，教师指出：面对内外交困的形势，统治集团发生了分裂。当时的重臣李鸿章这样说："中国文武制度，事事远出西人之上，独火器万不能及。中国欲自强，则莫如学习外国利器。"清政府会采取什么措施维护自己的统治呢？

历史课堂教学的主要模式是以问题探究为主的课堂教学，史料教学是目

前历史课堂的主要教学形式。通过先导式集体备课，教师在史料的选择、甄别、运用上已经能够有的放矢，能够运用形式多样的史料（图片、视频、历史文献等）构建比较真实的历史情境。在问题的设计上也取得了较大的进步，注重了设问的角度和梯度、问题的有效性等，历史教学不再是单纯的传授历史知识，而是通过合作探究学习活动的开展，丰富每一名学生的学习经验。

在集体教研中，我们一直倡导教学过程应当体现一个相对完整的教学活动流程，避免单纯的知识传授。在建构历史发展基本线索的基础上，着重突出对历史发展有重要影响的事件和人物，通过丰富而生动的史实，激发学生学习历史的兴趣，了解具体的历史情节和境况，从而使学生更好地感知历史、理解历史，逐渐生成理性的历史认识，拓展思维空间，提升历史核心素养。

在集体教研中，我们特别强调教学过程中学生合作学习活动的设计，运用丰富的历史资料还原历史原貌，让学生感知历史，强化学生史料阅读和分析的能力，设置有价值的问题进行讨论。学生在活动中构建知识体系，提高合作意识，体验历史情感。下面以"洋务运动的评价"为例说明：

> **活动设计：对洋务运动的评价**
>
> 活动目的：通过观看视频、阅读分析史料、归纳提取信息，培养学生读取、归纳信息的能力，通过小组讨论对洋务运动进行评价，提高学生的合作探究意识。
>
> 活动程序：
>
> 学生结合课文内容，观看视频，分析史料，通过小组讨论，思考洋务运动为什么没有使中国富强起来。
>
> 请同学们结合视频，观察图片并分析材料，洋务运动领袖身上有什么不足？洋务运动失败的根本原因是什么？（学生探究活动）
>
> 出示资料：蒋廷黻《中国近代史》
>
> 洋务派这五大领袖出身于旧社会，受的是旧教育，他们没有一个人能读懂外国书，除李鸿章外没有一个人到过外国……他们对于西洋

> 的科学也相当的尊重，但是自己毫无科学机械的常识。更不必说，他
> 们觉得中国的政治制度和立国精神是至善至美的，无须学西洋。而
> 且，他们的建设事业遭到了旧制度、旧精神的阻碍。

按照教师设计的教学活动，学生通过小组合作探究的形式，研习史料，探究问题，运用自己掌握的知识和方法解决问题，形成独立的思维见解。教师利用问题链的形式突破教学重难点，助力历史课堂向纵深发展。在问题链的设计上，如何设置合作学习中有价值的问题呢？问题应该能够引起学生的学习兴趣，激发学生的历史思维，从而使合作学习得以向更深层次进行。一般来讲，有价值的问题一般具有以下特点：第一，问题具有开放性。开放性问题有助于培养学生思维的灵活性和发散性，帮助学生提高表达能力。第二，问题具有针对性。与教学目标密切相关的问题，能够引导学生运用教师提供的历史资料进行小组合作探究、分析和交流，有效助推学生深入思考。第三，问题具有探索的价值。有探索价值的问题能够激发学生的探究意识，让学生更深入地挖掘问题价值，促进学生历史意识的形成。在课堂学习中，教师注重学思并重，引导学生学习、思考抽象的知识，再通过自己的行动建构有意义的个人知识体系。

二、在讨论中丰富提升，在合作中动态生成，给予学生思考的时间

在组织合作学习中，小组成员的选择与组合原则是"组内异质，组间同质"。合作学习需要的是每个人的学习结果相互碰撞，是每一个学生的平等参与，小组合作的真谛是保障所有学生都能有挑战性地学习。在合作小组里设置组长，尤其是让学习成绩好、管理能力强的学生担任组长是许多教师的普遍做法。在组长的选择上，并不一定要选学习最好的，但一定要选人际关系好的、能调动小组成员学习动力的学生。组长的作用是领导组员一起完成学习任务、代替教师对学习能力差的学生进行直接帮教。在课堂教学中教

师要关注学生的学习状态，特别是组内的3、4号学生。合作学习的时间为15-20分钟左右，次数为1-2次。教师时刻注意培养学生相互配合、讨论交流的学习习惯，不说与课堂无关的话。为了使讨论建立在学生独立思考的基础上，教师应将学习任务细化，分配给小组成员，引导他们积极参与合作学习，使学生能在有的放矢的思考后，得出结论，建立展示成果的自信。

现以宋佳老师执教初中历史教材八年级上册第13课《五四运动》进行说明。

本课的设计思路是：根据目标预设和设计理念，将本课内容分成四个导学目标——巴黎和会梦惊醒、五四风雷惊天起、百年之际五四言、余波震荡青年志，逐一进行讲解，从整体宏观的角度引导学生去感知"五四"，并辅以合作探究式教学，联系旧知，抛出问题，激发学生学习新知的兴趣。

创设情境，导入新课

导入语：中国迎来了一场久违的胜利，1918年第一次世界大战结束，德国战败，作为战胜国之一的中国对未来充满期待，希望一改往日屈辱的外交。我们通过一段视频看看中国的期待成为现实了吗？

播放视频：电视剧《觉醒年代》中国在巴黎和谈前后的境况。

通过视频，我们可以看到中国的合理要求遭到拒绝，取而代之的是失望与愤怒，面临不公正待遇的中国人是怎么做的呢？

谈及五四运动，教师习惯从巴黎和会外交官入手，本课另辟蹊径，以中国的期待与失望为引，抛出巴黎和会上中国外交的失败，将学生带入历史场景，既交代背景，又通过有针对性的问题引发学生的思考。学生认真观看了视频，心灵受到了极大的震撼，激发了探究历史真相的兴趣，助力学生理解巴黎和会上的外交失败是五四运动爆发的导火索。

播放视频：电影《建党伟业》中有关五四运动爆发的片段。

自主学习：观看视频后，请学生们结合教材和学案，合作完成下列内容：五四运动的基本史实（时间、地点、口号、主力、运动形式、结果）。

运用教师提前编定的导学案，小组内合理分工，在组长的带领下完成学习任务，给予学生自主学习的时间，促进学生的自主发展，充分体现学生的主体地位。

合作探究：五四运动爆发的历史意义。

教师补充材料：

1.五四运动的杰出历史意义，在于它带着辛亥革命还不曾有的新姿态，即彻底地不妥协地反帝国主义和彻底地不妥协地反封建主义。

2.五四运动后，更多的青年和知识分子对马克思主义表现出了更多更大的兴趣。……1919年10月和11月，李大钊分两期在《新青年》上发表《我的马克思主义观》一文。

3.1919年6月，中国代表没有出席巴黎和会的签字仪式，使全世界为之瞩目……五四运动的爆发，引起列宁和共产国际对中国革命的重视，并促使共产国际派人员到中国了解革命情况，推动共产党组织的建立。

4.新民主主义革命，就是说，这个革命"已经不是旧的、完全被资产阶级领导的，以建立资本主义的社会与资产阶级专政的国家为目的的革命，而是新的、无产阶级参加领导或领导的革命"。中国的新民主主义革命是从1919年五四运动开始的。

学生分析史料，联系所学知识，收集、分析、归纳信息，解决问题。通过小组内充分的讨论交流，发表自己的见解，深刻理解五四运动的意义，合力突破本课重难点，逐渐形成小组共同的认知，为接下来理解新时代背景下传承"五四精神"做铺垫。

在探究活动中，教师给予学生充分思考的时间和空间，小组1、2号学生能够积极地参加讨论，发表自己的见解。教师深入学习小组认真聆听学生的对话，并适时地进行指导，让学生记录小组活动的情况。

教师：一百年后的今天，我们再言"五四"，又能从中感悟到什么？请学生结合教材和史料思考。

　　五四运动以全民族的力量高举起爱国主义的伟大旗帜，孕育了以爱国、进步、民主、科学为主要内容的伟大五四精神。五四精神在当今时代的体现是武警官兵在抗洪救灾中的保家为民，是运动健儿在奥运赛场上的奋力拼搏，是三军仪仗队在阅兵场上的飒爽英姿。学生联系现实生活中五四精神的传承，列举自己知道的弘扬爱国主义精神的英雄模范人物。

　　为了纪念青年学生发起的这场爱国运动，为了让五四的火炬代代相传，中央人民政府政务院把每年的五月四日定为"中国青年节"，又称"五四青年节"。作为当代青年学生的我们该如何弘扬五四精神？

　　小组内交流探讨，以图片作结，并留给学生思考、回味的空间。通过学习，学生能够认识到中国青年自古以来都是拥有深厚家国情怀的，是拥有伟大创造力的青年。无论过去、现在还是未来，中国青年始终是实现中华民族伟大复兴的先锋力量，达成了本课的情感、态度与价值观的教学目标。

　　以李大钊著作《青春》结尾升华，让学生牢记伟人的嘱托，追求民主与进步，感受社会的希冀，更好地传承五四精神。

　　这节课在教师充分整合教材的基础上，重新构思，设计板块，运用丰富的史料还原历史，通过一系列问题启发学生思考。教师熟练地运用"3+2"的课堂教学模式，将活动建构教学论转化为具体的课堂教学实践。学生利用导学案开展自主学习、合作探究、交流展示，既体现了教师的引导作用，又突出了学生的主体地位。

　　在小组合作学习中，教师对小组内组员进行了明确分工，合理分配了学习任务，在讨论交流中，大家都专注于问题的讨论交流，认真倾听组员的发言，充分发扬民主，让每一个学生都能深入思考，自由地表达自己的观点。在教学中，教师减少了知识性的提问，增加了过渡性提问和思维性提问，注重改进课堂提问的方式和方法。

美国缅因州的国家训练实验室研究成果——"学习金字塔"理论：用数字形式形象地显示了一个学习现实：金字塔最顶端只是听教师讲述，学习者两周以后记得的内容只剩5%，因为这是最被动的学习方式，学生的参与度是最低的，所以两周之后仍然记得5%已经不错了；金字塔最底端的教学效果可以高达90%，其方法是让学生教别人，如果学生有机会立即应用上课内容，或者充当其他同学的"小老师"，效果可高达90%。小组间的交流互助不经意间弥补了我们传统教学的诸多不足。教学过程应该是师生交往、生生互动、共同发展的过程，放手让学生自己去做，让学生在问题的讨论中、在与同学的交往中获得自主发展。教师在讨论的过程中给予引导和点拨，讨论后进行分析和总结，课堂讨论显得开放又不脱离教学目标，获得了良好的教学效果。张栋老师在执教《凡尔赛—华盛顿体系》一课中，围绕"凡尔赛—华盛顿体系"进行了很好的活动设计，值得学习。

> 教师：凡尔赛—华盛顿体系真的能长久维持下去吗？
> 下面我们大家来做一个问卷调查。（事先印好，上课前发给学生）
> 1.假如你是德国人，你对凡尔赛—华盛顿体系有何反应？
> 2.假如你是战胜国的一员，你满意凡尔赛—华盛顿体系建立的新秩序吗？
> 3.假如你是殖民地或半殖民地的人民，你对凡尔赛—华盛顿体系有何反应呢？
> 4.凡尔赛—华盛顿体系能给世界带来长久和平吗？
> 请同学们开动脑筋，针对问卷上的几个问题，以小组为单位展开讨论。3分钟之后，向大家展示你的成果。
> 活动目的：培养学生对历史情境的想象能力，学会用口头陈述历史，提高表达与交流能力，逐步培养其"论从史出，史论结合"的思维品质。
> 活动程序：
> 1.仔细阅读材料，小组内交流讨论。

2. 小组统一思想，回答问题。

活动策略：启发与引导、合作与交流。

活动评价：教师的口头表扬和认可，学生间的互相评价。

教师为学生创设了良好的讨论情境，学生分角色进行了合作探究，让学生有话可说、有话想说。教师调控着学生的讨论活动，同时参与学生的讨论，积极捕捉讨论信息，引导和保证课堂讨论的有效进行。小组代表展示自己的讨论结果，并及时进行课堂评价。分析、利用讨论的结果来实现教学目标，帮助学生形成正确的历史认知和观点。

三、开发运用乡土资源，研发校本课程，推动活化课堂教学

《〈历城抗战史〉课程实施指导纲要》明确指出组织学生自主学习、社会实践、探究学习等教学活动。通过该课程的实施，传承伟大的抗战精神，培育学生的社会主义核心价值观和乡土文化情感。在《历城抗战史》的教学过程中，我积极探索多种教学途径，组织丰富多彩的学生自主学习、社会实

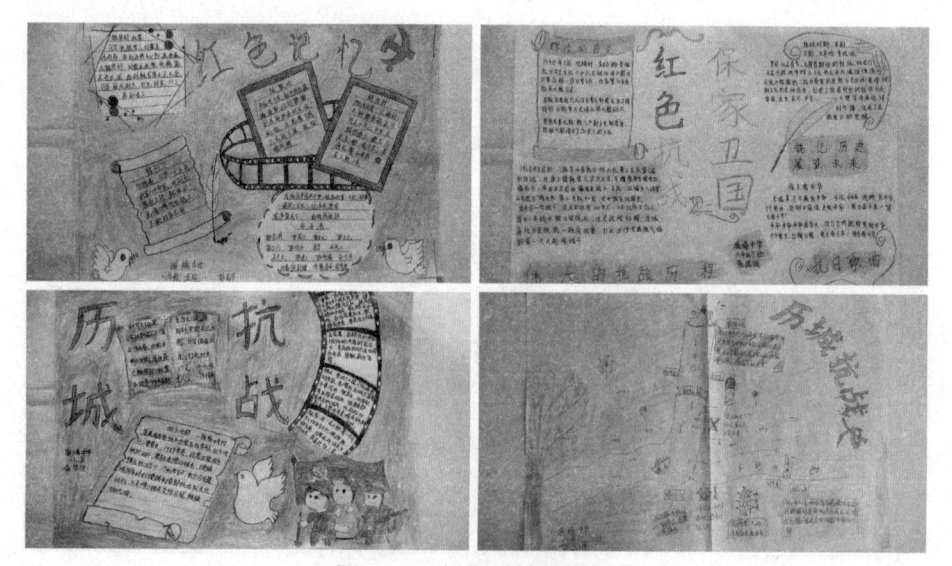

图 4-10 部分手抄报展示

践、探究学习等教学活动，如举行抗战故事会、进行抗战方面的社会调查、考察抗战遗迹等，充分体现了学生的主体地位。教师在对学生进行知识传授和能力培养的同时，注重发挥历史课程教育功能，充分发掘课程内容的思想情感教育，对学生进行情感、态度与价值观方面的熏陶。学生结合自己的学习实际和收获，写下了自己的学习心得，绘制了手抄报，在课堂上进行交流、展示，分享收获的学习成果。

本学年，我带领学生顺利完成了历城抗战乡村社会调查。在遥墙、唐王范围内重点考察了鸭旺口日军据点的统治、小清河码头运输、岳伯芬和八路军三支队三十七中队的抗日活动。

岳伯芬：岳家寨人，时任历城县县长，联合娄家望族组织乡团开展抗日斗争，势力不断壮大，成为济南东北乡的重要抗日武装力量。

图 4-11 岳家寨社会调查留影

唐王龙泉寺：位于现唐王中心小学，巨野河畔，八路军三支队三十七中队于此成立，成为中国共产党领导下的历城第一支抗日武装力量。

图 4-12 唐王社会调查留影

历史学科的课堂教学改革取得了良好的成效，在此基础上，我们历史组开展了以"乡村古迹调查"为主题的社会实践，历城有着丰富的历史文化底蕴，值得我们带领学生去探寻和认知，在活动实践中去感受，进而辅助课堂教学。

附：遥墙中学历史微课题研究方案

微课题名称：初中历史乡村古迹调查活动

研究对象：初二学生

研究时长：一学期

研究方案如下：

（一）选题的指导思想

古迹是历史的凝聚，更是历史的缩影。它是学生构建自己历史知识所需的历史实物。为了帮助学生们了解历史文化遗迹，"读万卷书，行万里路"，增长学生们对历史的真实感受，拓展历史视野，学习更多历史知识，我们组织了这项调查活动。

（二）研究课题的设计

1. 活动准备

利用课余时间给学生进行讲解与动员，提供乡村古迹调查的目标。根据学生的家庭住址进行分组，小组进行合作调查，形成调查报告资料。

2. 活动要求

（1）填写乡村古迹调查表。

表4-1 乡村古迹调查表

你见证了吗？——乡村古迹调查				
名称	类型	年代	地点	调查人
古迹概况（相关的历史、人物、事件、结构、特点等）				
保存现状				
你的期望				

（2）学生通过网络、书籍、参访实地考察等形式进行记录。

（3）调查记录必须真实可信，呈现的形式多样化（如文字记录、照片、录像等）。

（4）分组后，设置组长、副组长，安排小组内分工（采访记录、照相、网络搜索、文字整理等）。

（5）完成初步的调查后，在全校范围内展示历史调查成果。

（6）校外历史调查涉及安全问题，学生需家长签字同意后方可参加。

（三）研究步骤

因为学生的知识积累、加工处理信息的能力有限。在初中阶段开展综合实践活动学习有一定难度，教师要根据学生的实际情况和教材内容，先确定课题，然后学生自主选题。我们经实践确定研究步骤如下。

1.准备阶段（历时1个月）

（1）公布课题：阐明开展综合实践活动学习的重要性；公布小课题题目、选题原则，欢迎家长作指导教师，并宣布把小课题研究评价纳入期末成绩评定。

（2）开题指导：教师依据学生的所在地进行分组，开展文物古迹调查。利用课余时间指导学生填写调查报告，讲解研究方法。

（3）开题报告：课堂公布开题报告。目的是引起学生注意，使其明确自己分工负责的内容，便于组员之间研究、交流与合作。

2.研究阶段（历时2个月）

开题报告公示之后，各班、各小组开始研究活动。在活动过程中学生互相了解、互相协作，让每一名课题小组成员都参与其中，每一步的负责人将自己负责研究的内容处理好，由小组长予以协调，出现问题先组内讨论自行解决，解决不了的与指导老师协商、探讨解决。

3.总结阶段（历时1个月）

各小组学生将研究结果以电子演示文稿和研究报告的形式提交给任课教师，教师审阅后提出修改意见，发回学生及时修改，使其更加规范、科学。学生对所做的电子演示文稿不满意还可修改。学生写出参加此次乡村古迹调查活动的感想，举行历史调查交流会，分享感想。

（四）综合实践活动学习的评价

1.评价内容

（1）学生参与研究活动的参与度。

（2）学生研究能力、创新精神的发展情况。

（3）学生研究态度、方法及能力水平。

（4）学生合作意识、协调能力状况。

2.评价原则

贯穿研究活动的始终，包括开题的评价、中期的评价、结题的评价和综合评价。

3. 评价方法

采取教师评价与学生自评、互评相结合，小组评价与个人评价相结合，书面材料评价与口头报告评价相结合，定性评价与定量评价相结合等方法。在综合实践活动学习评价活动中，经常采用的评价形式有成果展览、研究历程档案袋、观察记录等。

第六节　地理工具在地理课堂教学中的运用

济南高新区遥墙中学　李鑫

《义务教育地理课程标准（2022年版）》（以下简称为"地理新课标"）中指出："地理课程以提升学生核心素养为宗旨，地理课程目标要围绕核心素养。"地理学科的四大核心素养包括人地协调观、综合思维、区域认知和地理实践力。相较于旧版课标，地理新课标在讲述地理学科知识的同时，将地理实践活动和地理工具的运用贯穿其中，形成学科知识与学科活动融为一体的课程内容结构。

在新版课程结构中，将地理工具的运用单独作为一个框架设置，地理课程实践的重要性不言而喻。在地理课堂教学中，地球仪和地图是使用频率最高的地理教学工具。

一、地球仪的使用

初一的学生年龄较小，对立体事物的认知能力较弱，而初中地理的课程结构设计遵循学科逻辑顺序，是先从地球整体认知和地球运动入手，需要较强的立体空间认知能力。学生认知能力与学科内在逻辑之间的矛盾，造成很大一部分学生在刚刚接触地理学科就产生了很大的困惑，导致其学习信心和积极性受到打击。结合教学发现，学生遇到的最大认知困难就是如何将真实的立体世界展现在平面的地图上，地球仪就是很好的帮学生建立空间概念的地理工具。

教学片段一：经线的特点和经度的划分

【新课标要求】在地球仪上识别经线，说出经度的分布规律。

【教学工具】地球仪、水彩笔、彩色胶带、便纸贴。

【教学过程】

（1）学生自主阅读教材中经线和经度的相关内容。

（2）将地球仪放置在讲台上，请一名学生上台在地球仪上用水彩笔画出任意一条经线，描述出经线的形状。（经线的形状是半圆）

（3）继续请多名学生上台，在地球仪上用水彩笔画出多条任意经线，并判断经线的长度是否相等。（经线的长度都相等）

（4）结合"北极是地球上的最北点，南极是地球上的最南点"这一知识点，观察所画的经线的指示方向。（经线指示南北方向）

（5）用多媒体展示表格，请学生归纳经线的特点。

经线的形状	半圆
经线的长度	相等
经线的指示方向	南北

（6）用彩色胶带标注0°经线和180°经线的位置，在便纸贴上书写0°和180°，分别粘贴在对应的经线上。教师边贴边讲述相关知识：人们将穿过英国伦敦格林尼治天文台的经线规定为0°经线，它对面为180°经线。完成粘贴与讲述后，教师将地球仪翻转，将北极上空朝向学生，设问，请学生说出经度的范围。（经度的范围为0°~180°）

（7）在便纸贴上书写英文单词"East"（东）和"West"（西）的首字母"E"和"W"。

图4-13 学生地球仪上的演示

教师请一名学生上台面向地球仪，共同配合完成演示。教师讲解0°经线以东为东经，请学生将书写有字母E的小贴纸粘贴在地球仪0°经线的右侧；教师讲解0°经线以西为西经，请学生将书写有字母W的小贴纸粘贴在地球仪0°经线的左侧。

（8）翻转地球仪，将北极上空朝向学生，请学生观察说出东经E与西经W的分界线。（东西经度的分界线为0°经线和180°经线）

[设计意图]

（1）在讲授经线特点及经度划分时，由于平面视角的限制，如果单纯用平面示意图讲授，会造成学生在认知上的困难和疑惑。

（2）利用地球仪讲解，地球仪上经纬网交织，同时包括纬线和经线、纬度和经度，不利于学生观察。所以利用彩笔、彩色胶带、便纸贴等简单的工具将经线进行特别的标画，便于学生观察。

教学片段二：模拟实验——地球自转产生的现象

【新课标要求】

（1）运用地球仪或软件演示地球的自转运动，说出地球自转的方向及周期。

（2）结合实例，说出地球自转产生的主要自然现象及其对人们生产生活的影响。

【实验工具】地球仪、卡通贴纸（孙悟空、美国队长、小猪佩奇）、手电筒。

模拟实验一：地球的自转运动

（1）将地球仪放置在讲台上，请一名学生上台指认地球自转的旋转中心。（地轴）

（2）请该学生拨动地球仪，并用语言描述地球的自转方向。（学生口述：方向为自西向东。教师在黑板上绘制地球自转方向简图）

（3）在地球仪转动的过程中，拿起地球仪底座，将北极朝向学生，让学生观察此时的旋转方向与钟表指针的旋转方向是否一致。（学生观察后回答：不一致。教师在黑板上绘制北极上空地球自转方向简图，同时点明该旋转方向为逆时针方向）

（4）重新将地球仪放置在讲台上，继续将地球仪按自西向东的方向旋转，再次将地球仪拿起，将南极朝向学生，让学生观察此时的旋转方向与钟表的旋转方向是否一致。（学生观察后回答：方向是一致的。教师在黑板上绘制南极上空地球自转方向简图，同时点明该旋转方向为顺时针方向）

模拟实验二：演示昼夜更替现象

【实验准备】分别将印有孙悟空、"美国队长"的卡通贴纸，贴到地球仪对应的国家位置。（孙悟空卡通贴纸贴在中国；"美国队长"卡通贴纸贴在美国）

【实验环境】关闭灯光，拉上窗帘，营造暗室环境。

【实验过程】

（1）用手电筒照亮地球仪上中国所在的位置，观察中国和美国的昼夜变化情况。（学生观察后回答：中国为白昼，美国为黑夜）

（2）将地球仪转动180°后，观察中国和美国的昼夜情况。（学生观察后回答：中国由白昼变为黑夜，美国由黑夜变为白昼）

图 4-14 学生在地球仪上的演示

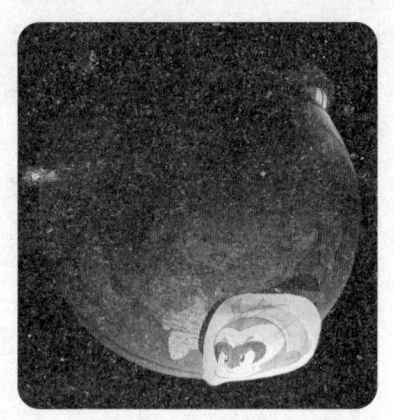

（3）再次将地球仪转动180°后，观察中国和美国的昼夜情况。（学生观察后回答：中国再次变为白昼，美国再次变为黑夜）

（4）总结实验现象。（学生在教师引导下逐步归纳得出结论：由于地球自转产生了昼夜更替现象，昼夜更替一次的周期是一天）

模拟实验三：演示时间差异现象

【实验准备】

（1）将卡通贴纸贴到地球仪对应的国家位置。（卡通贴纸贴在英国）

（2）多媒体大屏展示"不同经度上的地方时"示意图，让学生观察太阳照射位置与地方时的关系。

【实验过程】

（1）当手电筒照亮中国时，观察中国、美国、英国哪个国家正值正午

12点，哪个国家正值子夜24点或0点，哪个国家处于清晨6点。（学生通过观察得出结论：中国正值正午，地方时大致为12点；美国正值子夜，地方时大致为24点；英国处于清晨，地方时大致为6点）

（2）总结实验现象。（学生在教师引导下逐步归纳得出结论：由于地球自转，不同经度的地方与阳光照射的位置关系不同，出现了时间的差异）

[设计意图]

（1）让学生利用地球仪亲自演示地球的自转运动，指认地球的旋转中心，观察并描述地球的自转方向。

（2）在暗室环境，利用手电筒演示地球自转产生的昼夜更替现象和时间差异。引导学生通过观察，说明实验现象。

（3）由于暗室环境灯光较为微弱，加之学生对中、美、英三国在地球仪上的位置较为陌生，为了更好地突出三国的地理位置，利用代表各国的动画形象贴纸进行定位，便于学生观察，也可提高趣味性。

地球仪的运用，可帮助初一新生建立空间概念，将立体球体转化为平面地图，将宏观地球运动微缩在地理课堂中进行直观展示。在使用过程中，如果完全放任小组活动，对于刚刚接触地理学科的学生，可能会有些手足无措，导致活动的有效性降低；如果教师的演示距离学生较远，会导致学生观察不清，利用彩笔、彩色胶带和便纸贴可以突出位置，便于学生观察。

二、使用并绘制地图

地理学科更像一门"看图说话"的学科，地图是地理学的第二语言，阅读地图并从中提取有效信息是地理学科的基本能力。学生在学会使用地图的基础上，也要学会手绘简单的地图。在教学过程中，由于教学时间紧张，会存在以教师文字叙述代替学生阅读地图的现象。

教学片段一：认识五种地形

【新课标要求】

（1）阅读地形图、景观图片，观看影视资料，观察地形模型或实地考察等，区别山地、丘陵、高原、平原、盆地的形态特征。

（2）在世界地形图上，指出陆地主要地形和海底主要地形的分布，观察地形分布大势。

【教学过程】

（1）学生自主学习，阅读教材图文资料，对比平原、丘陵、山地、高原、盆地的海拔高度范围以及地表形态特征。

（2）结合有一定视觉冲击力的景观图片，描述五种地形各自的地表形态特征。

图 4-15 不同地形的景观图片

（3）利用立体地图模型，让学生指认世界上最大的平原（亚马孙平原），世界两大山系（阿尔卑斯—喜马拉雅山系、科迪勒拉山系），世界海拔最高的大高原（青藏高原），著名盆地（刚果盆地、塔里木盆地）。学生通过用手指触摸立体地图，亲自感受大地的起伏状态。

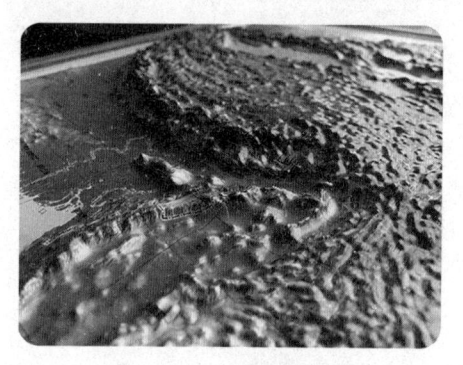

图 4-16 立体地图模型

[设计意图]

（1）关于地形的相关知识，是现行教材的新增内容。

（2）在地理新课标中，教师需借助地图、影视资料、实地考察等多种途径，帮助受条件限制无法进行实地考察的学生认识五种地形的地表形态。在教学过程中，学生通过阅读教材地形图获得理论认知，多媒体展示实景图形成视觉冲击，利用立体地图指认并亲手触摸感受地表起伏，形成从理论认知到肢体感受的思维提升。

教学片段二：绘制降水量柱状图，判读降水季节变化类型

【新课标要求】阅读某地区降水数据资料，并据此绘制降水量柱状图，说出降水量随时间变化的特点。

【课前准备】

（1）收集新加坡、伦敦、开罗、北京、罗马五城市年平均降水量数据。

（2）利用Excel表格功能，制作五城市降水量柱状图。

注意：教师在制作柱状图时，仅需绘制部分月份的，而将其他月份空出，留给学生在课堂中手绘。

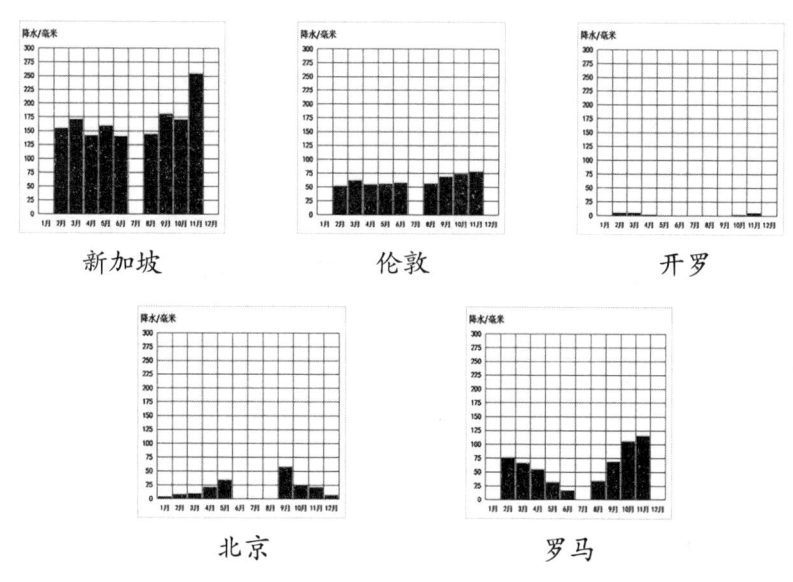

图 4-17 五城市年平均降水量柱状图

情境设置：（虚拟"水精灵魔法学院"以及五个"魔法教学班"）现有来自北半球五座不同城市的小精灵进入学院求学，需根据各自城市的降水特点，寻找最合适的魔法班级。

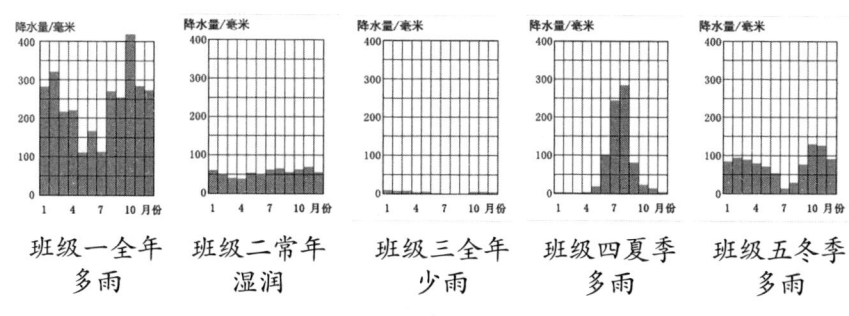

图 4-18 北半球五城市降水量柱状图

【教学过程】

（1）请魔法班班长介绍降水量柱状图的绘制过程与要求。

（2）通过抽签的形式抽取数据，各小组分别绘制所抽取城市的降水量柱状图。

（3）完成绘制后，根据学案中的提示，判断各自城市所属的降水类型，完成魔法分班，并简单说明理由。

[设计意图]

（1）创设水精灵魔法学院的教学情境，增加趣味性，利用魔法分班的场景，达成课标中的相关要求。

（2）在绘制降水量柱状图时，为兼顾学生活动与课堂教学进度，教师提前为学生绘制部分月份的降水量柱状图，留出三个月的空白区域，让学生在课堂上手绘。这样既训练了学生的绘图技能，也提高了课堂教学效率。

除教材中提供的地图外，根据教学需要，教师还可利用网络搜集相应的景观图片、音视频资料。实景效果往往胜于语言的描述，让学生在课堂中体会"身未动，心已远"，真切感受地理学科学习内容的震撼。由于学生绘制地图较为耗时，教师要提前准备，简化过程，让学生学会方法，避免机械重复，提高课堂教学效率。

在课堂教学中，教师在完成知识传授的同时，应遵循地理新课标的指导思想，让学生"从做中学"。为有效使用地理工具，教师要开动脑筋，利用小工具对现有成品教具进行改造，使其更适应初中阶段的课堂教学；通过实际运用，让学生学会使用地理工具；在活动过程中，学生通过亲身感受获取地理信息，总结地理规律，实现了学科知识与学科活动的有效推进。

附录

教学案例的设计与实施过程展示

研究案例一

语文两篇教学设计与实施过程

【学科】语文

【课题】老王

【课型】新授

【课标分析】

（1）能用普通话正确、流利、有感情地朗读课文。

（2）能熟练地运用略读和浏览的方法，扩大阅读范围。

（3）在通读课文的基础上，理清思路，理解、分析主要内容，体味和推敲重要词句在语言环境中的意义和作用。

（4）对课文的内容和表达有自己的心得，能提出自己的看法，并能用合作的方式共同探讨、分析，解决疑难问题。

（5）在阅读中了解叙述、描写、说明、议论、抒情等表达方式。

（6）欣赏文学作品，有自己的情感体验，初步领悟作品的内涵，从中获得对自然、社会、人生的有益启示；对作品中感人的情形和形象，能说出自己的体验，品味作品中富于表现力的语言。

【教学目标】

（1）让学生理解、积累"惶恐、荒僻、滞笨、愧怍"等课内词语。

（2）帮助学生整体感知文本，学会分析人物形象，赏析、品味语言。

（3）引导学生感悟作者的善良，培养学生关注"小人物"的"大精神"和意识。

【教学重难点及突破方法】

教学重难点

（1）指导学生通过阅读文本，体会作者一家与老王之间的珍贵情谊，理解老王身上闪耀的人性之美。

（2）帮助学生揣摩语言，探究作者对老王心怀"愧怍"的原因。

（3）引导学生理解作者对不幸者同情、关爱的思想感情，激发爱心，学会向善。

突破方法

（1）自读点拨法。本文是写人记事的散文，作者通过叙述与车夫老王的交往片段，刻画了虽穷苦卑微却纯朴善良的老王形象。学生在诵读中以善良体察善良，感悟情感，陶冶性情。教师点拨、突出作品提出的"关怀不幸者"的写作意旨。

（2）合作探究法。对于阅读中关乎作品所表达情感、材料组织等的问题，鼓励学生大胆质疑，合作研讨，组内成员就问题展开讨论交流，然后小组代表发言，班内共享，表达交流。

【课时安排】1课时
【教学过程】

构建学习场一：创设情境

课前小谈

你身边有没有被称作"老王"或者"王老"的人？这两个称呼有什么区别吗？

上课时，教师悄悄地走到一个王姓学生面前，亲切地称呼他一声"老王"。（声音较高）迅速环视全班，然后问："你喜欢我这样称呼你吗？"（预判学生的回答，基本不做理会）"为什么呢？"等待学生回答。通过这个学生的回答或者启发其他学生随意回答的方式让学生对这一称谓形成如下认知：对年龄大的普通人的称呼；特定场合下亲切幽默的称呼。今天我们一起看一下文中的"老王"。

[设计意图] 以幽默的方式开启快乐的学习旅程。

构建学习场二：预习检测

导入语：大家对"老王"了解多少呢？请看大屏幕！

预习检测题：

1.谁写的《老王》？你对作者了解多少？

2.给加点字注音。

3.你认为最能表现作者写这篇文章情感的句子是哪一句？

反馈的方法：

1.直接提问：哪一个小组能回答一下问题？

2.虽然同学们已经预习了，但我还是想给大家一个更好的展示自我的机会，请大家以小组为单位讨论1分钟。（1分钟时间到，哪一个小组能回答一下）

（注：以上两种方法视各班的学情而定。）

参考答案：

1.作者：杨绛，著名作家、评论家、翻译家、学者，著名学者、作家钱钟书的夫人。主要作品有剧本《称心如意》《弄假成真》、长篇小说《洗澡》、散文《干校六记》、随笔集《将饮茶》，译作有《堂吉诃德》《吉尔·布拉斯》等。

2.给加点字注音。

蹬车（dēng）	绷紧（bēng）	捎带（shāo）
荒僻（pì）	肿胀（zhàng）	塌败（tā）
取缔（dì）	伛（yǔ）	骷髅（kū lóu）
眼翳（yì）	滞笨（zhì）	愧怍（zuò）
攥着（zuàn）	强笑（qiǎng）	

3.你认为最能表现作者写这篇文章情感的句子是哪一句？

那是一个幸运的人对一个不幸者的愧怍。

[设计意图] 通过3个练习题，创设了学生回顾预习内容的情境，通过学生的表现了解学生的预习效果。

构建活动场三：活动设计

【活动一】

导入语：你认为本文中幸运的人是谁？不幸的人是谁？不幸表现在哪里？

任务：幸运的人是谁？不幸的人是谁？不幸表现在哪里？

要求：①自己思考；（2分钟）②同伴互助交流；（2分钟）③全班分享。（以小组成员为单位展示—评价—追问—补充）

参考答案：

作者是幸运的，老王是不幸的。老王身体残疾，谋生困难，孤苦伶仃，没有亲人、爱人，住宿条件差。

[设计意图] 通过这3个问题的创设，引导学生初步感知人物形象。

【活动二】

导入语：作者是幸运的，老王是不幸的。一个幸运的人与一个不幸的人之间发生了哪些故事呢？

任务：

1.作者与老王之间都发生过哪些事情呢？

2.其中的哪件事你印象最深刻？体现在哪些段落？

3.有感情地朗读该段落，找出让你感受最深的语言，并按照以下句式，从语言和情感等方面进行赏析。

（答题句式：我对第××段的××句话印象最深。这句话运用了××手法，写出了××特点，表达了××情感。）

要求：

1.每人至少找出1处。（3分钟）

2.同伴互助，组内共研。（3分钟）

3.全班分享。（以小组成员为单位展示—评价—追问—补充）

参考答案：

1.老王的事：

（1）老王给作者送冰。

（2）老王送钱锺书去医院看病。

（3）老王给作者送香油鸡蛋。

作者的事：

（1）作者女儿给老王送鱼肝油。

（2）作者照顾老王的生意。

（3）作者关心老王近况。

2.第8~16段，老王给作者送香油鸡蛋。

3.在学生回答问题时，教师从语速、语调、重音、情感等方面指导学生进行朗读。

"直僵僵"与"镶嵌"一词配合，用夸张的手法，写出了老王此时病入膏肓的情形，也表现出了作者对老王此情此景难过的心情。

"棺材里倒出来的"与"骷髅"一词配合，用比喻的手法写出了老王被病痛折磨得没有人形，也表现了作者对老王的同情与怜悯。

作者从外貌、神态、动作、心理等方面进行描写，写出了老王在临终前给作者一家送东西时的情景，表现老王对作者一家深深的谢意，刻画了老王善良的形象。运用外貌描写，采用比喻、夸张的修辞手法，借僵尸、骷髅外表恐怖、干枯的形象以及不禁打的特点，形象贴切地写出了老王被疾病折磨得干瘦、衰弱的特点，表现了老王的穷困、凄苦，表达了作者对老王的同情。

[设计意图] 通过设计的3个问题，以小组合作的形式引导学生深入体会作者和老王的情感。

【活动三】

导入语：你们不觉得奇怪吗？作者一家对老王这么好，为什么在多年以后想起来，还会觉得对老王有愧怍之情？

任务：为什么作者在多年以后想起来，还会觉得对老王有愧怍之情？

要求：

1.有感情地再次朗读该句话，自己思考。（2分钟）

2.同伴互助，组内共研。（3分钟）

3.全班分享。（以小组成员为单位展示—评价—追问—补充）

参考答案：

作者对老王感到"愧怍"，是因为她觉得自己对老王这个弱者关心不够。老王视作者为朋友，作者却不知道他什么时候死的，不知道他埋在哪儿。这时，作者才明白，自己在和老王的交往中一直充当给予者，对于老王是那种居高临下、缺乏真正同情的尊重，所以作者在多年以后想起来，还会觉得对老王有愧怍之情。

[设计意图] 本环节围绕人间的世态人情设计问题，引导学生深入思考。

构建活动场四：情感升华

（一）写作背景（直接课件展示，让学生进行自我感悟，然后回答后面

的问题）

1.导入语

作者认为她和老王相比，是幸运的人，但是作者真的幸运吗？

2.写作背景

这是一篇回忆性的散文，是1984年作者回忆自己同老王交往中的几个生活片段。"文化大革命"时期，作者夫妇被认定为"反动学术权威"被打倒、被歧视。但是，老王仍然尊重作者夫妇。这段往事在作者心里留下了深刻的印象。

3.问题

作者也有如此不幸的遭遇，但是她还能关怀像老王那样平凡的人，对此，你有什么启示吗？

方法：直接提问，学生以小组为单位发表自己的看法。

[设计意图] 通过展示写作背景，知人论世，让学生情感升华。

（二）感受来自善良的愧怍

1.导入语

善良仅仅局限于人与人之间相处的过程吗？我们对待其他生灵应该持什么样的态度呢？

2.类文引用

（1）几年过去了，我渐渐明白，那是一个幸运的人对一个不幸者的愧怍。（《老王》）

（2）想到它的无抵抗的逃避，益使我感到我的暴怒、我的虐待，都是针，刺我良心的针！（《猫》）

方法：教师展示课件，让学生谈启示，教师进行总结。

教师总结：善良不仅仅局限于人与人之间的交往过程中，还存在于我们对待其他生灵的态度中。一个社会总有幸运者和不幸者，幸运者有责任关爱不幸者，关注他们的命运。即使自己不能在物质上给予他们太多的帮助，但至少应在心灵上关注他们，使他们得到一些慰藉，以善良体察善良。

[设计意图] 通过类文迁移，引导学生感悟，学会用善良去对待他人，对待其他生灵。

· 133 ·

构建活动场五：妙笔生花（作业）

1.导入语：杨绛与老王之间的故事让我们为之动容，其实，在我们周围每时每刻都有善良的温馨的故事上演，让我们一起走进那些温馨感人的瞬间。

2.播放短视频。（记录人们善良举动的温馨瞬间）

3.你有没有遇见过像一束光一样帮助你的人，请运用人物描写方法来记录别人帮助你的温馨瞬间，300字左右。

板书设计

老王　　杨绛
不幸　　　幸
　↘　↙
　　善

同情—关心—愧疚

【教学反思】

《老王》这篇课文讲完了，但我总有种意犹未尽的感觉，觉得还有什么东西需要再说说。反思自己讲课的过程，发现很枯燥、很单调。本来生动形象、满含作者感情的《老王》，被我一讲，成了课前预习（生字、词语、作者）、整体感知、合作探究、课后作业几个板块的组合。乍一听，我这几个步骤也符合学案的要求，后来从提问的几个问题和课后作业也可以看出，学生掌握得还不错。

我再次翻看着有关这一课的参考资料，看到教学目标：①把握课文，理解老王的苦和善。②品味作者平淡简洁而富有表现力的语言。③学习通过几个片段表现人物的方法。④体会作者的平等意识与人道主义精神，引导学生关心普通人。

我发现前三个目标应该说都达到了，只是第四个目标应该属于"情感、态度与价值观"，我向来不将其作为课堂教学的重点，觉得这样的目标是长远的，一两节课怎么也不可能达到，况且我也不善于煽情。但是如果教师只考虑自己的感受，对学生只注重知识与能力的培养，而不培养学生健康的感情，这样培养出来的人，即使他学问再高，也只相当于一个冷冰冰的机器人。

后来，我想让学生观看在恶劣条件下劳作的工人，引导学生对他们的命运产生同情，但是感觉效果也不是很好。生活在与外界隔绝的校园里的学生，他们看不到、听不到这些弱者的声音，所关注的只是自己小小的得失。如果教师不对他们进行引导，学生接受不到这方面的教育，他们不但不会给弱者以同情，将来自己走向社会，遇到了挫折也可能承受不了。

可见，对学生进行思想教育，不只是政治老师的事，语文老师也承担着同样的责任。如果像我这样讲课文，学生感受到的老王可能只是作者杨绛身边的老王、是特定时代的老王，而不是我们身边鲜活的人物。

所以我想，下一节课再给学生搜集一些资料，联系实际讲讲社会上的人和事，把思想教育贯穿在讲课中，让学生潜移默化地受到影响，从而使他们有一颗悲天悯人的心，能够关注生活中的弱者，善待他人。

【学科】语文

【课题】三峡

【课型】复习

【课标分析】

（1）能利用工具书识字词，规范书写。

（2）能熟练地使用朗读、默读、略读、浏览等阅读方法。

（3）培养学生达成阅读理解的五个层次：了解课文涉及的文学常识；理清思路；理解分析主要内容；随文学习基本词汇、语法知识和修辞（说明）方法的表达效果，体味和推敲重要词句在语言环境中的意义和作用；结合课文的内容和主旨，表达自己的情感体验，初步领悟作品内涵。

（4）口语交际中培养学生学会复述、转述、即席讲话和主题演讲，提高学生表达、倾听和交流的能力。

（5）写作要抒发真情实感，表达观察生活得到的认识和感受。

（6）诵读文言诗文，能借助工具书疏通文义；通过对语气、节奏等朗读方法的训练，达到熟读成诵；在积累、感悟、运用中提高自己的欣赏品位。

【教材分析】

初中语文教材八年级上册一共安排了两个文言诗文单元，通过学习，让学生初步了解我国古代优秀文化，感受古代文学作品的美，激发学生学习古代散文和诗歌的兴趣。

本文是文言诗文单元的第一课，它是北魏郦道元《水经注》中的一段注释，同时也是一篇优美的写景散文。课文通过对三峡山水和四季景色的描写，向我们展现了三峡的壮美风光。文章写景生动，用词精准，具有一种特殊的艺术魅力，尤其是作者的描写手法以及对偶、夸张、引用等修辞手法的成功运用，更是令人赞叹。

【复习目标】

（1）正确流利地背诵、默写课文，积累文学常识，翻译文言词句。

（2）学习本文描写景物时抓住特点正面侧面描写相结合以及动静结合的手法。

（3）学习本文的语言特色和结构特点。

【复习重点、难点及突破方法】

复习重点

学习本文描写景物时抓住特点描写景物、正面侧面描写相结合以及动静结合的手法。

复习难点

学习本文的语言特色和结构特点。

突破方法

1.自读点拨法

本文是写景散文，据此，本课拟以点拨法进行教学，课堂上指导学生听读、试读、齐读、自由读、评读、品读，通过朗诵让学生感悟文章内容，做到理解成诵，营造宽松、和谐、民主的教学气氛，调动学生的积极性。

2.合作探究法

培养学生的学习主动性，在点拨的过程中，鼓励他们在交流、启发、争议、展示自我中主动获取知识，培养良好的语文素养。据此，我设计了"整体感知—品析语言—拓展延伸"的教学过程，以合作探究来引导学生自主学习。

【学情分析】

通过七年级文言文的学习，学生已经能够结合注释理解文章内容，但由于文言内容内涵较为深刻且和他们的生活相去甚远，因此对作品的把握还不够深入。复习本文，学生应该在理解课文内容的基础上，调动已有知识储备，结合自己的生活体验，大胆地发表自己的见解，抓准三峡的主要特征，体会作者的思想感情。

【教学方法】 朗读法、自主学习、合作共研等

【课时安排】 1课时

【教学过程】

构建学习场一：创设情境

导入语：美丽的三峡吸引了多少人为之摧眉折腰，古往今来，无数文人墨客，挥毫泼墨尽情描绘，诸如"朝辞白帝彩云间，千里江陵一日还""两岸猿声啼不住，轻舟已过万重山""孤帆远影碧空尽，惟见长江天际流""无边落木萧萧下，不尽长江滚滚来"等等。今天我们就随着作者郦道元，去游一游那雄伟壮丽的长江三峡吧。

构建学习场二

导入语：让我们回顾课本知识，再次感受三峡的无限魅力。

复习检测题

1.《三峡》选自于_____，作者_____，是我国_____时期著名的地理学家。

2.我国古代最全面、最系统的综合性地理著作是_____。它具有较高的文学价值，不仅是杰出的_____巨著，还是一部颇具特色的_____。

3.长江三峡是_____、_____、_____的总称。

[设计意图] 通过以上3个练习题，创设情境让学生回顾课程内容，通过学生的表现了解学生的学习效果。

参考答案：

1.《三峡》选自于《水经注》，作者郦道元，是我国北魏时期著名的地理学家。

2.我国古代最全面、最系统的综合性地理著作是《水经注》。它具有较

高的文学价值,不仅是杰出的地理巨著,还是一部颇具特色的山水游记。

3.长江三峡是巫峡、瞿塘峡、西陵峡的总称。

构建学习场三

导入语:既然对文章有了一个基本的了解,那我们就带着对三峡的欣赏之情开启学习旅程吧。

任务:背诵课文,识记字词。

合作要求:

(1)组内成员互相检查背诵情况,按照1—2—3—4号的顺序,组内成员互相指导修正。

(2)班内展示分享(2分钟),其他组评价。

参考答案:

(1)背诵的情况(略)。

(2)本文多用四字句,句式整齐。有的四字句中间穿插着一些连词,如"虽""则"等,教师注意点拨与指导。

构建学习场四

导入语:刚才我们已经对文章的音韵之美有了整体的感知,下面让我们随着作者的脚步去感受其中的深刻含义吧。

任务:翻译全文,理解内容。(借助课下注释理解基本内容)

合作要求:

①自主思考;(3分钟)②小组交流(3分钟),组内安排翻译内容;③班内展示分享;(3分钟)④其他组评价补充。(2分钟)

构建学习场五

导入语:同学们,我们中国的文字博大精深,请找找看,文中有哪些文言现象。

任务:小组整理本文中的通假字、一词多义、古今异义、词类活用等。

合作要求:①自主思考;(2分钟)②小组交流(2分钟),按照4—3—2—1号的顺序;③班内分享;(3分钟)④其他组评价补充。(2分钟)

参考答案:

1.通假字

两岸连山，略无阙处：阙，同"缺"，空隙，缺口

2.一词多义

清 ｛ 回清倒影：名词，清波
　　　清荣峻茂：形容词，清澈

属 ｛ 属引凄异：zhǔ，动词，连接
　　　有良田美池桑竹之属：shǔ，名词，类

引 ｛ 属引凄异：延长
　　　下车引之：牵，拉

其间 ｛ 其间千二百里：这中间
　　　　飞漱其间：在这中间

3.古今异义

或王命急宣 ｛ 古义：有时
　　　　　　　今义：或者

虽乘奔御风 ｛ 古义：假设关系的连词，即使
　　　　　　　今义：表转折关系的连词，虽然

4.词类活用

虽乘奔御风，不以疾也：动词用作名词，飞奔的马

回清倒影：形容词用作名词，清波

空谷传响：名词作状语，在空荡的山谷里

晴初霜旦：名词作动词，下霜

构建学习场六

导入语：根据"峡"字的字形结构，我们很容易知道"峡"的地貌特征，那就是"两山夹水"。那么这节课我们就一起来欣赏一下三峡的山和水，体会作者的思想感情。请同学们先自读课文并翻译，思考下面问题。

任务：

1.作者是按照怎样的顺序来写山和水的？重点写了什么？

2.请用"三峡的……美（山/水），美在……是一种……的美"的句式来总结景物特征。

合作要求：①自主思考；（2分钟）②小组交流（2分钟），按照4—3—2—1号的顺序；③班内分享；（1分钟）④其他组评价补充。（1分钟）

参考答案：

1.顺序

先总写三峡的地貌——山

次写三峡夏天的水

再写三峡春、冬之景

最后写三峡秋天的景

本文写三峡四时风光，重在写水，为什么从山写起？为什么不按春—夏—秋—冬的顺序写？

先写山，两山夹水的地方称为峡。三峡景色特征之一即为山高岭连，所以写峡必定要从山写起，山势决定了水势，写山是为写水服务的。

后写水，相比而言三峡夏季的水最为盛，要详写。

夏天江水暴涨，春冬风平浪静，秋天水枯谷空，按三峡水势涨落的特点安排夏—春—冬—秋的顺序写景。

2.

三峡的山美，美在山高岭连，美在重岩叠嶂、遮天蔽日，具有雄壮美。

三峡的水美，美在夏水襄陵、沿溯阻绝，美在急猛，具有奔放美。

三峡的水美，美在春冬之景，美在素湍绿潭、回清倒影，悬泉瀑布飞漱其间，美在清幽，具有清幽美。

三峡的秋美，美在林寒涧肃、高猿长啸，美在凄婉，具有凄婉美。

[设计意图] 引导学生逐层探究，感悟文章深刻内涵。

构建学习场七

导入语：三峡的景色让我们陶醉，让我们心生向往，那么作者是怎样把三峡的景物写得如此美丽的呢？我们一起来赏析。

任务：

1.再次浏览课文，看作者是如何写景的：请用"《三峡》的……（山/水）美，第×段运用……（句式、结构、语言、写法、多角度等）"来谈。

2.回顾课文，总结三峡四季景物的特点（用四字短语），体会作者感情。

合作要求：①自主思考；（2分钟）②小组交流（3分钟），按照4—3—2—1号的顺序；③班内分享；（3分钟）④其他组评价补充。（2分钟）

参考答案：

1. 第一段：地貌特征：山高岭连——雄壮美

　　　　　总写：两岸连山，略无阙处

　　　　　正面描写：重岩叠嶂，隐天蔽日

　　　　　侧面描写：自非亭午夜分，不见曦月

　第二段：夏水特点：水盛、水急——奔放美

　　　　　正面描写：夏水襄陵，沿溯阻绝（水势浩大）

　　　　　侧面描写：朝发白帝，暮到江陵……虽乘奔御风，不以疾也（水流湍急）

　第三段：三峡春冬：清荣峻茂——清幽美

　　　　　水：素湍绿潭，回清倒影（俯视）——静景 ｜ 视觉角度
　　　　　山：绝𪩘怪柏，悬泉瀑布（仰望）——动景 ｜ 动静结合

　第四段：三峡之秋：凄婉美（引用、正侧面结合）

　　　　　正面描写：林寒涧肃，猿声哀婉（渲染了寒秋三峡悲寂、凄凉的气氛）

　　　　　侧面描写：引用渔歌不仅侧面反衬了三峡的凄凉，而且增强了文章的文学性、可读性，使文章更具音韵美。从侧面表现了三峡渔民船夫的悲惨生活。

2. 文章以凝练、生动的笔墨，描写了三峡雄奇险拔的景色，表达了作者对祖国大好河山的赞美与热爱之情。（主旨）

[设计意图] 引导学生逐段探究，寻找鉴赏古诗文中的表现手法。

板书设计

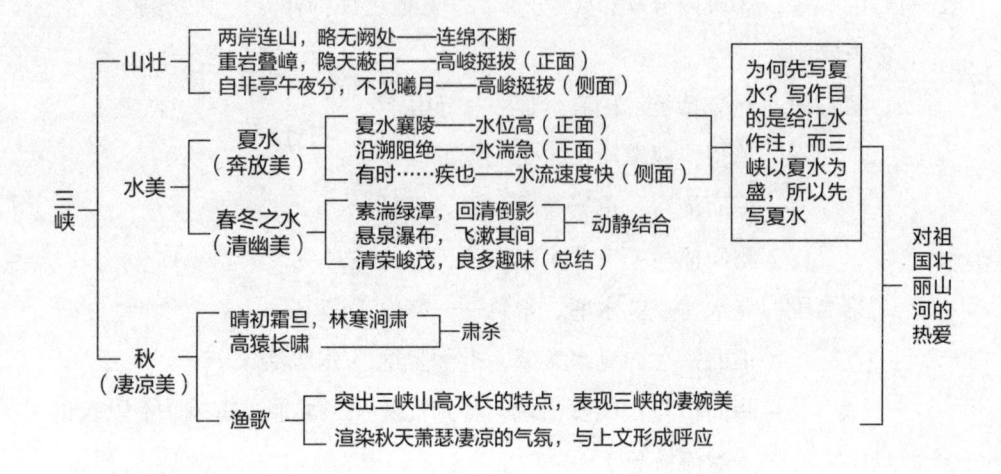

```
        ┌ 山壮 ┬ 两岸连山，略无阙处——连绵不断
        │      ├ 重岩叠嶂，隐天蔽日——高峻挺拔（正面）
        │      └ 自非亭午夜分，不见曦月——高峻挺拔（侧面）
        │
        │      ┌ 夏水   ┬ 夏水襄陵——水位高（正面）
        │      │（奔放美）├ 沿溯阻绝——水湍急（正面）
  三峡 ─┤      │         └ 有时……疾也——水流速度快（侧面）
        │ 水美 ┤
        │      │ 春冬之水 ┬ 素湍绿潭，回清倒影 ┐
        │      │（清幽美）├ 悬泉瀑布，飞漱其间 ┘ 动静结合
        │      │         └ 清荣峻茂，良多趣味（总结）
        │
        │      ┌ 晴初霜旦，林寒涧肃 ┐
        │  秋  │ 高猿长啸           ┘ 肃杀
        └（凄凉美）┤
               │ 渔歌 ┬ 突出三峡山高水长的特点，表现三峡的凄婉美
               └      └ 渲染秋天萧瑟凄凉的气氛，与上文形成呼应
```

为何先写夏水？写作目的是给江水作注，而三峡以夏水为盛，所以先写夏水 → 对祖国壮丽山河的热爱

【教学反思】

《三峡》是一篇文质优美的文言文，它是郦道元所写的《水经注》中的一篇典范之作，不仅详细介绍了三峡的地貌特征，而且具有很高的文学价值，为了让学生理解文义并感受文章语言的美，在教学时，我设置了以下学习目标：

（1）朗读课文，落实字词，理解文义，熟读成诵。

（2）品析课文，引导学生领略三峡景色的美。

（3）欣赏课文，引导学生揣摩作者笔法之妙，学习本课抓住景物的特点进行描写的手法。

《三峡》一课的教学，我的设计始终以"读"贯穿教学全过程，让学生通过对课文多遍不同形式的读，如默读、轻读、朗读，直至背诵等，在读中完成学习目标。整个课堂教学过程都是学生在读、在说、在品、在记，教师只是起引导的作用，让学生的主体作用得以最大限度地发挥，语文课"语文味"的特点得到充分体现。

在学生对《三峡》一文精读细品的基础上，我顺势引导学生掌握背诵的方法，分清层次，理解文意，掌握重点字词，之后用"减字背诵法"加以检验。整堂课有诵读，有品位，有积累，有方法指导。

研究案例二

数学两篇教学设计与实施过程

【学科】数学

【课题】探索与表达规律（1）

【课型】新授

【课标要求】

体验从具体情境中抽象出数学符号的过程，探索具体问题中的数量关系和变化规律，进一步理解用字母表示数的意义。

【教材分析】

本节内容是在学生学习了"用字母表示数""列代数式""去括号""合并同类项"等知识的基础上进行的，它既是对前面所学知识的综合应用，也是对这些知识的拓展与延伸，对学生体会数学建模具有重要的作用。"探索与表达规律"是"用字母表示数"的一个重要内容，探索规律是对抽象地分析数学对象的开始，是今后学习方程、函数等内容的基础。首先要使学生体会到代数式是刻画现实世界的有效数学模型；其次使学生经历探索事物间的数量关系、用字母和代数式表示的过程，建立初步的符号感，发展抽象思维。

【学情分析】

学生通过对本章前几节知识的学习，已经具备了初步的语言表达能力及符号表示能力，加之小学时学的一些简单的找规律的题目的解题方法，为本节课的学习提供了一定的学习经验。学生的学习习惯和认知水平与以往相比也有明显提高，在此基础上研究探索规律问题，无论是思想上还是方法上都具备了良好的契机。

日历问题是学生非常熟悉的情境，同时其中数量关系的规律比较容易发现。问题重心在于用字母表示并借助运算将具体规律推广到一般，这是由不同层次的问题组成的"问题串"。本节课可通过学生合作探究和交流，让学生相互学习、取长补短，相互激发灵感，开拓思维。但用符号表达规律对学生来说还有一定的难度。

【教学目标】

（1）经历由特殊到一般和由一般到特殊的过程，体会代数推理的特点和作用。

（2）能用代数式表示并借助代数式运算验证所探索规律的一般性。

（3）解释具体问题中蕴含的一般规律或现象。

【教学重难点】

教学重点：探索实际问题中蕴含的关系和规律。

教学难点：用字母、运算符号表示一般规律。

【教学过程】

构建学习场一：创设情境

请同学们伸出左手，一起做下面的游戏：从大拇指开始，像图中显示的这只手那样依次数数：1，2，3，4，5……

1.请问数字20落在哪根手指上？

2.你能很快地说出数字200落在哪根手指上吗，2000呢？

[方法路径] ①学生自主探究+小组合作；②班内各小组间展示。

[设计意图] 通过数手指的游戏，激发学生探究的欲望，同时让学生感受探索规律的必要性。

构建学习场二：数的变化规律——日历中的数学

【任务一】观察日历中矩形方框内的九个数，它们之间有怎样的关系？

星期日	星期一	星期二	星期三	星期四	星期五	星期六
				1	2	3
4	5	6	7	8	9	10
11	12	13	14	15	16	17
18	19	20	21	22	23	24
25	26	27	28	29	30	31

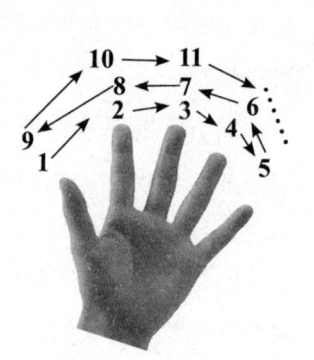

[方法路径] ①独立思考；②小组交流；③组间展示得到的规律；④质疑与补充。

[设计意图] 通过具体的九宫格探索日历中这些数的关系发散学生思维。

【任务二】

1.日历中矩形方框内的九数之和与方框中正中间的数有何关系？你是怎样得到的？

2.这个关系对其他这样的方框成立吗？自己在日历中框一框。

[方法路径] ①独立思考+动手操作；②组内交流；③班级展示。

[设计意图] 教师对学生的答案进行补充或启发式的提问；学生通过自己在日历上的动手操作得出猜想，探索由特殊到一般的归纳方法，培养数学思维方式。

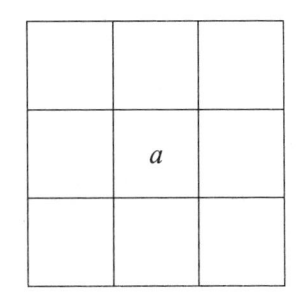

猜想：方框中九个数的和是正中间数的9倍。

【任务三】你能验证所发现的规律吗？

[方法路径] ①独立思考；②小组交流；③小组展示；④组间互动：质疑与补充。

[设计意图] 用字母表示数，让学生自己尝试用字母表示发现的规律，再用多项式的运算化简，并积累解决此类问题的经验。

$$(a-8)+(a-7)+(a-6)+(a-1)+a+(a+1)+(a+6)+(a+7)+(a+8)$$
$$=a-8+a-7+a-6+a-1+a+a+1+a+6+a+7+a+8$$
$$=9a$$

通过小组合作交流，引导学生发现可以用字母表示九宫格里的数，从而相加得出结论，注重学生的表达与合作。

[总结]

规律：方框中九个数之和=9×正中间的数

【任务四】

1.如果你从日历中任意框出 3×3 九个数之和为153，请问这九个日期分别是几号？（独立完成）

星期日	星期一	星期二	星期三	星期四	星期五	星期六
				1	2	3
4	5	6	7	8	9	10
11	12	13	14	15	16	17
18	19	20	21	22	23	24
25	26	27	28	29	30	31

2.你还能在日历中设计其他形状的包含数字规律的数框吗？（在日历中自己画一画）

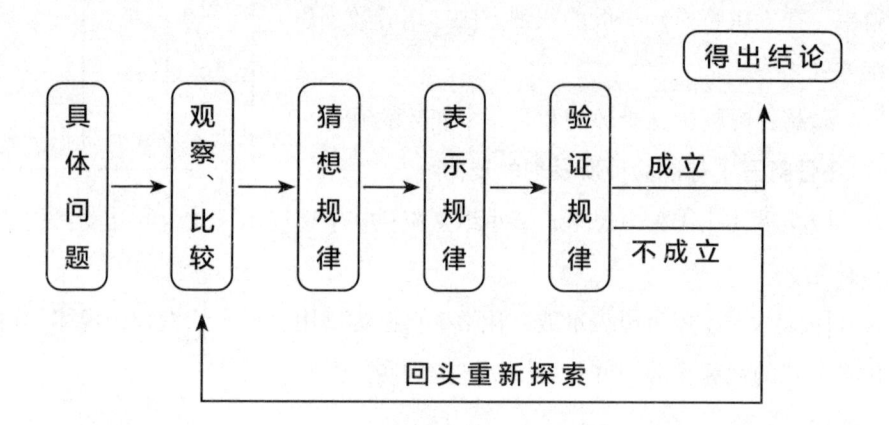

[方法路径] 学生独立思考，教师对学生给出的数框进行投屏展示，并提问其中蕴含的规律，学生采用组间互动的方式完成任务。

【任务五】总结探索规律的一般步骤。

具体问题 → 观察、比较 → 猜想规律 → 表示规律 → 验证规律 → 成立 → 得出结论
验证规律 → 不成立 → 回头重新探索

[方法路径] 学生自主总结，教师选择总结正确的加以展示，引导学生形成解决问题的思路。

[设计意图] 在日历设置数框，让学生不觉得突兀与陌生，有利于学生自主探究问题串；生生之间、师生之间合作交流的学习方式，让师生共同经历探索过程，有利于教师了解学生的思维过程与方式，及时发现优点，及时找到学生学习过程中存在的问题，充分体现"以学定教"；让学生经历从特殊到一般再到特殊的认识过程，发展其辩证唯物主义思维；鼓励学生用不同的思维方式（用字母表示数可以有不同设法）分别尝试比较，得出最佳方案，培养学生的发散思维。通过探讨、归纳来总结规律是这一环节的主要目的。

构建学习场三：图形中的规律——摆桌子问题

【任务一】按下图所示方式摆放餐桌和椅子。

桌子数	1	2	3	4	5	6	…	n
可坐人数							…	

解决问题：

1. 一家餐厅有这样的长方形桌子30张，一共可以坐_____人。

2. 若现在有131位客人去吃饭，那么需要摆放_____张桌子。

[方法路径] ①独立思考；②组内交流；③小组展示；④组间质疑。

[设计意图] 教学中学生最直接的思考方式就是从图形中获取规律。教师用课件展示图形摆放规律，让学生经历从感性到理性的思维发展过程，进而从图形的摆放方式探索数量关系，运用符号表示规律，通过计算验证规律，进一步发展其符号感。教师要鼓励学生采用不同的思维方式，引导学生将图形规律转化为数的规律来加以研究，从每一个图形所对应的数来探究，得到规律。

【任务二】按下图所示方式摆放餐桌和椅子。

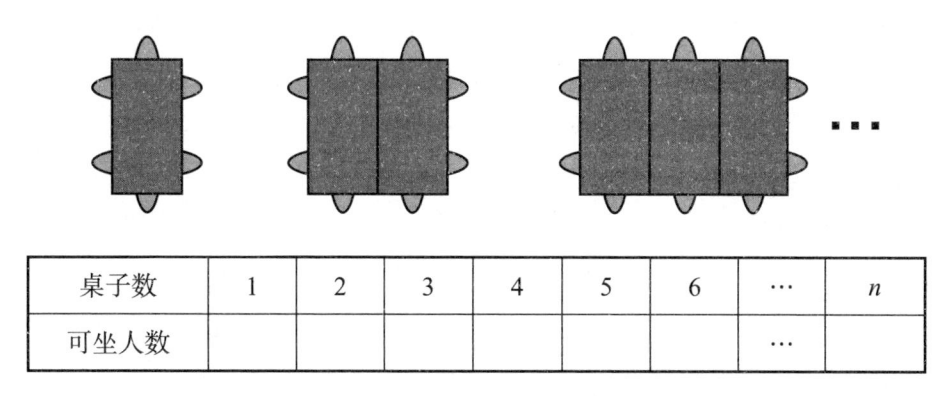

桌子数	1	2	3	4	5	6	…	n
可坐人数							…	

思考：在桌子数相同时，哪一种摆法容纳的人数更多？

[方法路径] 独立完成。

【任务三】自己总结图形中规律问题的解决方法。

总结方法：图形中的规律——数形结合，以数助形

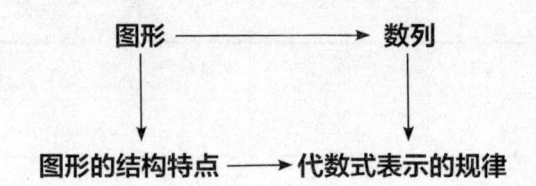

```
    图形  ──────→  数列
     │              │
     ↓              ↓
图形的结构特点 ──→ 代数式表示的规律
```

构建学习场四：完成开始的问题

构建学习场五：课堂小结

（1）你学习了哪些知识和方法？请梳理概括出来。

（2）各小组合作得怎样？请评价员简要点评。

[设计意图] 由师生交流来"归纳小结，评价升华"。一方面教师通过对整堂课的回顾帮助学生梳理知识体系、归纳学习方法，了解其学习情况、提升其思维层次；另一方面是给学生准确、全面地表述自己观点的机会，并培养学生养成及时总结、归纳知识的好习惯。

【教学反思】

经历了一周的研读教材、精心设计，我从信心满满地将我的教学设计和思路与数学组的全体教师交流，到上课、磨课后的不自信，再到第二次上课，虽然一路艰辛，但收获满满，这是任何一个不亲自参与其中的教师都难以体会到的。在整个设计、交流、上课、磨课、再上课的过程中，我有以下几点深刻的体会。

（一）教学目标和学习目标不一致

本节课课标要求：体验从具体情境中抽象出数学符号的过程，探索具体问题中的数量关系和变化规律，进一步理解用字母表示数的意义。

本节课内容是在学生学习了"用字母表示数""列代数式""去括号""合并同类项"等知识的基础上进行的，它既是对前面所学知识的综合应用，也是对这些知识的拓展与延伸，对学生体会数学建模具有重要的作用。

"探索与表达规律"是字母表示数的一个重要内容，探索规律是抽象地分析数学对象的开始，是今后学习方程、函数等内容的基础。首先要使学生体会到代数式是刻画现实世界的有效数学模型；其次要使学生经历探索事物间的数量关系并用字母和代数式表示的过程，建立初步的符号感，发展抽象思维。

为此，我将教学目标设定为：

（1）经历由特殊到一般和由一般到特殊的过程，体会代数推理的特点和作用。

（2）能用代数式表示并借助代数式运算、验证所探索规律的一般性。

（3）解释具体问题中蕴含的一般规律或现象。

但在设计学案时，为了将教学目标具体化，在学案中我给学生出示了如下目标：

（1）观察日历中 3×3 方框里九个数之间的关系，用代数式表示所发现的规律。

（2）用合并同类项和去括号法则验证规律。

（3）能运用所总结的规律解决问题。

经过研讨，老师们认为学习目标人为地降低了课标和教学目标的要求，本节课是要通过日历中的规律来发现探索规律的一般方法，它只是一个学习的素材，我们将学习目标拘泥于题目之中，缺少了由特殊到一般和由一般到特殊的过程。

上课时，我将学习目标与教学目标一致起来，通过展示学习目标提高学生的学习定位。在整个过程中，学生认真探究日历中的规律解决问题，通过问题探索与应用提出了探索规律的一般方法。

由此我深刻体会到，学习目标的制定对整个学习过程起到指挥棒的作用，可以将教学目标通过"理解、应用、学会"等动词展示出来，但不能人为地降低标准，否则就降低了整节课学生学习的达成度，限制了学生的思维发展空间。

（二）预习检测的去与留

在一开始的设计中，我设计了如下预习环节。

通过填表思考：当中间的一个日期为a时，如何表示？

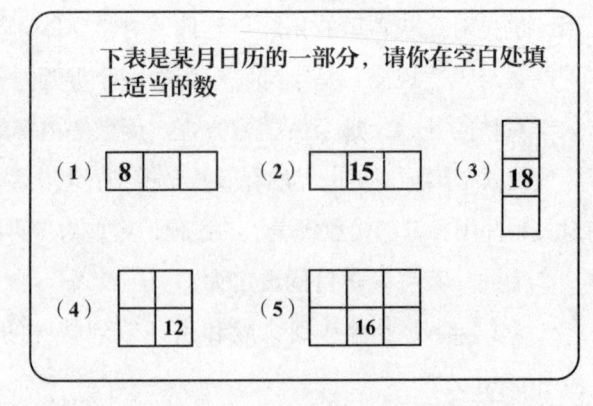

[设计意图] 通过预习环节的设置，为学生探索日历中的规律铺设了台阶。

教研组崔主任认为："这样的设计没有必要。对于日历，学生应该都有生活体验，不需要人为地设置这样的过程，而第二问用字母a表示，则把问题的探索过程通过教师的讲解提前完成了，既耽误了时间，学生后面的探索也没有了意义，还是要把课堂还给学生，让学生自己探索。建议去掉这个过程。"

第一次上课我还是保留了这个环节，但做了适当的调整，变成了如下的形式。

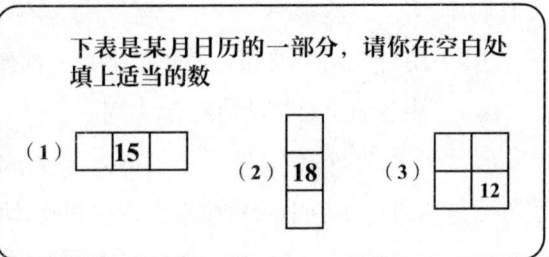

课上，通过学生的回答以及我的提问，大部分学生能发现表格中的规律并能用字母去表示，这样再去推进任务一时，我发现学生的独立思考、小组交流都很顺利。我认为这样的设计取得了应有的效果。但从课后的回放看，预习的设计和任务一的重复性较大，而且也限制了学生的思维空间。且预习环节占用了15分钟，使得后面的任务二没有时间完成，此时我真正体会到了崔主任提出的砍掉这一环节的用心所在。

有了第一次上课的经历，我认真进行了三次备课，删掉了预习环节，准备在展示完学习目标后直接抛出教材中的问题。老师们建议此时直接给出九宫格，让学生探索其中的规律。这样的设计比起教材的设计更开放，但也更难把握课堂，我内心还是矛盾的，但最终我还是采取了老师们的建议。在第二次上课时，我发现学生的探索和交流出乎我的预设，总结的规律涵盖了九宫格中的所有规律，并直接给出了下面要解决问题的答案。由此可见，这样的设计是符合教育规律和学情的。

（三）教学设计不应仅仅停留在目标的设定、素材的选择、方法的提炼上，而且更应该设计好上课语言，对课上学生的探究做好预设，有相应的对策，并充分利用好课上生成的资源，利用好每一个细节，唯有如此才能收获好的效果。

【学科】数学

【课题】平行线的证明

【课型】复习

【课标要求】

（1）在探索直线平行的性质的过程中，掌握平行线的三个性质，并能用它们进行简单的推理和计算。

（2）进一步发展空间观念、推理能力和有条理的表达能力。

（3）经历观察、操作、想象、推理、交流等活动，培养学生参与活动和交流合作的意识。

【教材分析】

在本章的学习中，学生已经掌握了几何推理论证的基本理念，对于简单的几何证明有了一定的认识，但还不能从更深层次进行思考，对于如何分析命题中的条件与结论则存在一定的困难。本课时安排学生对本章内容进行回顾与思考，旨在把学生头脑中零散的知识点用一条线有机地组合起来，从而形成知识网络，使学生对知识点不再是孤立地看待，而是在应用这些知识时，能顺藤摸瓜找到对应及相关的知识点，同时能把这些知识加以灵活运用。

【学情分析】

学生技能基础：学生已经接触了几何学的一些基本概念，有了基本的逻辑思维判断能力，在几何证明的推理上也有了长足的进步，不过对于较难的几何证明题，还不能在更高的逻辑思维层面上思考。

学生活动经验基础：在对本章内容学习的过程中，学生经历观察、动手操作、说理、推理论证等几何学习活动，获得了解决实际问题所必需的一些数学活动经验基础。同时在以往的数学学习中，学生已经积累了很多合作学习的经验，具备了一定的合作与交流能力。

【教学目标】

知识与技能

（1）了解命题的概念与构成。

（2）使学生进一步熟悉平行线的性质定理与判定定理、三角形内角和定理及三角形的外角的性质等概念。

（3）进一步体会证明的必要性。

数学能力

（1）培养学生的逻辑思维能力，发展学生的合情推理能力。

（2）掌握证明的步骤与格式。

【教学重难点】

理解证明过程。学生刚刚接触用演绎推理方法证明几何定理或图形的性质，对几何证明的意义还不太理解；有些学生认为从直观图形即可辨认出的性质，没必要再进行证明。这些都使几何的入门教学困难重重。因此，教学中既要有直观的演示和操作，也要有严格推理证明的板书示范。创设情境，不断渗透，使学生初步理解证明的步骤和基本方法，能确定每一步证明所用的公理或定理。

【教学过程】

构建学习场一

【任务】预习检测

导入语：同学们，大家预习的效果如何呢？咱们比一比，请看大屏幕。

1.下列语句是命题的有（   ）

①两点之间线段最短。

②向雷锋同志学习。

③对顶角相等。

④对应角相等的两个三角形是全等三角形。

2.下列命题哪些是真命题？哪些是假命题？如果是真命题，请写出条件与结论；如果是假命题，请举出反例。

①同角的补角相等。

②同位角相等，两直线平行。

③若|a|=|b|，则a=b。

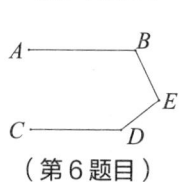

3. 如图，AD、BE、CF为△ABC的三条角平分线，则∠1+∠2+∠3=_____。

（第3题目）

4. 如图所示，△ABC中，∠ACD=115°，∠B=55°，则∠A=_____，∠ACB=_____。

（第4题目）

5. △ABC的三个外角度数比为3∶4∶5，则它的三个外角度数分别为_____。

6. 已知，如图，AB∥CD，若∠ABE=130°，∠CDE=152°，则∠BED=_____。

（第6题目）

检测方法：学生把答案写下来，组员之间进行评阅，统计各组得分。

[设计意图] 通过以上习题的练习，使学生对本章的一些基本知识，如：定义、命题、平行线的性质定理与判定定理、三角形内角和定理及三角形的外角的性质等概念有更清楚的认识。通过检测题，使学生体会预习的作用，给学生创设获得成就感的机会；通过小组总分统计，增强学生在本组的归属感、集体荣誉感，从而增加学习动力。

构建学习场二

专题一：定义与命题

1. _____一件事情的句子，叫作命题。一般地，每个命题都由_____和_____两部分组成，_____的命题叫作真命题，_____的命题叫作假命题。

2. ①同角（等角）的补角相等；②同角（等角）的余角相等；③三角形的任意两边之和大于第三边；④对顶角相等。

【例】下列命题中，假命题是（　　）

A. 邻补角的平分线互相垂直。

B. 平行于同一直线的两条直线互相平行。

C. 垂直于同一直线的两条直线互相垂直。

D. 平行线的一组内错角的平分线互相平行。

【习题1】下列说法中是真命题的有（　　）

①一条直线的平行线只有一条；②过一点与已知直线平行的直线只有一条；③因为$a//b$，$c//d$，所以$a//d$；④经过直线外一点有且只有一条直线与已知直线平行。

A. 1个　　B. 2个　　C. 3个　　D. 4个

【习题2】下列语句中不是命题的有（　　）

①两点之间，线段最短；②不许大声讲话；③连接A、B两点；④鸟是动物；⑤不相交的两条直线叫作平行线；⑥无论a为怎样的有理数，式子a^2+1的值都是正数吗？

A. 2个　　B. 3个　　C. 4个　　D. 5个

专题二：平行线的判定与性质

平行线的判定：

1. _____，两直线平行；_____，两直线平行；_____，两直线平行。

平行线的性质：

2. 两直线平行，_____；两直线平行，_____；两直线平行，_____。

3. 平行于同一条直线的两直线平行。

【例1】如图，给出过直线外一点作已知直线的平行线的方法，其依据是（　　）

A. 同位角相等，两直线平行。

B. 内错角相等，两直线平行。

C. 同旁内角互补，两直线平行。

D. 两直线平行，同位角相等。

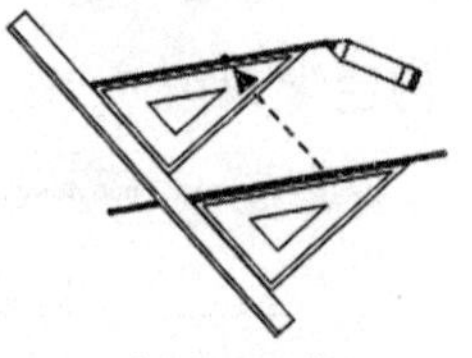

（例1图）

【习题1】如图，用两个相同的三角板按照如图方式作平行线，能解释其中道理的依据是（　　）

A. 同位角相等，两直线平行。

B. 内错角相等，两直线平行。

C. 同旁内角互补，两直线平行。

D. 平行于同一条直线的两直线平行。

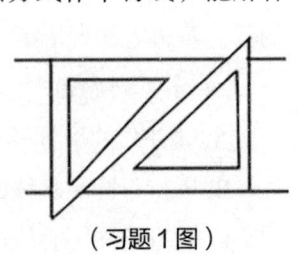

（习题1图）

【例2】如图所示，不能判定AD∥BC的条件是（　　）

A. ∠2=∠3

B. ∠1=∠4

C. ∠DAB+∠ABC=180°

D. ∠ADC+∠BCD=180°

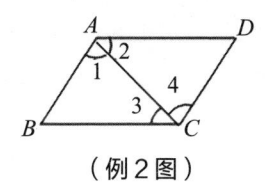

（例2图）

【习题2】如图，下列条件不能判断直线a∥b的是（　　）

A. ∠1=∠4

B. ∠3=∠5

C. ∠2+∠5=180°

D. ∠2+∠4=180°

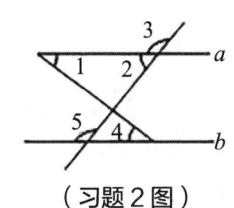

（习题2图）

【例3】如图，下列推理所注的理由正确的是（　　）

A. ∵AB∥CD，∴∠1=∠2（内错角相等，两直线平行）

B. ∵∠3=∠4，∴AB∥CD（内错角相等，两直线平行）

C. ∵AB∥CD，∴∠3=∠4（两直线平行，内错角相等）

D. ∵∠1=∠2，∴AB∥CD（内错角相等，两直线平行）

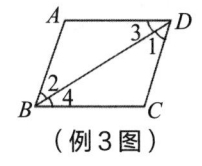

（例3图）

【习题3】如图，下列推理及所注明的理由都正确的是（　　）

A. ∵DE∥BC，∴∠1=∠C（同位角相等，两直线平行）

B. ∵∠2=∠3，∴DE∥BC（两直线平行，内错角相等）

C. ∵DE∥BC，∴∠2=∠3（两直线平行，内错角相等）

D. ∵∠1=∠C，∴DE∥BC（两直线平行，同位角相等）

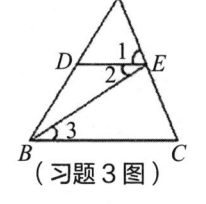

（习题3图）

【例4】如图，已知∠BAE+∠AED=180°，∠M=∠N。

试说明：∠1=∠2。

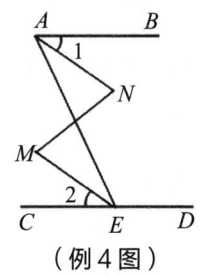

（例4图）

·155·

【习题4】如图，已知∠1＝70°，如果CD∥BE，那么∠B的度数为（　　）

  A. 70° B. 100° C. 110° D. 120°

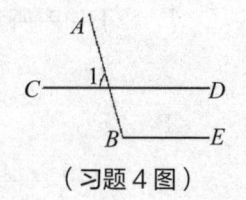

（习题4图）

【例5】如图，AB∥CD，直线l交AB于点E，交CD于点F，若∠2＝80°，则∠1等于（　　）

  A. 120° B. 110° C. 100° D. 80°

【习题5】如图，在△ABC中，∠B＝40°，过点C作CD∥AB，∠ACD＝65°，则∠ACB的度数为（　　）

  A. 60° B. 65° C. 70° D. 75°

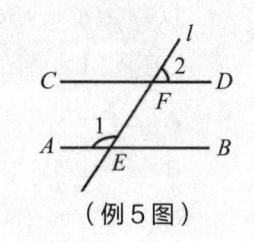

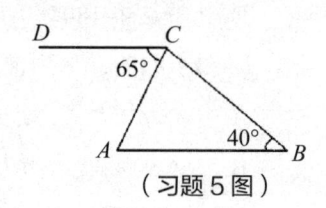

（例5图）

（习题5图）

【例6】将一直角三角板与两边平行的纸条如图所示放置，下列结论：①∠1＝∠2；②∠3＝∠4；③∠2＋∠4＝90°；④∠4＋∠5＝180°。其中正确的个数有（　　）

  A. 1个 B. 2个 C. 3个 D. 4个

【习题6】如图，直线a∥b，直角三角形ABC的顶点B在直线a上，∠C＝90°，∠β＝75°，则∠α的度数为（　　）

  A. 15° B. 25° C. 35° D. 55°

（例6图）

（习题6图）

【习题7】将一副直角三角板ABC和EDF如图放置，其中∠A＝60°，∠F＝45°，使点E落在AC边上，且ED∥BC，则∠CEF的度数为＿＿＿。

（习题7图）

· 156 ·

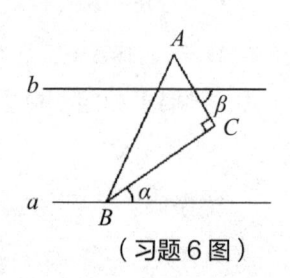

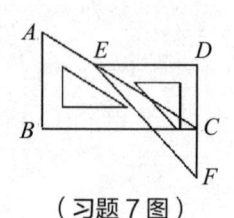

专题三：三角形内角和、外角和定理

1. 三角形内角和等于_____。

2. 三角形内角的一条边与另一条边的反向延长线组成的角，称为三角形的外角。

3. 三角形的一个外角等于和它_____。

4. 三角形的一个外角_____任何一个和它不相邻的内角。

典型例题

【例1】如图，△ABC中，∠C=70°，若沿图中虚线截去∠C，则∠1+∠2=（ ）

A. 360°　B. 250°　C. 180°　D. 140°

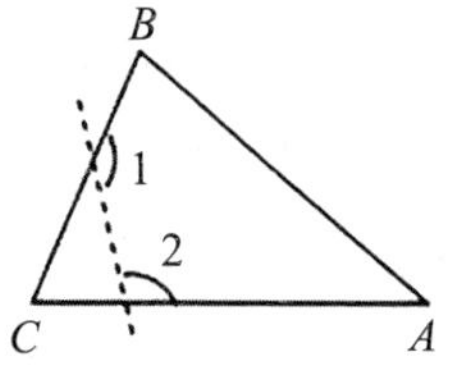

（例1图）

【习题1】如图，△ABC的角平分线BO、CO相交于点O，∠A=120°，则∠BOC=（ ）

A. 150°　B. 140°　C. 130°　D. 120°

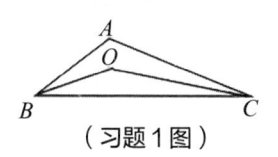

（习题1图）

【例2】如图，AB∥CD，∠A+∠E=75°，则∠C为（ ）

A. 60°　B. 65°　C. 75°　D. 80°

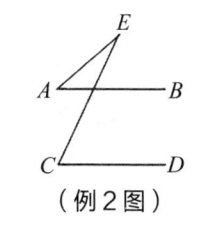

（例2图）

【习题2】计算∠1+∠2+∠3+∠4+∠5+∠6的度数为_____。

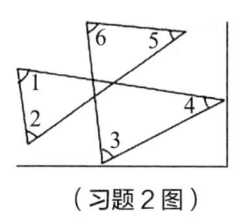

（习题2图）

【例3】点P是△ABC内一点，联结BP并延长交AC于D，联结PC，则图中∠1、∠2、∠A的大小关系是（ ）

A. ∠A＞∠2＞∠1　　B. ∠A＞∠1＞∠2

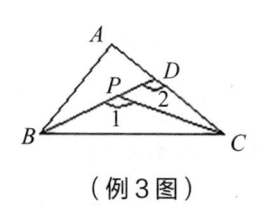

（例3图）

C. $\angle 2 > \angle 1 > \angle A$ D. $\angle 1 > \angle 2 > \angle A$

【习题3】如图，在△ABC中，BP、CP分别是∠ABC和∠ACB的角平分线。

（1）当∠A=50°时，求∠BPC的度数。

（2）当∠A=n°时，求∠BPC的度数。

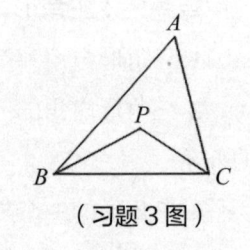

（习题3图）

【习题4】如图，△ABC中，∠A=40°，∠B=76°，CE平分∠ACB，CD⊥AB于点D，DF⊥CE于点F，求∠CDF的度数。

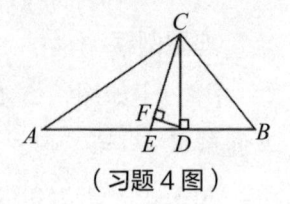

（习题4图）

构建学习场三

导入语：本节课大家的收获有哪些？

【任务】课堂学习总结

方法：

（1）学生自己思考、总结本课内容。（1分钟）

（2）组内交流学到了哪些。（1分钟）

（3）班内交流。（3分钟）

（4）教师重点强调。（1分钟）

[设计意图] 通过课后总结，使学生对定义、命题等概念有了更清楚的认识，让学生在头脑中对本节课进行系统的归纳与整理。

【教学反思】

在本节课的设计中，我注重了以下几个方面。

（一）贴近学生的认知，为学生的探索和理解搭适当的梯子，力争让他们跳一跳就能够得到

在引入问题时，先让学生动手摆模型以获取直观感受，再在画图过程中寻找合理解释，符合从感性到理性的认知规律。又如在理解"同位角相等，两直线平行"后，在练习中引出关于内错角关系的探索；而在探索同旁内角的关系前，提炼了"内错角相等，两直线平行"的探究过程所用到的转化思想，则同旁内角转化为同位角或内错角也就可以类比进行。又如，在专题二

的例1习题1中，我就铺垫了先找角与线之间关系的题目，这为学生运用角的关系识别平行线提供了思维引导，所以后面学生在运用过程中出错的概率很低。

（二）培养学生自主探索的意识

比较而言，小学教学侧重于训练学生基本的运算能力、规范的语言和书写表达。所以不少学生在小学阶段的学习比较习惯于机械记忆和"依葫芦画瓢"的简单活动。从初一年级开始，就应该有意识地培养学生自主探索这一可以让其终身受益的数学素养。所以在平时教学中，我一直注重让学生体会知识产生的过程，让他们在过程中逐步掌握研究数学问题的一些常用方法，体验成功，享受高级的愉悦。这节课的内容，教师只需要花五分钟时间讲解就能使学生完成三种识别方法的发现。在知识运用部分进行反复训练，学生学习的短期效果一定很好，但不能激发学生内在发展动力。因此，我将这节课的重心放在发现过程。

（三）突出学生是学习的主体，把问题尽量抛给学生

教师作为学生学习的组织者、引导者、合作者，应做好"穿针引线"的工作。这节课中，我除了做必要的引导和示范外，问题的发现、解决以及练习题的讲解尽可能让学生自己完成。

（四）形式多样，求实务本

从生活问题引入，发现第一种识别方法，解决实际问题；在巩固练习中发现新的问题，激发学生再次探索，形成结论；练习题的设置注重图形的变化，在图形中设置易错点再及时纠错；每一个环节的设计都是围绕着需要解决的问题展开，而不是单纯追求形式的变化。

这节课我比较满意的几点是：①活动导学使学生顺利完成了学习目标；②学生的小组合作初见成效；③课堂上有意识地锻炼学生使用规范性的几何语言；④注重让学生从临摹书写到自主书写，锻炼学生的动手能力。

这节课还需改进的是：上好一节课，不能只看教师在规定的时间完成了什么教学内容，更重要的是看学生通过这节课学会了什么，还要看学生是怎样学会的。学生通过小组合作自己学会，才能说这节课是成功、有效的教学。

研究案例三

英语教学设计与实施过程

【学科】英语

【课题】UNIT 11　Sad movies make me cry. Section B (2a-2e) 第 4 课时

【课型】新授

【教材分析】

　　本单元以"感受（feelings）"为核心话题，围绕本单元语言交际功能项目"Talk about how things affect you"，从音乐、电影、各种事物及发生的事件等方面谈论事物对人的影响，询问人们对某些事或物的看法。

　　教材从谈论对饭店里的音乐和不同装饰的不同感受入手，呈现本单元目标语言和关键结构"make + sb. + do，make + sb. + adjective"，然后围绕中心话题逐步展开各项听、说、读、写活动，帮助学生进一步学习和掌握目标语言，学会运用关键结构进行交际。通过对生活中常见事物和发生在身边的事情的谈论，帮助学生进一步学习和掌握目标语言，学会运用关键结构进行交际。通过对生活中常见事物和发生在身边的事情的谈论，帮助学生掌握make的用法，学会比较、分析不同事物的不同影响，表达自己对某些事物的看法和观点。最后通过阅读两个故事，了解权力、金钱、声誉等对人的影响，并学习故事里的人物对待权力、金钱、声誉的正确态度以及为人处事之道，教育学生保持积极良好的心态，减少事物对自己的消极影响，愉快健康地生活。

　　活动2a是针对目标语言的说和写的练习，要求学生说说自己犯过的错误以及这些错误对自己的影响，练习"make +宾语+形容词/动词"结构；然后让学生和同伴一起谈论发生的事情，帮助学生进一步练习目标语言，巩固"make +宾语+形容词/动词"结构。

活动2b是针对语言功能项目的阅读理解练习。要求学生阅读故事，理解故事大意，了解故事中发生的一些事件，并把这些事件按正确顺序排列。

活动2c提供的是阅读理解和写的练习。先让学生阅读2c中的问题，然后让学生再次阅读短文，回答这些问题，进一步理解短文。

活动2d提供的是针对阅读内容进行读、说和写的练习。要求学生先阅读2d中的句子，理解这些句子和句中画线部分的含义；然后再阅读短文，在短文中找出与画线部分含义相同或相近的短语或习语。让学生汇报他们找到的短语或习语，并和全班同学一起检查答案。

活动2e提供使用目标语言进行说和写的训练。这是阅读活动的延伸，训练学生口语和书面表达能力。要求学生两人一组活动，根据故事内容，运用关键结构和目标语言编一段Peter和他爸爸的对话。让几对学生表演他们的对话，检查学生的练习情况。

【学情分析】

初三的学生已经具备一定的认知能力，有自己的观点和看法，不满足于教科书的内容，而希望通过学习获得更多的内容和信息，开阔视野。现代教育理念认为获得知识的过程比知识本身更重要，因此在本节课的教学中，我不是直接把知识教给学生，而是引导学生自主学习、交流合作，倡导体验、实践和自主探究的学习方式，注重学生生活与教材的结合。学生在自主与合作的学习过程中获取知识，形成正确的学习方法，实现英语能力的提高。本课采取独立呈现、综合操练的方式，让学生逐渐理解、消化、掌握一些形容词和副词的比较级和最高级，并进行简单的比较，准确表达自己对事物的好恶，听懂相关话题的对话。部分学生能够在短时间内掌握表达情感的词，但在练习中并不能灵活运用，更不必说掌握其变化规律。学生表演对话时，思维非常发散、活跃，但经常用汉语思维来组织语言，出现"中国式英语"。在学生出现中断或错误时，我会帮助学生继续进行对话，并纠正他们的语法错误。在纠正的过程中，我还注意根据学生的个体差异，帮他们树立正确的审美观和人生观。

【教学目标】

知识目标

（1）掌握本课时新单词及短语：weight, shoulder, goal, coach, kick, besides, teammate, courage, guy, pull, relief, nod, agreement, fault, disappoint, let…down, kick sb. off, be hard on sb. , rather than, pull together.

（2）掌握重点句子：

①He was really worried that his coach might kick him off the team.

②The other half is learning how to communicate with your teammates and learning from your mistakes.

能力目标

（1）能够比较熟练地运用英语语音知识朗读课文，能够体会Peter的心理变化。

（2）学会运用一些常用习语和短语。

（3）培养学生略读、精读的能力。

情感目标

培养学生正确表达自己的情感，正确对待挫折和不良情绪。

【教学重难点】

教学重点

（1）描述事物和表达情感的形容词。

（2）"make + sb.+ adj."和"make + sb.+ do sth."的用法。

教学难点

（1）掌握如何谈论或询问事物对我们情绪的影响或人对某一件事或物的看法。

（2）掌握"make+ sb.+ adj."和"make+ sb.+ do sth."的用法。

【教学方法】

通过情景教学法、多媒体辅助教学、对话练习、结对合作等方法帮助学生掌握学习重点和难点。

【教学准备】PPT 课件

【授课时数】1 课时

【教学过程】

构建学习场一

预习检测

导入语：I believe that you must have done a job and mastered the new words and phrases. Now let's do a quick quiz to see which group can win the highest score.

1. 检测题

（1）_____（令我吃惊的是），I met my old friend in the street.

（2）Tim made a huge mistake, and the manager _____（开除他）the company.

（3）His father _____（对他要求过于严厉）.

（4）Jessica will go shopping _____（而不是）go out for a walk.

（5）If we _____（齐心协力），we will win the volleyball game.

（6）Robert _____（错过进球）because he wasn't paying attention at that time.

（7）That old man _____（差点儿丧命）in that big earthquake. That was really a terrible experience.

（8）_____（令她欣慰的是），her neighbor has promised to help look after her dog while she is away.

检测方法：各小组将答案默写在学案上，都完成后教师用PPT展示答案，各组交换并核对答案。

2. 反馈方法（15分）：计入小组总分，给各小组排名

构建学习场二

(一) Warming up（预热）

1. 导入语

Free talk

At the beginning of the class, ask the students two questions. Let the students share their stories about making mistakes.

2. 任务

Have a discussion and answer the questions. Have you ever made a mistake? How did it make you feel?

3. 过程与方法

（1）Think about the questions by self.

（2）Share your opinion within group.

（3）Choose some students to present their ideas.

[设计意图] 通过问题导入本节课话题，让学生复习之前学习过的用于情感表达的句式，活跃课堂气氛，在师生对话中自然导入新课，同时激发学生的学习兴趣，让学生自由表达，学生能够运用其所熟悉的句型进行语言输出。

(二) Predict & Fast Reading（预测与速读）

1. 导入语

Fast reading

First, ask the students to read the story quickly and ask: "What can you learn from the picture?" And then number the events in the correct order.

2. 任务

任务1：

（1）Peter got home and went into his room.

（2）Peter talked to his teammates.

（3）Peter missed a goal.

（4）Peter's father gave him advice.

（5）Peter realized that he was worried for no reason.

任务2：

Q1: How many characters are mentioned?

Three.

Q2: How many paragraphs are there?

Eleven.

Q3: How many parts can it be divided?

This passage can be divided into three parts according to different characters.

3. 过程与方法

（1）Scan reading the passage, circle the key words, underline the key sentences.

（2）Discuss within group.

（3）Call some pairs to present in class.

[设计意图] 让学生快速阅读文本，理清故事发展情节，为下一步对细节信息的阅读做铺垫。

（三）Careful Reading Ⅰ（精读一）

1. 导入语

Read Paragraph1 carefully .

2. 任务

Q1: What did Peter think of the mistake?

Stupid.

Q2: How did the mistake make Peter feel?

Angry.

Q3: Why did Peter feel angry and worried?

He had let his whole team down.

His team had lost the game because of him.

He was really worried that his coach might kick him off the team.

3.过程与方法

（1）Carefully read each paragraph, circle the key information.

（2）Discuss the confusing part within group.

（3）Underline the key information, then write them down in the mind maps.

（4）Call some pairs to present in class.

（5）Check the answers and read.

（6）Make Ss work in pairs.

[设计意图] 在阅读任务1后安排一道思考题有三个意图：第一，让学生体会主人公 Peter当时复杂的心情；第二，启发学生在日常生活中遇到麻烦要寻求帮助；第三，自然过渡到阅读任务2。

Careful Reading Ⅱ（精读二）

1.导入语

Read Paragraph 2 ~ 6 carefully and answer questions.

2.任务

Q1: Why was Peter's father worried about him?

He knew Peter was unhappy.

Q2: What did Peter's father do next?

He knocked on Peter's bedroom door, and wanted to talk to Peter.

Q3: What did Peter's father talk to him?

3.过程与方法

（1）Carefully read each paragraph, circle the key information.

（2）Discuss the confusing part within group.

（3）Underline the key information, then write them down in the mind maps.

（4）Call some pairs to present in class.

（5）Check the answers and read.

（6）Make Ss work in pairs.

[设计意图] 让学生在阅读中学会猜测故事发展趋势，同时渗透与友谊相关的德育知识。

Careful Reading Ⅲ（精读三）

1. 导入语

Read Paragraph 7 ~ 11 carefully and answer questions.

2. 任务

Q1: What did Peter do to his teammates?

He tried to communicate with them.

Q2: How did Peter communicate with his teammates?

He said sorry to them, and told them if they continue to pull together, they were going to win next time.

Q3: What happened after Peter told his teammates that he was sorry?

They all agreed with Peter.

Q4: What did Peter's teammates say ?

They understood and encouraged Peter.

（四）Post-reading （读后大互动）

1. 导入语

Ok guys, let's work together to discuss .

2. 任务

What's a good team spirit?

Pull together Communicate with teammates.

Believe and support each other.

If you are one of Peter's teammates, what would you say to Peter?

The most important things is, his courage to face his mistake. Don't be afraid of mistakes, your past mistakes are meant to guide you, not tear you down.

3. 过程与方法

（1）Read the passage again, choose some useful words to use.

（2）Fill in the chart .

（3）Share your ideas with group.

（4）Show your performance and do a peer review.

（5）Make Ss work in pairs.

[设计意图] 通过小组成员共同合作，将阅读所学内容转化成写作内容，再以角色对话的形式输出。小组合作让不同学习水平的学生互补互助，全部参与到活动中，并在活动中建立英语学习的信心。

构建学习场三

小试牛刀

Peter missed ＿＿（1）＿＿ a goal in a soccer match, which made him ＿＿（2）＿＿ that his coach may ＿＿（3）＿＿ him ＿＿（4）＿＿ the team. His father noticed Peter's ＿＿（5）＿＿ over his face and told him not to be too ＿＿（6）＿＿ on himself. He told Peter that winning or losing was only half the game, and the other half was learning how to ＿＿（7）＿＿ his teammates and ＿＿（8）＿＿ his mistakes.

His father's words changed him. The next day he went to the soccer practice with ＿＿（9）＿＿ ＿＿（10）＿＿ fear in his heart. He said sorry to his teammates and asked them to ＿＿（11）＿＿ and win the next game. His teammates all ＿＿（12）＿＿ and they would ＿＿（13）＿＿ how to do better next time.

[设计意图] 当堂检测环节，学生通过小组互助活动巩固所学知识，熟悉新题型。

Homework：

书面表达：

幸福是什么？幸福是妈妈温暖的怀抱，幸福是朋友无私的关怀，幸福是世人友善的赞美……幸福没有标准，它可以是一种体验、一种感受，可以与大家分享。请你根据以下要点提示，用英语写一篇短文，描述一件曾经发生过的令你感到最幸福的事情。

要点提示：①令你感到最幸福的事情；②事情发生的时间和过程；③你的感受。

写作要求：①文章必须包括所有内容要点，可适当发挥以使行文连贯。②词数100词左右，短文的开头已给出，不计入总词数。

There are lots of things that make me happy, such as a warm hug from my mother or a few caring from my friend, but the thing that makes me feel the happiest is _____

_____

_____

[设计意图] 通过写作练习，让学生能够运用本节课所学的知识进行语言输出，既锻炼了学生的语言表达能力，也提高了他们对生活中点滴小事进行感知的能力，让他们感知幸福，体会幸福，表达幸福。

【教学反思】

由于初三英语教学的特殊性，我的讲解重点是语法知识。在课堂教学中，有时缺乏积极有效的师生互动，部分课时过于注重讲授，相应地开放型的、能激发学生想象力与创造力、有助于学生思维发散的课堂教学比例就减小了。

课堂教学中，我没有很好地针对个体学生实际，缺乏"备学生"这一必要环节；对教材的处理和把握没有进行有效的取舍、组合、拓展、加深；课堂教学没有做到对每个学生都进行基础知识点、中考热点和中考难点的渗透，有一部分学生原有的知识不能得到及时、适时的活化；个别学生参与机会少；课堂上留给学生自疑、自悟、自学、自练、自得的时间十分有限。

我对中考的研究还不够，对中考的考试范围、要求、形式、出题的特点及规律了解得还不够深入，在课堂教学中依赖于复习资料，只停留在对资料的选择与整合，而忽视了作为教师自身对知识框架的主动构建。

课堂设计缺乏适当适时的教学评价，不能及时获悉学生在课堂上有没有收获、有多大收获等学情；课前设计"想教学生什么"、课堂反馈"学生学到什么"和课后反思"学生还想学什么"三个环节没有得到最大限度的统一。

研究案例四

化学三篇教学设计与实施过程

【学科】化学

【课题】溶液的形成（第一课时）

【课型】新授

【课标要求】

　　素养要求

　　1.形成化学观念，解决实际问题

　　通过实例认识物质的性质与应用的关系，形成合理利用物质的意识。（通过生活中的实例建立溶液的概念，通过了解溶液的性质掌握溶液在生活中的应用）

　　2.经历科学探究，增强实践能力

　　初步运用观察、实验等手段获取化学事实，形成一定的证据推理能力。（观察可乐溶解时能量的变化探究实验）

　　内容要求

　　学习主题2"物质的性质与应用"大概念下的"（2.2.2）水和溶液"。

　　（1）认识溶解现象，知道溶液是由溶剂和溶质组成，具有均一性和稳定性。

　　（2）知道水是最重要的溶剂，酒精、汽油等也是常见的溶剂。

　　（3）能说出一些常见的乳化现象。

　　（4）体会溶液在生产生活中的应用。

　　学业要求

　　（1）能利用常见物质的性质，分析、解释一些简单的化学现象和事实。

　　（2）能独立或与他人合作开展化学实验，收集证据。

（3）能主动交流和讨论，清楚地表达自己的观点，逐步形成良好的学习习惯和学习方法。

【学习目标】

知识目标

（1）理解溶液的概念，能判断是否是溶液，能判断溶质、溶剂。

（2）对食盐溶解于水的微观过程进行分析，认识溶解的本质和溶液的特征，形成微粒观。

（3）体会溶解过程中伴随着能量变化这一事实，了解能量变化与微粒间相互作用的关系。

（4）通过分析洗洁精对油污的作用及现象，认识乳化作用。

素养目标

（1）通过学习溶解的实质和溶液在生活中的应用，感受化学与生活的密切关系，帮助学生形成化学观念并解释常见现象。

（2）通过观察、实验等手段获取化学事实，引导学生经历科学探究过程，增强实践能力。

【学习重难点】

学习重点

（1）通过对食盐等物质在水中的溶解过程的观察和分析，认识溶液的基本特征。

（2）能够分辨常见溶液中的溶质和溶剂。

学习难点

（1）通过对食盐在水中溶解现象的微观分析，了解物质溶解的微观实质：溶剂微粒（如水分子）与溶质微粒（如钠离子、氯离子等）之间相互作用。

（2）通过氢氧化钠和硝酸铵等物质溶解于水时溶液温度的变化，了解物质溶解过程中的能量变化及其产生原因。

【教法学法】

教法

（1）实验探究法：提供充分的感性认识。

（2）小组合作学习：充分运用小组合作学习的方式、"兵教兵"的策略突破难点。

学法

【自主学习】预习教材+【合作学习】课堂。

【教学过程】

课前准备

可乐、一次性纸杯、吸管、氢氧化钠、硝酸铵、氯化钠、烧杯、温度计等。

预习检测

1. 食盐颗粒为什么不见了？
2. 这杯食盐水的上、中、下任意一处是否一样咸？
3. 如果保存一个月、一年，会不会从中析出食盐颗粒？
4. 溶液的特点_____、_____。
5. 溶液属于纯净物还是混合物？
6. 食盐溶于水形成的食盐水中，溶质是_____，溶剂是_____。
7. 气体可以作溶质吗？
8. 溶液一定是无色透明的吗？
9. 物质溶解时常伴随着_____的变化。
10. 氯化钠溶于水时，能量是否发生变化？
11. 乳化现象：洗洁精、洗衣粉和洗发液等物质可以使食用油_____的形态分散在水中，形成_____、_____的混合物。
12. 生活中的乳化现象有哪些？请举例说明。

创设情境（可乐为主线）

每组分发一杯可乐，引导学生观察，引发期待探索。

[设计意图] 本节课从学生熟知、喜爱的可乐导入——引发学生兴趣，开启快乐学习。

【活动探究一】溶液的特点

初探可乐

1. 尝一尝，可乐的上、中、下任意一处是否都一样甜？

说明它具有什么性质。

2.看一看，观察可乐中是否有分层、析出固体等现象。

说明它具有什么性质。

3.可乐属于纯净物还是混合物？

得出结论：溶液是一种_____、_____的_____。

[设计意图] 本节课以可乐为线索，通过初步观察和品尝可乐，感知溶液的特征，充分调动了学生的积极性，使学生乐于参与，主动探索，增强了求知欲——乐学。

【活动探究二】溶液的形成

视频播放：氯化钠溶液的形成。

归纳总结：食盐去哪了——微观角度分析。

食盐以 Na^+ 和 Cl^- 的形式均匀地分散到了水中。

结论

1.溶液定义：_____

2.溶液组成 ⎨ 溶剂：_____

⎩ 溶质：_____

[设计意图] 以氯化钠溶解为例，通过观看视频，直观感受、了解溶解现象的微观过程，形成溶液的概念，了解溶液的组成，进一步建立微粒观，突破学习难点，解决学习困惑。

【活动探究三】溶液的命名

	溶液全名	溶液简称
氯化钠溶于水	氯化钠的水溶液	氯化钠溶液
蔗糖溶于水	蔗糖的水溶液	蔗糖溶液
碘溶于酒精	碘的酒精溶液	碘酒

规律：①全名：溶质的溶剂溶液。

②当溶剂为水时，可省略不读。

跟踪训练

指出下列溶液中溶质和溶剂分别是什么？

> **活动形式**
> 形式：自主探究、小组合作
> 交流、兵教兵
> 要求：1. 自主探究 1 分钟
> 2. 组内交流 1 分钟
> 3. 小组展示（3、4 号展示，
> 1、2 号补充）

溶液	溶质	溶剂
硫酸铜（$CuSO_4$）溶液		
白酒（酒精溶液）		
碘酒（碘的酒精溶液）		

拓展思考

（1）最常见的溶剂是什么？

（2）气体可以作溶质吗？

【活动探究四】再探可乐

（1）可乐中的溶质有哪些？

（2）气体可以作溶质吗？

（3）均一、稳定的液体一定是溶液吗？

> **活动形式**
> 形式：小组合作观察、组内交流
> 要求：①3 号学生说给 1 号学生
> 听，4 号学生说给 2 号学生听，1、
> 2 号学生补充纠错；②小组展示
> （3、4 号学生展示加 2 分，1、
> 2 号学生展示加 1 分）

[设计意图] 通过思考、交流和"再探可乐"环节，帮助学生理解溶液的概念，并学会分析溶质和溶剂。通过小组合作的形式交流讨论，一方面培养了学生的小组合作意识，另一方面通过明确的小组合作要求，让学生明白自己要干什么，从而能迅速进入状态，最后 3、4 号学生展示，1、2 号学生补充，充分发挥学生各自的能力和特点，让每一个学生都能参与其中。

【活动探究五】物质溶解时的能量变化

问题导入——摇摇冰：市场上有一种名为"摇摇冰"的罐装饮料，在饮料罐的夹层中分别装有固体 X 和水。喝的时候将底部的旋钮转一下，使固体 X 和水混合，罐内饮料就会变成冷饮。固体 X 是什么呢？

【实验探究3-1】

物质溶解时溶液温度的变化

实验操作	实验数据
实验1：取一只小烧杯，加入约50mL水，测量其温度T_1并记录；向其中加入3勺NaOH，搅拌，测量溶液的温度T_2并记录	$T_1=$____；$T_2=$____
实验2：取一只小烧杯，加入约50mL水，测量其温度T_1并记录；向其中加入3勺NH_4NO_3，搅拌，测量溶液的温度T_2并记录	$T_1=$____；$T_2=$____
实验3：取一只小烧杯，加入约50mL水，测量其温度T_1并记录；向其中加入3勺NaCl，搅拌，测量溶液的温度T_2并记录	$T_1=$____；$T_2=$____

结论

温度变化 ┬ 升高（放热）：_____
        ├ 降低（吸热）：_____
        └ 基本不变：_____

> **活动形式**
> 形式：小组合作、实验探究、结果展示。
> 要求：①分工明确，各司其职；②操作规范，科学严谨；③将实验数据分享到黑板上——形成结论。

[设计意图] 通过分组实验探究，让学生根据数据认识到溶解时能量的变化，教师引导学生通过探究实验学会分工，学会合作。

回顾问题：摇摇冰中加入的是——硝酸铵。

（应用所学新知——解决对应问题）

视频播放：物质溶于水时的能量变化——微观解释。

水合过程：水分子结合溶质分子（离子），放出热量。

扩散过程：溶质分子（离子）扩散在水中，吸收热量。

[设计意图] 通过播放视频，带领学生直观感受微观世界的变化，教学难点迎刃而解。

【活动探究六】乳化现象

向加入水和油的试管中加入几滴洗洁精，用力震荡，静置，观察现象。

得出结论

乳化现象：＿＿＿＿＿＿＿＿＿＿＿＿＿＿＿＿＿＿＿＿＿＿

想一想

当汽车修理工的手上沾满油污时，他常用汽油洗去手上的油污。这说明汽油与洗涤剂一样能去油污，那么二者去油污的原理是否相同？

[设计意图] 通过实验探究，感受乳化现象与溶解现象的区别，并学会运用所学知识解决生活中的问题。

> 活动形式
> 形式：小组合作、实验探究、结果分享

【成果展示】知识建构

利用小组内的实验用品，谈一谈本节课你有哪些收获。

_____

_____

_____

> 活动形式
> 形式：
> 学生根据实物自主总结，3号学生说给1号学生听，4号学生说给2号学生听，最后组间分享。
> 要求：
> 3、4号学生分享，小组加2分；1、2号学生分享，小组加1分。

[设计意图] 利用实物总结收获，将生活与化学直接联系起来，使抽象的知识形象化、生活化；教师鼓励学生分享展示，让他们体验学会化学的成就感，激发其学习化学的兴趣。

课堂检测

1.下列生活中常见的物质中，不属于溶液的是
（　　）

A.汽水　　B.泥浆　　C.食醋　　D.白酒

> 要求
> 限时5分钟
> 组间互批
> 组内交流，错题纠正

2.下列关于溶液和乳化的说法，正确的是（　　）

A.无色、透明的液体一定是溶液

B.溶液中只能有一种溶质

C.用汽油洗去衣服上的油污属于乳化现象

D.溶液不一定是无色透明的

【教学反思】

本节课以一瓶可乐为线索，引导学生认识溶液的组成，情境设计合理、科学，成功地将抽象的概念与生活联系起来。课堂上小组合作探究学习，每一个学生都积极行动起来，主动参与课堂学习，不仅使化学课堂充满了生气，也使化学课堂真正"动"了起来，促进学生科学思维的形成，提升学生的科学素养。

【学科】化学

【课题】水分子的变化

【课型】新授

【课标要求】

素养要求

1.形成化学观念，解决实际问题

能通过实例认识物质的性质与应用的关系，形成合理利用物质的意识。

2.经历科学探究，增强实践能力

初步运用观察、实验等手段获取化学事实，形成一定的证据推理能力。

内容要求

"身边的化学物质"之（二）"水与常见的溶液"之认识水的组成。

"物质的化学变化"之（一）"化学变化的基本特征"：①认识化学变化的基本特征，初步了解化学反应的本质；②知道物质发生化学变化时伴随有能量变化，认识通过化学反应实现能量转化的重要性。

"物质的化学变化"之（二）"认识几种化学反应"：①初步认识常见的化合反应、分解反应、置换反应和复分解反应，并能解释与日常生活相关的一些现象。

学业要求

（1）能利用常见物质的性质，分析、解释一些简单的化学现象和事实。

（2）能独立或与他人合作开展化学实验并收集证据。

（3）能主动交流和讨论，清楚地表达自己的观点，逐步形成良好的学习习惯和学习方法。

【教学目标】

知识目标

（1）通过探究水电解实验，能够说出实验现象，初步认识到化学变化中分子是可分的。

（2）能用文字表达式和微观结构模拟图表示水的分解与合成这两种化学变化。

（3）能够认识、区分常见的分解反应、化合反应。

素养目标

（1）通过学习电解水和水的合成实验，进一步激发学生对自然界物质组成探究的欲望，帮助学生形成化学观念并解释常见现象。

（2）通过观察、实验等手段获取化学事实，引导学生经历科学探究的过程，增强实践能力。

（3）通过对水在直流电作用下的变化的科学探究，经历猜想与假设、制订计划、进行实验、收集证据、解释与结论、反思与评价、表达与交流等科学探究的一般过程。

【学习重难点】

学习重点

（1）水的分解与合成实验中宏观现象与文字表达式、微观模型表示法。

（2）化合反应与分解反应。

学习难点

通过水电解实验中宏观现象与微观实质的分析，初步了解化学变化的实质。

【教法学法】

　　教法

　　（1）实验探究法：提供充分的感性认识。

　　（2）小组合作学习：充分运用小组合作学习的方式、"兵教兵"的策略突破难点。

　　学法

　　【自主学习】预习教材+【合作学习】课堂。

【教学流程】

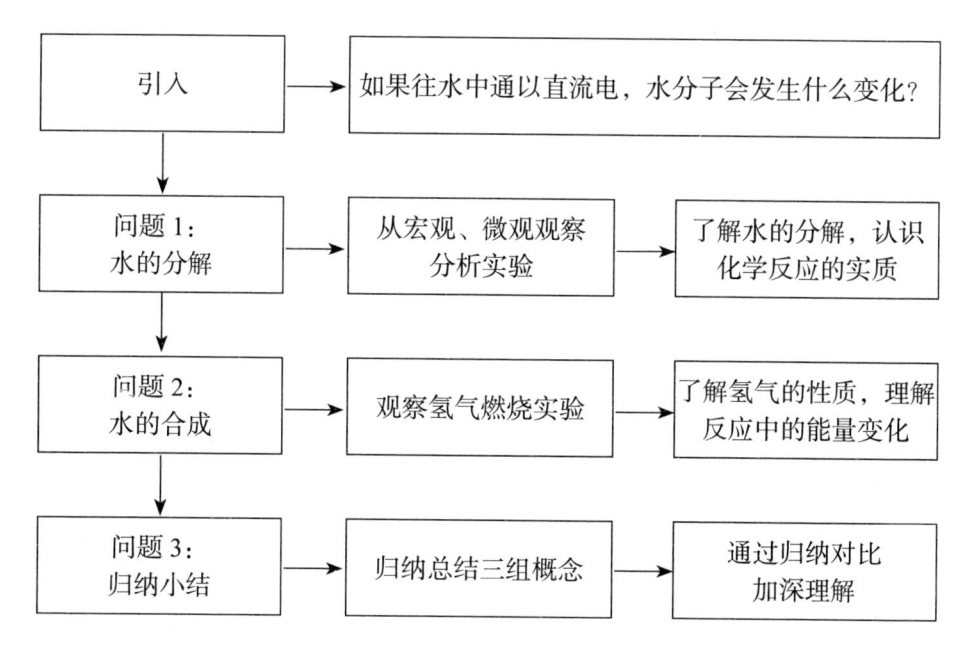

```
引入 → 如果往水中通以直流电，水分子会发生什么变化？
  ↓
问题1：     →  从宏观、微观观察    →  了解水的分解，认识
水的分解        分析实验                化学反应的实质
  ↓
问题2：     →  观察氢气燃烧实验    →  了解氢气的性质，理解
水的合成                                反应中的能量变化
  ↓
问题3：     →  归纳总结三组概念    →  通过归纳对比
归纳小结                                加深理解
```

【教学过程】

　　预习检测

　　1.水是由_____组成的。当水发生三态变化时水分子的数目和大小_____（会/不会）变化；水分子之间的间隔和分子的排列方式_____（会/不会）变化。这样的变化是_____（物理变化/化学变化）。

　　2.分子的性质：①_____；②_____；③_____。

新课导入

创设问题情境，呈现新知识。

水的三态变化是分子间的间隔和排列方式发生了改变，水分子本身不变。如果往水中通以直流电，情形是否会有不同呢？

【活动一】探究水的分解

[实验探究] 水的分解实验（视频演示）

问题思考

（1）正极和负极产生气体速度是否相同？体积是否相同？

（2）产生的气体是什么？（是水蒸气吗？）

（3）用燃烧的木条和带火星的木条检验生成的气体，会有什么现象呢？

归纳小结

现象：

1.与电源正极相连的玻璃管内产生的气体体积较＿＿＿＿＿＿，与电源负极相连的玻璃管内产生的气体体积较＿＿＿＿＿＿。

2.体积较大的气体能＿＿＿＿＿＿，该气体是＿＿＿＿＿＿；
  体积较小的气体能＿＿＿＿＿＿，该气体是＿＿＿＿＿＿。

3.正极与负极产生的气体体积比＿＿＿＿＿＿。

4.电解水的文字表达式：＿＿＿＿＿＿＿＿＿＿＿＿＿＿；
电解水的符号表达式：＿＿＿＿＿＿＿＿＿＿＿＿＿＿。

问题思考

为什么水在通电的条件下会变成氢气和氧气？从微观上看反应是如何发生的？（播放电解水微观动态示意图）

[设计意图] 通过微观离子的变化引导学生建立微粒观，理解化学变化的微观实质，进而建立"宏—微—符"的关系，成功突破难点。

归纳小结

（1）电解水的微观过程：在直流电作用下，水分子分为＿＿＿、＿＿＿，＿＿＿、＿＿＿＿＿＿重新组合，形成＿＿＿＿＿＿、＿＿＿＿＿＿。

（2）电解水结论：＿＿＿＿＿＿＿＿＿＿＿＿＿＿＿＿＿＿。

[设计意图] 通过视频观看电解水实验的操作和现象，引导学生初步了解

电解水过程中产生了气体，发生了化学变化，培养学生探究的科学思维；再通过对化学反应产物的分析、推理、验证，让学生经历科学探究的过程，培养学生科学探究的能力。

【活动二】探究水的合成

[实验探究] 水的合成实验（演示）

1.操作、观察

（1）操作：①氢气的验纯；②点燃氢气；③罩一冷而干燥的烧杯。

（2）观察：①验纯的方法；②氢气燃烧的现象；③烧杯温度的变化及杯壁物质的变化。

2.交流、描述

（1）_____性气体点燃前必须验纯。

（2）氢气燃烧的现象：纯净的氢气在空气中燃烧，产生_____色的火焰，烧杯壁凝结有_____；用手触摸烧杯，烧杯_____。

（3）文字表达式：_____

符号表达式：_____

3.氢能源的优点：

（1）_____；（2）_____；（3）_____。

归纳小结

1.结合水的分解与合成两个实验得出结论

（1）在化学反应中_____可分而_____不能再分。

（2）化学变化的微观本质：_____

（3）分子和原子的根本区别：_____

2.化合反应与分解反应

（1）分解反应：_____

（2）化合反应：_____

3.物理性质和化学性质

（1）物理性质是指_____，如_____。

（2）化学性质是_____，如_____。

[设计意图] 通过水的合成演示实验，引导学生进一步理解化学变化的微

观实质，建立"微粒观"。同时使学生知道，改变条件可以发生不同的化学反应，再通过电解水和合成水中反应物、生成物的对比，引导学生理解分解反应和化合反应的区别，培养学生对比、分析、归纳的能力。

跟踪训练

1. 在电解水这一变化中，没有变化的微粒是（　　）

　　A. 水分子　　B. 水原子　　C. 氢、氧两种原子　　D. 以上都不是

2. 下列化学反应中属于分解反应的是（　　），属于化合反应的是（　　）

　　A. 碳+氧气→二氧化碳　　　B. 镁+氧气→氧化镁

　　C. 过氧化氢→水+氧气　　　D. 锌+盐酸→氯化锌+氢气

3. 保持二氧化碳的化学性质的微粒是（　　）

　　A. 碳原子　　B. 氧原子　　C. 二氧化碳分子　　D. 碳氧两种原子

4. 水的下列性质中，属于化学性质的是（　　）

　　A. 水能溶解多种物质

　　B. 水在直流电的作用下，可以生成氢气和氧气

　　C. 水的沸点为100℃

　　D. 4℃时水的密度为1g/cm³

总结提升

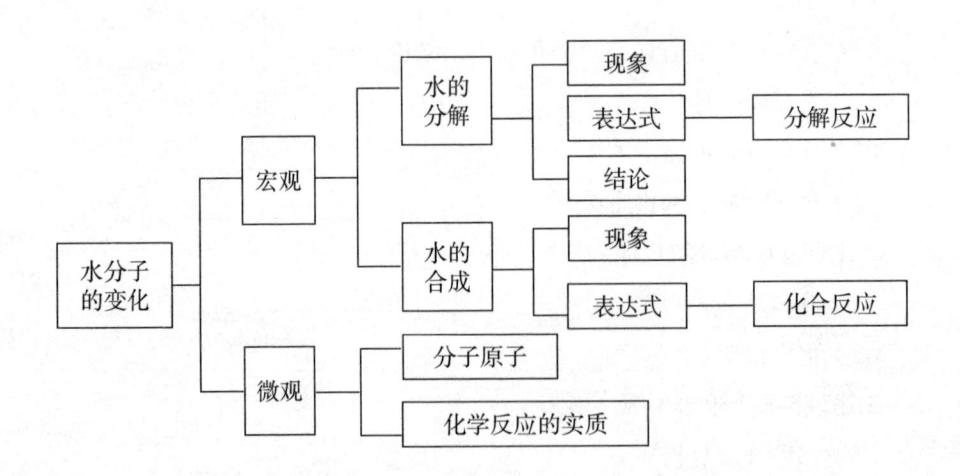

课堂检测

1.保持水的化学性质的微粒是（　　）

 A.氢原子和氧原子　　B.氢原子　　C.氧原子　　D.水分子

2.通过电解水和氢气燃烧实验得到的错误信息是（　　）

 A. 水是由氢元素和氧元素组成的

 B. 水是由氢气和氧气组成的

 C. 在化学反应中，分子可分而原子不能再分

 D. 在化学变化中，分子本身发生了改变

3.分子和原子的根本区别在于（　　）

 A. 大小不同　　　　　　B. 是不是构成物质的微小粒子

 C. 质量不同　　　　　　D. 化学反应中是否可以再分

4.下列说法正确是（　　）

 A. 在物理变化中，分子的组成和结构发生了变化

 B. 化学变化的过程就是分子的间隔和排列方式改变的过程

 C. 分子里不一定含有原子

 D. 原子是构成物质的一种基本粒子

5.电解水的符号表达式：_____

 氢气燃烧的符号表达式：_____

6.氢气是清洁高效的能源，优点是_____。（写一条）

【教学反思】

  本节课通过电解水的视频演示，引导学生从宏观上认识电解水发生了化学反应，再通过微观粒子的变化引导学生从微观上理解化学变化的实质，旨在帮助学生建立"宏—微—符"的联系，培养学生科学探究的思维。课堂教学实施过程中，发现学生对电解水的微观实质掌握得不理想，需进一步理解、运用，培养学生建立微粒观。

【学科】化学

【课题】金属的性质复习（第二课时）

【课型】复习

【课标分析】

（1）认识常见金属与盐酸、硫酸及盐溶液的置换反应，并能解释日常生活中的一些现象。

（2）能说出常见金属的活动性顺序，了解金属活动性顺序的意义。

（3）认识炼铁的主要反应原理。

【学情分析】

学生已经学会的：金属的活动性顺序，金属的化学性质。

尚未学会的：置换反应方程式的书写、对金属与盐反应进程的判断和反应后成分的分析。

【教学目标】

（1）通过系统复习，使学生熟练掌握金属活动顺序表的应用，能定性分析、判断置换反应后的成分，并学会定量分析滤渣和滤液质量的变化。

（2）通过典型例题分析和探究，培养学生的分析、归纳、推理能力，使其形成科学探究的思维。

【教学重难点】

教学重点

（1）金属的化学性质。

（2）化学方程式的书写。

（3）金属与盐置换反应中成分的判断和分析。

教学难点

金属与盐置换反应进程的判断和成分的分析。

【教法学法】

以活动建构教学为主要的教学类型，以自主学习、问题探究、实验探究、实验教学为主要的学习方法，运用多媒体课件进行教学。

教学流程

创设情境，构建动场——自主学习，问题探究——得出结论，交流探究——梳理反思，综合建模。

【教学过程】

预习检测

1. 默写金属活动顺序表。

2. 书写下列反应方程式。

　　①铁与硫酸铜溶液的反应　　②铜与硝酸银溶液的反应

　　③铁与硝酸银溶液的反应　　④锌与氯化铜溶液的反应

3. 炼铁的主要反应原理是在_____条件下，用_____从含铁的矿石中将铁还原出来。炼铁厂常以焦炭、赤铁矿、空气等为主要原料炼铁。

　　生铁的冶炼：在高温条件下，用一氧化碳从铁的氧化物中将铁还原出来。例如：

$$Fe_2O_3 + CO \xrightarrow{\text{高温}} \underline{\qquad\qquad\qquad\qquad}$$

实验现象：红棕色粉末逐渐变为黑色，澄清石灰水变_____。

拓展：$Fe_xO_y + \underline{\quad}CO ==\!=\underline{\qquad\qquad\qquad\qquad}$

[创设情境，构建动场]

关于金属的性质你都熟悉了吗？下面看看你掌握的知识能解决中考题了吗？（中考原题展示）

[设计意图] 展示中考题，将学生的情绪直接带入中考状态，引起学生的重视和关注。

典例分析

【活动探究一】一换多，无附加条件

向含有铁粉、铜粉组成的混合物中加入一定量的硝酸银溶液，充分反应后过滤。则滤出的固体中一定含有的金属是下列的（　　）

A. Ag　　B. Ag、Fe　　C. Ag、Cu　　D. Ag、Cu、Fe

小组交流，分享展示（组内交流、组间分享评价）

滤渣：一定有_____，可能有_____。

滤液：一定有_____，可能有_____。

点拨：将硝酸银溶液加入到铁粉和铜粉的混合物中，金属活动性相差大的优先反应，所以硝酸银溶液先与铁粉反应。控制硝酸银溶液的质量由少到多分五种情况分别加入铁粉和铜粉的混合物中，滤渣中的金属与滤液中的溶质可分为以下情况：

AgNO₃溶液的质量	能与部分铁粉反应	恰好能与铁粉完全反应	能与部分铜粉反应	恰好能与铜粉完全反应	硝酸银过量
滤渣	Ag、Cu、Fe	Ag、Cu	Ag、Cu	Ag	Ag
滤液中的溶质	Fe(NO₃)₂	Fe(NO₃)₂	Cu(NO₃)₂ Fe(NO₃)₂	Cu(NO₃)₂ Fe(NO₃)₂	Cu(NO₃)₂ Fe(NO₃)₂ AgNO₃

方法总结

1.一种金属置换多种盐溶液时，先换_____。

2.反应后，金属不在_____，就在_____。

3.两种反应物_____（可以/不可以）同时剩余。

规律总结

一种换多种：滤渣：弱→强，且一定有_____。

滤液：强→弱，且一定有_____。

跟踪训练

向含有硝酸银和硝酸铁的混合溶液中加入一定量镁粉，充分反应后过滤，则所得滤液和滤渣的成分有：

滤渣：一定有_____，可能有_____。

滤液：一定有_____，可能有_____。

[设计意图] 通过自主探究、小组交流，引导学生分析多个置换反应后滤渣和滤液的成分，培养学生的分析、推理能力和表达能力，帮助其进一步理解置换反应的实质。

【活动探究二】一换多，有附加条件

某溶液中仅含有AgNO₃和Cu(NO₃)₂两种溶质，某校课外活动小组的同学将溶液分为A、B、C三份，各加入一定量的铁粉，充分反应后过滤、洗涤，分别得到滤渣和滤液。

（1）若将A得到的滤渣加入到稀盐酸中有气泡产生，则其滤液中的溶质是_____。

（2）若将B得到的滤渣加入到稀盐酸中没有气泡产生，则此滤渣中一定有_____。

（3）若将C得到的滤液中滴加稀盐酸，有白色沉淀生成，则此滤液中含有的溶质是_____。

[小组交流，分享展示]

（组内交流、组间分享评价）

滤渣：一定有_____，可能有_____，根据附加条件进一步可知，一定有（没有）_____。

滤液：一定有_____，可能有_____，根据附加条件进一步可知，一定有（没有）_____。

方法总结

附加条件要"对号入座"，可确定滤渣在H前或H后滤液有无_____。

跟踪训练

向含有$AgNO_3$、$Cu(NO_3)_2$的混合溶液中加入一定量的铜粉，充分反应后过滤，则滤出的固体中，一定含有的金属是下列的（　　）

A.Ag　　　B.Cu　　　C.Ag、Cu　　　D.无法确定

[设计意图] 本环节通过给出附加条件，引导学生学会利用化学反应的条件进行综合推理、分析化学反应的进程和滤渣、滤液的成分。通过搭建知识梯，学习难度层层递进，从而逐渐突破中考难题。在不断的探究与交流中，培养学生的分析推理能力和科学探究思维。

[梳理反思，综合建模]

课堂检测

1.向含有$AgNO_3$、$Cu(NO_3)_2$的混合溶液中加入一定量的铜粉，充分反应后过滤，则滤出的固体中一定含有的金属是下列的（　　）

A. Ag　　　B. Cu　　　C. Ag、Cu　　　D. 无法确定

2.在氧化铜和铁粉的混合物中加入一定量的稀硫酸并微热，反应停止后滤出不溶物，再向滤液中插入铁片，铁片上无变化，则滤液中（　　）

A.一定无硫酸铜，一定含有硫酸亚铁

B.一定无硫酸铜，可能含有硫酸亚铁

C.一定含有硫酸亚铁和硫酸铜

　　D.一定含有硫酸亚铁，可能含有硫酸铜

【教学反思】

　　本节课由于知识综合性较强，考查学生的分析、推理、归纳能力，所以组内部分3、4号学生理解和接受较难，但通过搭建知识台阶，引导学生一步步向目标迈进，发现学生掌握情况较好，目标达成度较高。后面的学习中，习题探究还需再放慢节奏，且在习题的设计上进一步优化，使学生精准学习、有效提升。

研究案例五

历史两篇教学设计与实施过程

【学科】历史

【课题】五四运动

【课型】新授

【教材分析】

　　中国近代人民的抗争史分为两个阶段，即旧民主主义革命时期和新民主主义革命时期。在本单元中，五四运动承续了旧民主主义革命未竟的事业，又通过革命领导权的置换，开启了新民主主义革命的先河。五四运动是由资本主义现代化道路的探索转向社会主义现代化道路探索的转折点，又是走上中国特色社会主义现代化道路的起始点，在教材中的地位显著。另外，"五四"也是一个思想源泉、一座精神地标，被一代又一代的人不断挖掘和阐述。回溯"五四"，师生可以尽观这一时代精神的延续与变迁，汲取其中丰富的精神内涵。

【学情分析】

　　通过前面章节的学习，学生对中华民族的觉醒有一定的了解，感受到了近代中国的落后和屈辱。虽然通过自学能够了解五四运动的一些基本概况，但是从民主革命视角看五四运动的地位和作用，学生会有一定的思维障碍，难度较大。因此，在本课中教师补充了大量的史料，还原历史，创设适宜的情境，帮助学生理解、探究。本课内容有很强的现实感，教师要采用形式多样的教学方法，引导学生积极参与、相互交流，激发学生学习的兴趣。

【教学目标】

　　（1）梳理五四运动的背景，认识五四运动爆发的原因。（时空观念）

　　（2）通过阅读课本、图片、史料等信息，理解五四运动的口号、经

过、性质等基本史实。（史料实证、唯物史观、历史解释）

（3）认识五四精神对国家命运和历史发展的推动作用，从而树立为民族崛起而努力学习的远大理想。（家国情怀）

【教学重难点及突破方法】

教学重点： 五四运动的历史意义。

教学难点： 理解五四运动是中国新民主主义革命的开端。

突破方法： 根据目标预设和设计理念，将本课内容分成四大导学目标——巴黎和会梦惊醒、五四风雷惊天起、百年之际五四言、余波震荡青年志，逐一进行讲解，从宏观角度引领学生去感知"五四"，并辅以合作探究式教学，联系旧知，抛出问题，激发学生学习新知的兴趣。

【教学过程】

构建学习场一：导入新课

创设历史情境

教师讲述： 1918年，中国迎来了一场久违的胜利。第一次世界大战结束，德国战败，作为战胜国之一的中国对未来充满期待，希望一改往日屈辱的外交。那么，中国的期待成为现实了吗？请看一段视频。

播放视频： 播放电视剧《觉醒年代》，看看中国在巴黎和会前后的境况。

问题引领

教师提问： 看完这段视频，大家有什么样的感想呢？

学生抒发自己观看视频后的感想。

教师补充： 我们可以看到，中国的合理要求遭到拒绝，中国的期望没有实现，取而代之的是失望与愤怒。面对不公正待遇，中国人又是怎么做的呢？让我们带着疑问，一起来学习第13课——五四运动。

[设计意图] 谈及五四运动，教师习惯从参加巴黎和会的中国外交官入手，本课则另辟蹊径，以中国的期待与失望为引子，利用较新的影视资料，抛出巴黎和会上中国外交的失败这一史实，将学生带入历史场景，既交代背景，又引发学生思考。学生通过观看影片，了解"一战"结束后作为战胜国的中国在国际社会受到的不公平待遇，初步感受当时历史情境下人们的愤怒与爱国之心。

构建学习场二：自主学习，交流探讨

一、巴黎和会梦惊醒

创设历史情境

[资料补充] 第一次世界大战爆发后，欧洲大地上的英、法等国面临严重的人力资源危机，他们希望中国人可以作为工人前往欧洲支援作战。于是，至1918年战争结束，中国共派出了14万劳工前往欧洲。这些劳工几乎都被派往了最前线，可以说但凡战争所需，无所不往，无所不为。1917年，中国也加入了协约国阵营，对德宣战。

1918年战争结束，德国战败。中国作为战胜国之一，派出代表团远赴法国参加巴黎和会。会议由美、英、法、意、日五国各出2名代表组成的最高理事会控制。实际上，重大问题都由美、英、法三国代表决定。

教师讲述：当时中国国内的人们一致认为，通过这次和会，中国会重新获得被德国侵占的合法权益。当时参加巴黎和会的中国代表顾维钧说："即将召开的和会是一次非同寻常的机会，中国可以借此谋求某种程度的公平待遇，并对过去半个世纪以来所遭到的惨痛后果加以改正。"

在和会上，中国提出了自己的合理要求。

问题引领

教师提问：请同学们结合课本第59页内容，找出中国代表提出了哪些合理要求。

学生回答：取消帝国主义在华特权、废除"二十一条"、收回青岛主权等。

[资料补充] 山东问题由来：德国在1897年强占胶州湾，把山东划为其势力范围。1914年"一战"爆发后，日本借对德宣战之机，派海陆军两万余人在山东登陆，侵占山东许多地方。"一战"期间，中国也参加了对德作战，是以战胜国的身份参加巴黎和会的。中国完全有理由收回德国在山东的权利。因此，顾维钧等中国代表在巴黎和会上据理力争。

面对这样的合理要求，大会又是怎么做的呢？

学生回答：英、法、美等列强竟然将德国在山东的特权全部转让给日本。

教师总结：同为战胜国，大会却对中国的合法权益置若罔闻，纵容并承认日本在中国的无理行径。巴黎和会上的外交失败告诉了国人"弱国无外交"的道理，也彻底打破了国人对帝国主义的幻想。

解决策略：本小节内容主要运用"学生自学为主，教师引导为辅"的教学策略，引导学生充分利用教材及补充资料获取有效信息，解决问题。

[设计意图] 通过史料补充阐明中国代表团出使巴黎和会并非仓促成行，而是做了充足准备。十数万的劳工在欧洲付出巨大牺牲证明"一战"中协约国的胜利也有中国不可磨灭的功劳。该部分的学习为接下来学习中国筹划已久的正当诉求遭无情拒绝后国人情绪的大爆发理清脉络，寻得解释，因此不可或缺。同时该部分的学习也需要注重培养学生的历史解释能力。

二、"五四"风雷惊天起

创设历史情境

（一）五四运动的爆发

国人的愤怒被点燃了，让我们跟随一段视频，将目光转移到国内。

播放视频：电影《建党伟业》中有关五四运动爆发的片段。

问题引领

[合作探究] 学生们的游行示威拉开了五四运动的序幕，请同学们结合课本内容和学案，合作完成下列内容。

五四运动的基本史实（时间、地点、口号、主力、运动形式、结果）：

1919年5月4日，北京大学等校学生3 000多人，在天安门前集会讲演，揭露帝国主义列强的侵略行径，并举行示威游行。他们手执标语，散发传单和宣言，高呼"外争主权，内除国贼""誓死力争，还我青岛""废除二十一条""拒绝在合约上签字"等口号，这些口号体现了五四运动反帝反封建的斗争性质。学生要求惩办亲日派卖国贼曹汝霖、陆宗舆、章宗祥。

教师释疑解惑：提问引导学生理解"外争主权，内除国贼"的口号体现了反帝反封建的要求。

面对学生的爱国热情，北洋军阀政府出动军警镇压，逮捕了30多名爱国学生。第二天，北京学生举行总罢课。

（二）五四运动的扩大

北京学生的爱国斗争得到社会各界人士的广泛支持。

陈独秀亲自起草《北京市民宣言》，号召北京学生、商人、劳工奋起斗争。

面对中国人民的抗争，日本帝国主义在天津、上海、南京、汉口等地集结军舰，胁迫北洋政府阻止学生的爱国运动。这种挑衅行为进一步激起了中国人民的反日怒潮。全国200多个城市的学生一致罢课，支持北京学生的反帝爱国斗争。

6月3日，北京学生再次走上街头，开展大规模的爱国宣传活动，遭到军警镇压，先后有800多名学生被捕。消息传出，6月5日，上海工人全体罢工，商人罢市。

罢工罢市风潮随即席卷全国十几座商业中心城市。唐山、长辛店等地工人也举行罢工，声援学生的爱国斗争。

工人阶级成为五四运动的主力，运动的中心也由北京转移到了上海。爱国运动汹涌发展着，北洋政府眼看无法控制局势，不得不做出让步。

在举国汹涌澎湃的反帝浪潮之下，北洋政府不得不释放被捕学生，罢免曹汝霖等人职务，中国代表也没有在"巴黎和约"上签字。五四运动的直接目标得到了实现，这是中国人民反帝斗争的一次重大胜利。

问题引领

[合作探究]

	第一阶段	第二阶段
时间	5月4日至6月初	6月初以后
运动中心		
斗争主力		
斗争形式	示威游行	罢课、罢工、罢市
结果		

解决策略：学生通过小组合作，完成对五四运动过程的梳理。

[设计意图] 通过小组合作的形式，明确五四运动的过程，运用唯物史观看待历史史实，利用表格梳理两个阶段的不同，明确五四运动中工人阶级发

挥的巨大作用，为接下来理解五四运动的历史意义做准备。

三、百年之际"五四"言

创设情境

五四运动像一束火炬，火光穿透了黑暗，照亮了民族的希望，至今仍被我们铭记感怀。下面我们通过习近平总书记在纪念五四运动100周年大会上的讲话，感受五四运动的波澜壮阔。

习近平总书记在讲话中指出，五四运动，爆发于民族危难之际，是一场以先进青年知识分子为先锋、广大人民群众参加的彻底反帝反封建的伟大爱国革命运动，是一场中国人民为拯救民族危亡、捍卫民族尊严、凝聚民族力量而掀起的伟大社会革命运动，是一场传播新思想新文化新知识的伟大思想启蒙运动和新文化运动，以磅礴之力鼓动了中国人民和中华民族实现民族复兴的志向和信心。

问题引领

[合作探究] 依据材料，探究五四运动的性质及历史意义。

[资料补充]

资料1：

图5-5-1 五四运动学生示威游行及当时的标语

资料2：五四运动后，更多的青年和知识分子对马克思主义表现出了更大的兴趣……1919年10月、11月，李大钊分两期在《新青年》上发表《我的马克思主义观》一文。

资料3：1919年6月，中国代表没有出席巴黎和会的签字仪式，使全世界为之瞩目……五四运动的发生，引起列宁和共产国际对中国革命的重视，并促使共产国际派人到中国了解革命情况，推动共产党组织在中国的建立。

资料4：所谓新民主主义革命，就是说，这个革命"已经不是旧的、完全被资产阶级领导的，以建立资本主义的社会与资产阶级专政的国家为目的的革命，而是新的、无产阶级参加领导或领导的革命"。中国的新民主主义革命是从1919年五四运动开始的。

解决策略：学生阅读教材及资料，分组讨论，解决问题。学生回答，组间评价，教师归纳补充。

性质：一场以先进青年知识分子为先锋、广大人民群众为主体参加的彻底反帝反封建的伟大的爱国革命运动；一场中国人民为拯救民族危亡、捍卫民族尊严、凝聚民族力量而掀起的伟大的社会革命运动；一场传播新思想新文化新知识的伟大思想启蒙运动。

意义：①促进了马克思主义在中国的传播，促进了马克思主义同中国工人运动的结合，为中国共产党的成立做了思想上和干部上的准备。为中国共产党的建立奠定了思想和干部上的基础。②是旧民主主义革命走向新民主主义革命的转折点，在近代以来中华民族追求民主独立和发展进步的历史进程中具有里程碑意义。

问题引领

[合作探究] 新民主主义革命与旧民主主义革命的区别和联系。

名称	相同点	不同点		
	革命任务	领导阶级	指导思想	发展前途
旧民主主义革命				建立资产阶级共和国，走资本主义道路
新民主主义革命				建立社会主义国家，实现共产主义

[资料补充] 学生罢课半月，政府不唯不理，且对待日益严厉。乃商界罢市不及五日，而北京被逮之学生释；工界罢工不及一日，而曹、章、陆去。

——《上海学联告同胞书》1919年6月12日

突出工人作用：五四运动标志着工人阶级开始以独立的姿态登上政治舞台。

解决策略：通过对所学知识的回顾以及对补充资料的分析概括，归纳出新旧民主主义革命的相同点及不同点，充分认识五四运动是中国新民主主义革命的开端。

[设计意图] 联系旧知，复习巩固，补充四段史料，师生合作理清五四运动的意义，合力突破本课教学重难点，认识工人阶级登上历史舞台的重要意义；培养学生从史料中提取有效信息的能力，同时为接下来理解新时代背景下的"五四精神"做铺垫。

四、余波震荡青年志

创设情境

20世纪的青年有"外争国权，内惩国贼"的坚定信念；有"誓死力争，还我青岛"的民族气节；更有如陆徵祥、顾维钧一般的勇士，站在外交阵地的最前沿，阻挡蛮横和无理的列强，将他们的个人命运融进了国家的命运之中。

五四运动以全民族的力量高举起爱国主义的伟大旗帜，孕育了以爱国、进步、民主、科学为主要内容的伟大五四精神。

问题引领

为了纪念青年学生发起的这场爱国运动，为了让五四的火炬代代相传，我们把每年的五月四日定为"五四青年节"。作为当代青年学生的我们该如何弘扬五四精神？

解决策略：小组交流讨论，学生展示分享。

[设计意图] 以图片作结，留给学生反思、回味的空间，使他们认识到自古以来，中国青年都是拥有深厚家国情怀的青年，是拥有伟大创造力的青年。无论过去、现在还是未来，中国青年都始终是实现中华民族伟大复兴的先锋力量，以达成本课情感、态度与价值观方面的教学目标。

学生讨论及展示后，教师总结点评。教师出示李大钊的诗，学生齐读，感受李大钊先生对青年的嘱托。

青 春

李大钊

地球即成白首，吾人尚在青春，以吾人之青春，

柔化地球之白首，虽老，犹未老也。

愿吾亲爱之青年，进前而勿顾后，背黑暗而向光明。

以青春之我，创建青春之家庭、青春之国家、

青春之民族、青春之人类、青春之地球、青春之宇宙。

[设计意图] 结尾升华，让学生感受社会的希冀，更好地传承五四精神，培养家国情怀。

构建学习场三：综合建模，归纳提升

五四运动
- 导火线：1919年，巴黎和会上中国外交的失败
- 爆发：1919年5月4日，北京学生示威游行
- 口号："外争主权，内除国贼""誓死力争，还我青岛"
  "废除二十一条"等
- 斗争
  - 第一阶段：主力为学生，中心在北京
  - 第二阶段：主力为工人，中心在上海
- 初步胜利：北洋政府释放被捕的学生，罢免曹汝霖等人的职务，中国代表也没有在"巴黎和约"上签字
- 性质：是一场彻底反帝反封建的伟大爱国革命运动
- 意义：促进了马克思主义在中国的传播
  为中国共产党的成立做了准备
  是中国新民主主义革命的开端

【教学反思】

五四运动是中国新民主主义革命的开端，它上承辛亥革命，下启中国共产党诞生，具有承上启下的意义。结合课标及核心素养要求，我将本课内容分为四大模块——巴黎和会梦惊醒、五四风雷惊天起、百年之际五四言、余波震荡青年志，逐一进行讲解，从整体、宏观的角度引领学生感知"五四"。本课教学后，我进行了如下反思。

1.优点

（1）本课补充了较多背景资料，将导入部分设计为五四运动爆发前夕的视频资料，创设情境，激发学生兴趣，方便学生理解"巴黎和会上的外交失败是五四运动爆发的导火索"这一知识点。

（2）在教学中，我展示了视频和各种史料，利用"3+2"教学模式，进行小组探究性学习，引导学生在掌握基本知识点的同时提高分析史料、解读运用史料的重要能力；通过问题式教学方式，拓展学生学习历史的思维，让学生灵活运用相关知识，理解五四运动的历史意义，感悟五四精神。

（3）在弘扬五四精神这一环节，从国家大事出发，落脚到学生个人，将新时代的五四精神继续传承和弘扬，同时以李大钊的《青春》为结语，既是对学生的期许，又是对五四精神的升华。

2.不足之处及改进的方向

（1）问题设计不够细致。例如，在导入新课过程中，学生观看《觉醒年代》视频片段后，应该合理设问，引发学生思考，进而引出当天的课题，而不是由教师讲述直接进入新课的学习。

（2）对民主革命的任务解析不到位，导致学生不能顺利区分新民主主义革命与旧民主主义革命，对两种革命的性质也难以理解。在讲解时，教师应进一步深入探究，引导学生从工人阶级在五四运动中的巨大作用入手，意识到工人阶级作为无产阶级的代表开始登上历史舞台，进而让学生理解新民主主义革命与旧民主主义革命的根本区别是领导阶级的不同，从而更好地突破难点。

（3）小组评价与当堂反馈中，学生自我评价过程不足。

通过这次讲课、评课，我认识到材料选择及设问的重要性，在以后的教学中，我会进一步提升自己的备课、讲课水平，运用好"3+2"教学模式，将其真正落实到学生的学中去。

【学科】历史

【课题】走向近代和资本主义制度的确立

【课型】复习

【课标分析】

	识记	理解	运用
文艺复兴	知道《神曲》，复述达·芬奇的主要活动	初步认识文艺复兴对欧洲资本主义社会的产生所起的作用	—
新航路的开辟	复述哥伦布的主要活动	初步认识新航路的开辟对欧洲资本主义社会的产生所起的作用	—
英法美资产阶级革命	简述《权利法案》《独立宣言》《人权宣言》的基本内容，讲述华盛顿、拿破仑的主要活动	初步了解英国资产阶级革命、美国独立战争和法国大革命的历史影响	评价资产阶级政治家的历史作用

【教材分析】

　　本单元主要讲述了西欧经济的发展、文艺复兴、新航路的开辟、殖民扩张、英法美资产阶级革命和工业革命等内容。这些内容无论是在思想方面、政治制度方面、经济技术方面，还是在世界一体化进程上，都起着奠基的作用。因此本单元在整个课程体系中占据十分重要的地位。

　　就升学考试而言，本单元是历年的高频考点，分值在8分左右，对学生的考查更注重基础知识的掌握，因此本单元的复习要侧重基础知识的落实与巩固。

【学情分析】

　　1.学生可能达到的程度

　　大部分学生能够掌握基本的历史史实，解决学习中的一些问题，但是对于历史事件的影响和历史人物的评价，大部分学生掌握得不理想。

2.普遍存在的问题

（1）复习课知识点繁多，学生刚上课时难以形成整体感知和知识体系；对历史发展的基本线索掌握不到位，对历史、政治术语（如君主立宪、民主共和、三权分立等）掌握有难度。

（2）学生对于理解性的内容（如新航路的开辟对欧洲资本主义产生的作用等）认识比较模糊，缺乏空间概念。

（3）就学考而言，学生对相关的图片材料掌握较好，但是对文献资料的掌握不理想，不能运用所学解决问题，答题的技巧和规范性有待提高。

【教学目标】

知识与能力

知道《神曲》，复述达·芬奇的主要活动，初步认识文艺复兴对欧洲资本主义社会的产生所起的作用；讲述哥伦布的主要活动，初步认识新航路的开辟对欧洲资本主义社会的产生所起的作用；简述《权利法案》《独立宣言》《人权宣言》的基本内容，讲述华盛顿、拿破仑的主要活动；初步了解英国资产阶级革命、美国独立战争和法国大革命的历史影响。

过程与方法

运用比较的方法，探讨西方近代化和中国近代化探索的不同，并获得认识；在复习过程中，学会规范答题，并学会知识的迁移，将所学知识与试题建立正确联系；从历史材料中最大限度地获取有效信息，并对有效信息进行完整、准确、合理的解读。

情感、态度与价值观

在评价资产阶级政治家的历史作用中，感受并学习优秀人物身上的品质；在对西方步入近代和中国近代化探索的比较中，认识"思想的解放指引社会前进的方向"，更好地理解当下时事热点。

【教学重难点】

教学重点

（1）认识文艺复兴和新航路的开辟对欧洲资本主义社会的产生所起的作用。了解英、法、美资产阶级革命的原因、颁布的法案以及产生的影响。

（2）通过阅读图片、图表和文字史料掌握历史发展的基本线索，掌握重大历史文献的意义，了解早期资本主义政治制度确立的内容。通过练习作答，培养学生学考答题的规范性。

教学难点

认识文艺复兴、新航路开辟的作用；了解英、法、美资产阶级革命的影响；学会评价资产阶级政治家的历史作用。

【教学过程】

构建学习场一：导入新课

播放视频：达·芬奇自画像等名作亮相济南，展示两幅图片导入新课。

教学导入：作为"艺术三杰"的最完美代表，达·芬奇是在一个"呼唤巨人的时代"应运而生的"巨人"。那么同学们想一下，这个"呼唤巨人的时代"指什么运动？是的，文艺复兴的到来，让一个新的时代展露了曙光！让人类看到了光明与希望！今天就让我们重温那个时代，共同复习第五单元《走向近代》和第六单元《资本主义制度的确立》。

构建学习场二：直击学考

展示近两年济南学考涉及本单元的题目及所占分值，指出本单元在升学考试中的重要性。

构建学习场三：知识梳理，构建体系

活动目的：以视频"步入近代"为主线，结合考纲完成对单元重点历史知识的梳理和知识体系的构建。通过填写图表，运用比较的方法，探讨西方近代化和中国近代化探索的不同，并获得认识。鼓励学生独立思考交流合作，培养学生获取、处理信息的能力，突出教学重点。

活动程序：

（1）学生看视频，记忆重大历史事件。

（2）学生将考纲要点与时间轴对号入座。（自主学习）

（3）找联系，完成知识结构图，学生整体构建知识体系。教师引导深化理解近代化的变化，回归单元主题。

（4）中西对比，比较中国和西方近代化的不同，完成复习学案合作探究1。（交流探究）

活动策略：独立学习与小组合作学习，竞争与合作学习。

活动评价：重视活动内容的交流和分享，采用小组评价、师生共评等过程性评价相结合的方式。

本环节主要通过学生的自主学习、小组合作构建历史发展的知识体系，掌握基本的历史史实。通过视频激发学生的兴趣，帮助学生回忆历史事件发生的过程。通过历史比较，认识西方近代化和中国近代化的不同，分析其历史原因及对历史进程产生的深远影响。组长分配小组任务，明确职责；教师巡视课堂，积极参与小组活动，对学生的问答及时进行必要的讲解和评价。

构建学习场四：讲练结合，探究重难点

考点一：认识文艺复兴和新航路开辟对欧洲资本主义社会的产生所起的作用。

[挑战你的记忆]

1分钟速记

重要事件		重点知识
文艺复兴	核心思想	人文主义思潮
	人物及其成就	但丁：文艺复兴的先驱，代表作是《神曲》 达·芬奇：最大成就是绘画，代表作是《蒙娜丽莎》《最后的晚餐》
	历史影响	促使人们思想解放，为欧洲资本主义社会的产生奠定了思想基础
新航路开辟	人物及其成就	哥伦布：发现美洲新大陆
	历史影响	各大洲联系加强，世界开始连成一个整体，促进了欧洲资本主义的产生和发展

通过图表归纳法总结知识要点，给予学生落实知识的时间，注重基础知识的巩固，同时考点明确，落实到位。

附录
教学案例的设计与实施过程展示

[基础闯关]

材料:

图5-5-2 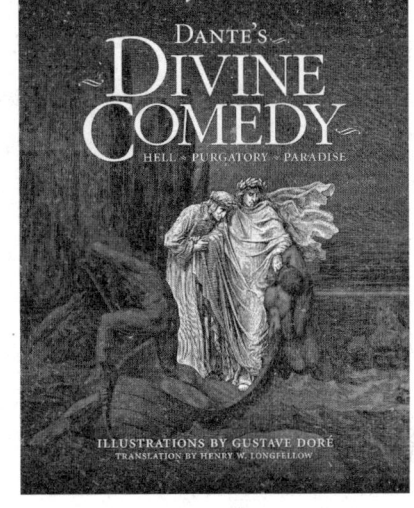　　　　　　　　　图5-5-3

（1）这两幅图片分别是谁的作品？

（2）这与欧洲历史上的哪次思想解放运动有关，先驱是谁？

（3）这次思想解放运动宣传的核心思想是什么？

学生结合材料掌握文艺复兴的基本史实，结合问题认识其核心思想（人文主义）及代表人物。

[实战演练，直击学考]

（2013 山东济南）14 至 18 世纪，人类历史发生了重大变化。阅读材料，回答问题。

材料一：当中国迎来了封建王朝的最后一段盛世（康乾盛世）时，人类社会正在发生着前所未有的巨变。15 世纪末，欧洲的航海家们开始征服海洋……从此，任何一个国家，都无法孤立于世界之外而存在。

——摘编自《复兴之路〈第一集：千年局变·序言〉》

材料一中"15 世纪末，欧洲的航海家们开始征服海洋"指的是什么历史事件？结合所学知识，概括这一事件产生的影响。（8分）

（1）学生独立完成学考题。

203

（2）教师注重对学生进行有关解题方法、答题规范的教学，引导学生认真阅读史料、思考问题，运用所学知识解决问题，对考试中的设问进行解读。

考点二：了解英、美、法国资产阶级革命的历史进程，掌握资产阶级颁布的法案和资产阶级革命产生的深远影响。

（1）教师呈现考纲要点，总结升学考试出题规律。

（2）学生快速学习学案中标明的基础知识并记忆，小组检查背诵。

（3）反馈运用，深化固学。学生合作探究完成学考题，掌握答题技巧和方法。

材料二：18世纪后期，美国独立战争、法国大革命以及英国工业革命，深刻地改变了人类文明的进程。人类社会的现代化，已成为不可阻挡的历史潮流……在全球范围内，争夺利益和霸权的西方殖民主义势力已经扩张到东方，沉浸在康乾盛世中的人们，全然不知这盛世亦正面临着一场厄运，中国数千年未遇之大变局即将到来，中华民族百余年艰苦卓绝的伟大复兴历史，由此拉开了大幕。

——摘编自《复兴之路〈第一集：千年局变·序言〉》

依据材料二并结合所学知识，从政治、经济方面概括归纳美国独立战争、法国大革命以及英国工业革命是如何改变了人类文明的进程的。

考点三：评价资产阶级政治家的历史作用。

【活动】评价历史人物

活动目的：通过"答题有术"，阅读分析史料、观察图片，让学生学会评价资产阶级政治家华盛顿、拿破仑，同时训练学生审题、答题的方法。

活动程序：自主学习、交流探究。

（1）阅读两则材料，学生说出两位历史人物的名字。（材料见课件）

（2）交流探究：在早期的资产阶级民主化进程中，你认为这两位历史人物谁的贡献更大？为什么？

（3）引导学生总结评价历史人物的方法。

评价历史人物

评价原则：一分为二的辩证法观点，要求观点全面、客观、公正，史论结合，论从史出。

评价方法：要评人，先找事，再评事，后总结。

评价历史人物是历史学习中的一项重要内容。活动的开展，要让学生熟悉评价历史人物的方法，做到史论结合，客观公正。

活动策略：独立学习与小组合作学习相结合，竞争与合作学习相结合，活动目标与教学目标一致等。

活动评价：重视活动内容的交流和分享，采用小组评价、师生共评等过程性评价相结合的方式。

构建学习场五：综合建模，升华主题

展示动态图片组，总结升华。

构建学习场六：学考演练

1.美国历史学家斯塔夫里阿诺斯指出："1500年至1763年的这些岁月是全球开始统一的时期。""全球开始统一"始于（ A ）

  A．新航路的开辟   B．英国资产阶级革命

  C．启蒙思想   D．巴黎公社

2.拿破仑说："我是一位新普罗米修斯……我曾从天上窃了火种，作为一份礼物，奉献给法兰西。"拿破仑奉献给法兰西的"火种"是（ D ）

  A．《权利法案》   B．《独立宣言》

  C．《1787年宪法》   D．《法典》

3.17世纪中后期，英国通过资产阶级革命确立了新的政治制度，体现了人类文明的重大进步。阅读材料，回答问题。

材料一：凡未经议会同意，以国王权威停止法律或停止法律实施之僭越权力，为非法权力……凡未经议会准许，借口国王特权，为国王而征收，或供国王使用而征收金钱，超出国会准许之时限或方式者，皆为非法；除经议会同意外，平时在本王国内征募或维持常备军，皆属违法。

            ——1689年英国《权利法案》

（1）根据材料一，指出《权利法案》制定的主要目的。它的颁布有什么标志性意义？

材料二：个人的绝对权力阻碍了国家的发展，不限制这种权力，国家便

无法进步。克服专制王权于是成了继续前进的条件,在这个时候,谁先克服专制王权,谁就先迈出近代化的第一步。

——钱乘旦《世界近现代史的主线是现代化》

（2）根据材料二并结合所学知识,说明"克服专制王权"是如何促进英国"继续前进"的。

【教学反思】

  这节课主要复习《走向近代》和《资本主义制度的确立》,内容较多,知识零碎,需要教师对这两个单元进行整合,进行大单元教学,化繁为简。教师在这节课中充分运用了图片、图表和视频等丰富的历史资料,抓住学生的感性认识,落实基础知识,通过小组合作探究,思考知识间的联系,探究历史事件之间的因果联系。学生的时空观念和对史料的分析解读能力有了明显的提高,能够做到论从史出,有几分证据说几分话。运用"3+2"课堂教学模式,充分调动学生的主动性,通过小组活动的开展,在探究中逐步培养学生的综合能力,提升学生的核心素养。学生通过升学考试试题的练习,提高了应试能力,掌握了一些答题技巧,能够展示自己的历史素养。当然,小组活动问题设置的难度和方式需要改进,问题设置的梯度和精度要提高。课堂评价和评价的角度要多样化,不要拘泥于标准和模式。

研究案例六

地理三篇教学设计与实施过程

【课题】地球的运动

【课型】新授

【新课标要求】

（1）运用地球仪或软件，演示地球的自转运动，说出地球的自转方向、周期。

（2）结合实例，说出地球自转产生的主要自然现象及其对人类生产生活的影响。

（3）运用模型或软件，演示地球的公转运动，说出地球的公转方向、周期。

（4）结合实例，说出地球公转产生的主要自然现象及其对人们生产生活的影响。

【教材分析】

在"地球的自转"和"地球的公转"两个标题中，考虑到学生的实际，紧扣教学目标，分别按"阅读感知与了解—解释说明与理解—活动体验与应用"的结构层次关系，以图文结合的形式，设置了叙述式课文、阅读材料和活动式课文内容。

【学情分析】

这节内容涉及很多学科的知识，综合性很强，空间概念又较多，对学生的空间思维要求较高，学生很难直接感知；对于刚从小学毕业的七年级学生来说，其抽象思维能力还较差，在学习时会感到很困难，不容易理解，因此在教学中应该积极运用一些直观的教具帮助学生理解。

【教学目标】

（1）会用地球仪演示地球的两种运动——自转运动和公转运动。

（2）能够说明地球自转和公转的方向、周期。

（3）能够解释地球自转和公转所产生的地理现象。

（4）能够结合日常生活中的实例，说明其与地球运动的关系。

【教学重难点及突破方法】

教学重点： 地球运动产生的地理现象。

教学难点： 能够结合日常生活中的实例说明其与地球运动的关系。

突破方法： 利用地球仪演示、多媒体动画模拟地球运动，让学生通过观察描述并归纳出地球运动的特点及产生的现象。

【教学过程】

《地球的运动》第1课时

【教学目标】

（1）了解地球自转的方向和周期，会使用地球仪演示地球的自转运动。

（2）能解释昼夜更替现象和时间差异现象。

【教学重难点】

（1）地球自转的特征及其地理现象。

（2）昼夜交替和时间差异产生的缘由。

构建学习场一：创设情境

通过视频让学生认识时间差异，了解地球的运动，导入新课。

[设计意图]能够有效吸引学生，从而激发学生的求知欲和学习兴趣，使其主动探索新知。

构建学习场二：自主探究——地球自转的基本情况

导入语：时间的差异是由地球自转造成的，那地球自转的方式是怎样的呢？还会产生哪些现象？

任务：学生自主阅读教材第11页正文第1、2段，完成1—8题。

方法：①自主阅读课本，尝试填写学案；②班内分享；③相互点评，教师点拨。

> 1.太阳每天＿＿升＿＿落，＿＿＿＿也随之交替，这种自然现象是地球的＿＿＿＿造成的。
>
> 2.地球的自转是指地球绕着＿＿＿＿的旋转运动。（地球自转的旋转中心）
>
> 3.地球自转的方向是自＿＿向＿＿。（地球自转的方向）
>
> 4.自转一周的时间约为＿＿小时，也就是＿＿＿＿。（地球自转的周期）
>
> 5.地球是一个不透明的球体，在任何时刻，太阳只能照亮地球的一半。被太阳照亮的半球是＿＿＿＿＿；未被太阳照亮的半球是＿＿＿＿。（昼夜交替现象）
>
> 6.地球不停地自西向东转，昼夜也就不停＿＿＿＿。（地球自转现象1：昼夜更替）
>
> 7.自＿＿方迎来黎明的曙光，自＿＿方送走黄昏的日落。（地球自转现象2：日月星辰东升西落）
>
> 8.地球上不同＿＿＿＿的地方，出现了＿＿＿＿的差异。（地球自转现象3：时间差异）

教师点拨：

利用地球仪演示：①地球自转的旋转中心；②地球自转的方向，从侧面、北极、南极三个视角看地球自转的方向（可概括为"自西向东，北逆南顺"）。

[检测方法] 下面正确反映地球自转方向的是（　　）

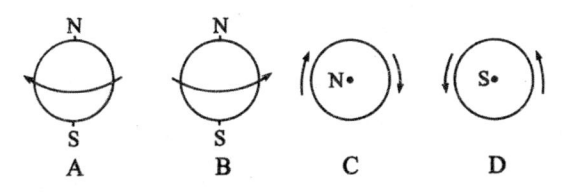

[设计意图] 学生自主阅读教材,初步了解地球自转运动的基本概况。教师演示地球自转,重点强调自转方向以及在不同视角下自转方向的绘制方法。

构建学习场三：小组共研,演示实验——地球自转产生的自然现象

导入语：我们在初步了解地球运动的基本特点后,知道地球运动是宏观运动。我们用地球仪为大家演示地球的自转运动,请同学们仔细观察产生的现象。

【任务一】模拟地球自转,观察昼夜更替现象。

方法：按照下列步骤演示地球自转运动,并观察现象。

1.当阳光照亮中国时,中国和美国的昼夜情况分别是怎样的？

2.将地球仪转动180°后,观察：中国和美国的昼夜情况分别是怎样的？

3.再次将地球仪转动180°后观察：中国和美国的昼夜情况分别是怎样的？

4.产生了什么现象？

【任务二】模拟地球自转,观察时间差异现象。

图5-6-1

方法：按照下列步骤演示地球自转运动并观察现象。

1.当阳光照亮中国时,观察中国、美国、英国：

哪个国家正值正午（12点）？

哪个国家正值子夜（24点或0点）？

哪个国家处于清晨（6点）？

2.产生了什么现象？

小组展示：一边利用地球仪演示,一边口述结论。

教师点拨：①观察地球仪上的中国、美国、英国,是由于纬度还是经度差异造成了时间的差异？②展示中国地图,东端太阳初升,时间早；西端点点星辰,时间晚。

构建学习场四：小组共研——一天中太阳的高度与影子的长短

导入语：展示动画，白天太阳东升西落，夜晚星星、月亮东升西落。

由于太阳东升西落，造成了一天中太阳高度的变化。

【任务一】观看视频，描述一天中太阳的朝向和高度。

方法：①自主观看视频，尝试描述；②组内交流，修改补充；③班内展示；④小组互评，补充完善。

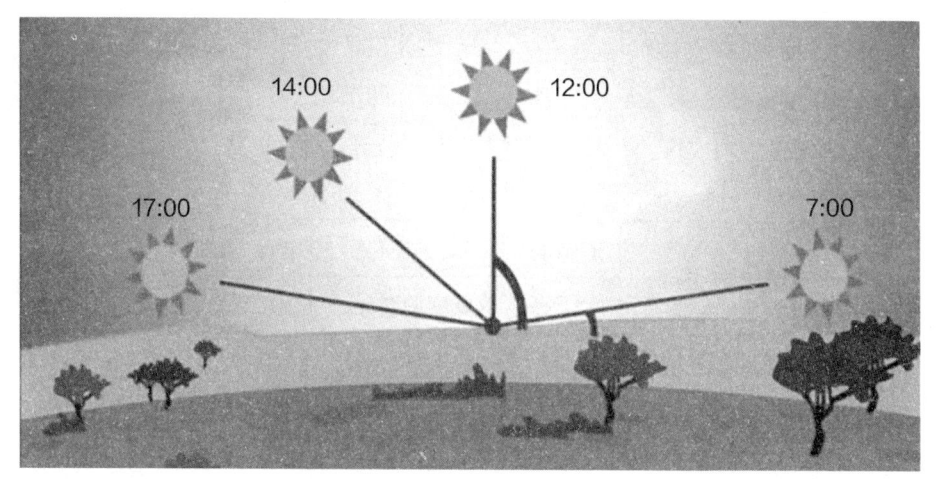

图 5-6-2

【任务二】阅读以下示意图，说明太阳高度与影子长短的关系。

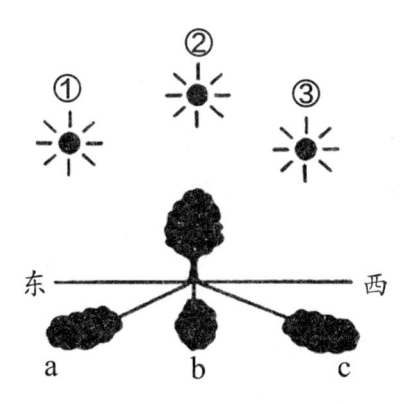

图 5-6-3 树影变化与太阳照射示意图

方法：①自主观看视频，尝试描述；②组内交流，修改补充；③班内展示；④小组互评，补充完善。

[检测方法] 踩影子游戏（比赛谁先踩到对方的影子）你玩过吗？某天，小明和同学在室外玩踩影子游戏。据此回答1、2题。

1.仅从影子长短考虑，下列最容易被对方踩到影子的时间是（　　）

A. 上午8:00　　B. 上午10:00　　C. 中午12:00　　D. 午后14:00

2.一天中与身影长短变化有关的现象是（　　）

A. 地球公转　　　　　　　　B. 地球自转

C. 四季更替　　　　　　　　D. 二十四节气

教师根据学生答题情况进行解释说明，引导学生反向思考。

中午12点	太阳高度最高，物体影子最短，最难踩到
距离12点远近	太阳高度越低，物体影子越长，越容易踩到

[设计意图] 视频可以让学生直观地看到一天中太阳东升西落的连续过程中太阳的高度和方向；示意图可以帮助学生观察太阳东升西落对物体影子长短和朝向的影响。

《地球的运动》第2课时

【教学目标】

（1）了解地球公转的概念。

（2）知道地球公转产生的现象。

（3）理解二分二至日地球受到太阳照射的不同情况及形成原因。

（4）了解地球五带的形成及划分界限。

【教学重难点】

昼夜长短的变化和太阳高度的变化产生四季变化和五带。

【教学过程】

构建学习场一：创设情境

播放四季交替的影片。

[设计意图] 点明课题：一年四季是由地球公转造成的。

构建学习场二：自主探究——地球公转的基本情况

导入语：春夏秋冬四季轮回，是由地球公转造成的，那地球公转的方式是怎样的呢？还会产生哪些现象？

【任务】阅读教材第13页，正文第1—3段，完成1—5题。

方法：①自主阅读课本，尝试填写学案；②班内分享；③相互点评，教师点拨。

---

1. 地球在自转的同时，还围绕_____不停地公转。（公转的旋转中心）

2. 地球公转的方向与自转方向一致，也是自____向____，公转一周的时间是_____。（公转的方向和周期）

3. 地球公转时，地轴是_____的，而且它的空间指向保持_____。(公转的特征）

4. 以____半球为例，_____日前后一段时间，地面获得的太阳光热较____，形成____季；_____日前后一段时间，地面获得的太阳光较____，形成____季；_____日和_____日前后一段时间，地面获得的太阳光热比夏季少，比冬季多，分别形成____季和____季。（四季）

5. 南半球季节与北半球_____。

教师点拨：地球公转的方向是自西向东，在学案中绘制地球公转方向。

地轴是倾斜的，指向北极星，这造成地球在围绕太阳公转过程中太阳直射点的移动。我们根据太阳直射点的位置，重点认识二十四节气中的二分二至日。

[设计意图] 学生自主阅读教材，初步了解地球公转运动的基本概况，学会绘制地球公转方向。

学习型课堂：
新时代教育改革的系统化经验

构建学习场三：小组共研——对比"节气"和"季节"

导入语：地球公转产生了四季变化，我国古人通过长期生活实践，又将四季细分为二十四节气，初中阶段重点认识其中特殊的四个（二分二至日）。

【任务一】认识二分二至日：阅读课本第13页图1.18"地球公转示意图"，填写表格。

方法：①自主阅读地图，尝试填写学案；②组内交流，修改补充；③班内展示；④小组互评，补充完善。

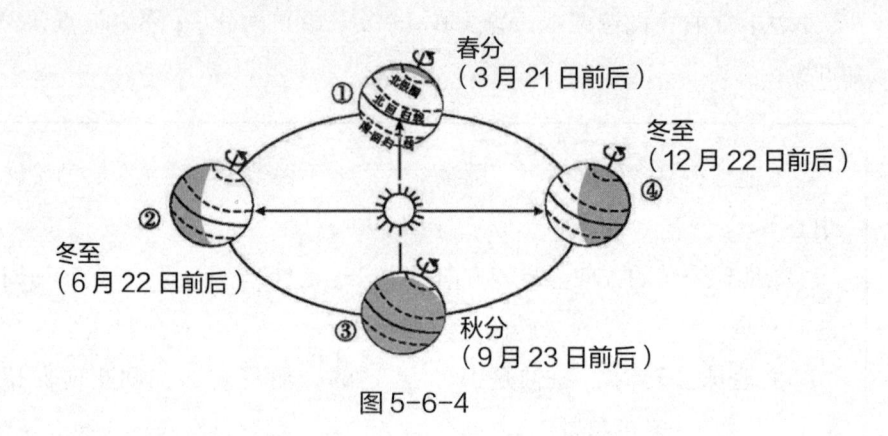

图5-6-4

表5-6-1

	节气	日期	太阳直射点
①	春分	___月___日	_____
②	夏至	___月___日	_____
③	____	___月___日	赤道
④	____	___月___日	南回归线

教师点拨：播放地球公转视频，引导学生从动态视角观察地球公转过程中太阳直射点的移动。

【任务二】认识四季：阅读课本正文，结合生活实际，说出春夏秋冬四季具体的月份。

方法：春分日前后的3、4、5月为___季，夏至日前后的6、7、8月为___季，秋分日前后的9、10、11月为___季，冬至日前后的12、1、2月为___季。

南半球季节与北半球相反。

教师点拨：举例解释南北半球季节相反的含义，如北半球是夏季时南半球是冬季等。

表5-6-2 利用表格对比节气和季节

节气（一天）	季节（三个月）
春分3月21日前后	春季（3、4、5三个月）
夏至6月22日前后	夏季（6、7、8三个月）
秋分9月23日前后	秋季（9、10、11三个月）
冬至12月22日前后	冬季（12、1、2三个月）

[学以致用]

冬至日吃水饺，冬季不冻耳朵。

判读哪个是节气，哪个是季节？

[设计意图] 通过阅读地图，认识二分二至日的位置、日期、太阳直射点。利用表格对比"节气"和"季节"两个基本概念，并利用生活场景加以解释说明。

构建学习场四：小组合作——一年中昼夜长短的变化（以北半球为例）

导入语：愉快的假期，热闹的广场。

每晚7点，小区的广场舞准时开始。请帮老师在以下照片中找出哪张是暑假拍摄的、哪张是寒假拍摄的，并解释判断依据。

图5-6-5

图5-6-6

地球公转运动造成一年中昼夜长短的变化。下面我们分两种情况讨论，如何判读某天昼夜的长短情况。

【任务】判断昼夜长短情况。

方法：①自主阅读示意图，尝试说出昼夜长短的情况；②组内交流，修改补充；③班内展示；④小组互评，补充完善。

情况一：二分二至日

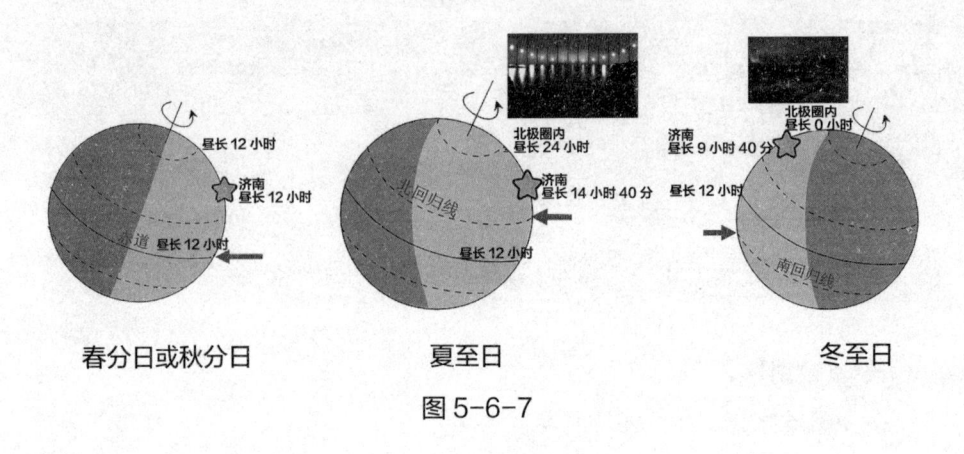

春分日或秋分日　　　　　夏至日　　　　　　　冬至日

图 5-6-7

情况二：除去二分二至日的任意一天

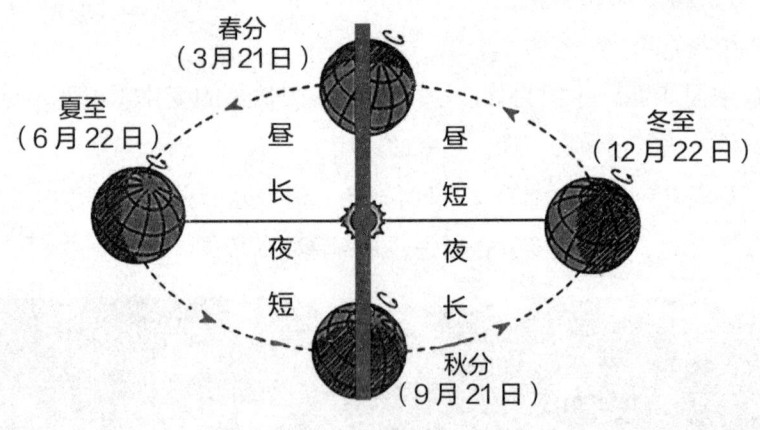

图 5-6-8 地球公转示意图

[检测方法] 分别说出5月1号、7月1号、10月1号、1月1号的昼夜长短情况。

[设计意图] 通过阅读示意图和济南昼长时间,能说明一年中昼夜长短的变化,并判读某日济南昼夜长短的情况。

构建学习场五:小组合作——一年中,正午太阳高度的变化(以北半球为例)

导入语:地球自转运动会造成一天中太阳东升西落,在正午12点太阳高度达到一天中的最高点。由于地球公转运动,一年365天,每天正午12点的太阳高度又发生了变化。

【任务】阅读示意图,认识一年中正午太阳高度的变化及影子长短。

方法:①自主阅读示意图,尝试说出正午太阳高度的变化;②组内交流,修改补充;③班内展示;④小组互评,补充完善。

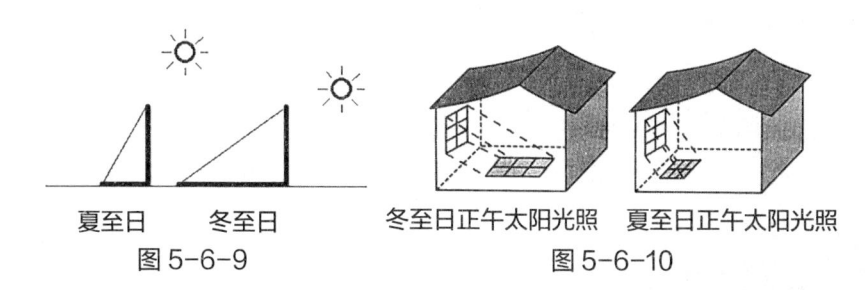

夏至日　　冬至日
图 5-6-9

冬至日正午太阳光照　　夏至日正午太阳光照
图 5-6-10

[学以致用] 谁夺走了我的阳光?

今年6月中旬,张先生在济南买了一套带有小院的别墅。经过半年的精心装修,在12月末终于入住。入住后却发现,看房时小院内阳光充足,才过几个月,阳光全被前排楼房挡住了,为此他感到特别困惑。

6月,济南正午太阳高度_____,物体影子_____。
12月,济南正午太阳高度_____,物体影子_____。

前排楼房　　张先生家
图 5-6-11

[检测方法]

家住济南的小明善于观察。他一年中在不同时期观察并记录了当地正午时刻教室内的光照情况,四幅图中最有可能记录冬至日的情况的是图____。

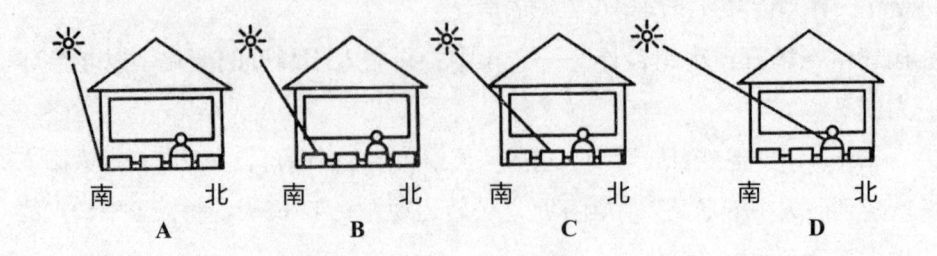

A　　　B　　　C　　　D

[知识扩展] 播放视频:故宫奇景,冬至日正午时分,乾清宫"正大光明"牌匾下的五条金龙会被阳光"点"亮。

[设计意图] 根据示意图,说明正午太阳高度的变化以及其与物体影子长短的关系。

构建学习场六:小组合作——五带

【任务】阅读教材第14页中的图1.19"地球上的五带",完成1、2题。

方法:①自主阅读教材中的地图,尝试指出五带的位置和特征;②组内交流,修改补充;③班内展示;④小组互评,补充完善。

1. 认识五带

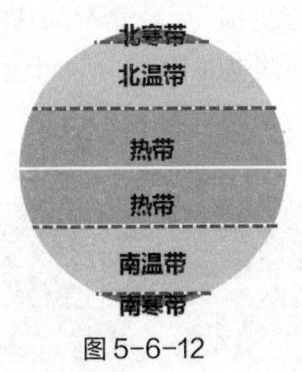

图5-6-12

表5-6-3

	五带名称	特殊现象	气候特征
C	____带	极昼极夜	气候终年_____
B	____带		四季分明
A	热带	太阳直射	气候终年_____
D	____带		四季分明
E	____带	极昼极夜	气候终年_____

2.认识五带的分界线

（1）热带与北温带的分界线是_____，纬度是_____。

（2）热带与南温带的分界线是_____，纬度是_____。

（3）北温带与北寒带的分界线是_____，纬度是_____。

（4）南温带与南寒带的分界线是_____，纬度是_____。

教师点拨：对比五带划分与低、中、高纬度划分。

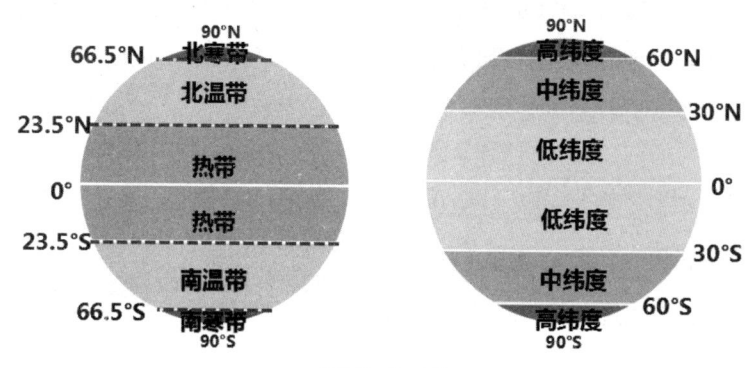

图 5-6-13

五带的分界线是南回归线、北回归线（南纬23.5°、北纬23.5°）和南极圈、北极圈（南纬66.5°、北纬66.5°）。

低纬度、中纬度、高纬度的分界线是30°和60°。

[检测方法]

1.小明说："我的家乡四季分明，夏季非常炎热，常下雨；冬季非常寒冷，元旦还有可能下雪呢！"小明的家乡可能在（　　）

A.北寒带　　　　B.北温带　　　　C.热带　　　　D.南温带

2.小林说："我的家乡在北半球，无太阳直射现象，气候终年寒冷，有极昼极夜现象。"其家乡位于（　　）

A.南温带　　　　B.北温带　　　　C.热带　　　　D.北寒带

教师点拨：四季分明，确定为温带；需要进一步确定的是它是在北温带还是南温带。元旦（1月1号）还可能下雪，证明为北半球，因为北半球的冬季为12月、1月、2月，所以应选B（北温带）。

[设计意图] 通过阅读地图，指认五带的位置和分界线，描述五带的特点。

【教学反思】

"不识庐山真面目，只缘身在此山中。"地球的运动作为宏观运动，学生不太好理解，教师可在课堂教学中，利用地球仪模拟地球运动，搜集视频及图片资料，丰富学生感知。通过模拟实验和读图分析，归纳地球自转运动和公转运动的特点以及相应产生的地理现象。

地球运动造成的地理现象与我们的日常生活息息相关，但容易被学生忽略。在学生掌握基本规律的基础上，通过"学以致用"环节，模拟生活场景，让学生运用地理知识解释现实问题，达成课标要求；同时让学生感受到学习知识是为了更好地为生活服务。

【学科】地理

【课题】海陆的变迁

【课型】新授

【新课标要求】

（1）结合实例，说明海洋和陆地处于不断的运动变化之中。

（2）结合实例，说出板块构造学说的基本观点，并解释世界上火山、地震带的分布与板块运动的关系。

【教材分析】

本节教材以海陆变迁为主题，包括三个标题——"沧海桑田""从世界地图上得到的启示""板块的运动"，着重阐明了大陆漂移说和板块构造学说的基本观点。

相对于第一节七大洲和四大洋的"静"，这一节阐述了地球表面的"动"。

本节教学内容有两大特点。

一是在教授学说基本内容的同时，贯穿学科发展史及科学探索精神的培养。

二是强调以求证和探索的思路来组织教学内容。教学活动围绕基本观点，以实例举证、实例解释和实证分布为主。

【学情分析】

学生的年龄特点，决定了他们对千变万化的自然界充满好奇心，教师在教学中可设置探究性和悬念较强的问题，激发学生的求知欲；根据学生已掌握的地理知识，为学生创造自主学习的氛围。

【教学目标】

基于地理核心素养，本节课的教学目标如下。

1. 综合思维

（1）用动态的眼光，举例说明世界上海陆是不断变化的。

（2）解释板块运动与火山、地震分布的关系。

2. 地理实践力

通过观察景观图片、动画演示，亲手模拟实验，认识大陆漂移说、板块构造学说的基本内容，解释相关地理现象。

3. 人地协调观

认识火山、地震的分布规律，适应自然，合理安排生产生活。

【教学重难点及突破方法】

教学重点： 大陆漂移说及板块构造学说的基本内容。

教学难点： 理解世界著名山系及火山、地震分布与板块运动的关系。

突破方法：

1.展现"动"之力量

（1）利用海洋生物化石，展现海陆变迁。

（2）利用动画模拟大陆漂动。

（3）利用海绵块演示板块运动。

2.学科素养提升

（1）地图是地理学科的第二语言，利用读图、拼图、指图，提取信息，落实知识，提升技能。

（2）学习对生活有用的地理知识，利用所学的理论知识解释自然现象。

3.德育渗透，美学培养

（1）通过魏格纳为了寻找大陆漂移证据献出宝贵生命的感人事迹，普及学科发展史，培养善于发现、勇于探求真理的科学精神。

（2）在总结全课时，利用8个关键数字串联音符，对学生进行跨学科美育，同时渗透思想启迪。

【教学过程】

表5-6-4

教学环节	教师活动	学生活动	基于核心素养的设计思路
创设情境 导入新课	[课前准备]每个小组内放置一块海洋生物（鱼类或三叶虫）化石。 [大胆假设]寒假期间，老师在济南南部山区游玩时发现了几块奇怪的石头，请同学们帮老师鉴定下这些石头的神秘之处。 [验证结论]播放视频：我国范围内海陆变迁模拟动画。 [导入新课]引导设问：你还知道哪些海陆变迁的例子？	观察化石，尝试说出： 1. 化石里有哪种生物？ 2. 它们曾经生活在哪儿？ 3. 现在它们的遗迹是在哪里被发现的？ 4. 说明济南经历了怎样的地质过程？ 观看视频，验证结论。	通过亲手触摸，带入真实情境，感受海陆变迁的神奇。 通过亲手触摸，带入真实情境，感受海陆变迁的神奇。
海陆变迁	展示任务清单，提出学习要求： 1. 自主探究。（1分钟） 自主阅读教材第37、38页的图文资料，分析3个实例的海陆变化情况及原因。 2. 合作共研。（2分钟） 3. 风采展示。	1. 根据任务清单自主学习。 2. 小组讨论：组员每人选择一个实例进行说明，组长及时点评修正。 [小组展示]以小组为单位，分任务说出结论。 [评价计分]用奖励贴为组牌点亮小星星。	1. 在自主学习的基础上开展小组讨论。 2. 组长负责组织，每位组员做到任务明确、人人参与。

续表

教学环节	教师活动	学生活动	基于核心素养的设计思路
大陆漂移说	[情境短剧] 偶然发现，大胆想象 穿越时空隧道，去探访伟大的地理科学家魏格纳。 学生扮演魏格纳，从地图中抓取非洲和南美洲的轮廓图，然后进行拼合，直观展现两大洲的轮廓具有相似性，大胆猜测：两个大洲以前会不会是连在一起的？	观看短剧，注意观察非洲与南美洲的轮廓可拼合。	小演员通过描画、抓取、拼合动作，直观展现两大洲的轮廓具有相似性。
	【探究任务1】科学求证 展示任务清单，提出学习要求： 自主阅读教材39~40页相关图文资料，分析大陆漂移说的3个证据。 [过渡语] 建立学说 善于发现→科学求证→著书立作	根据任务清单，开展自主学习，说出非洲和南美洲具有3个方面的相似性。 1. 轮廓相似。 2. 古地层相似。 3. 动物相似。 以上是两个大洲曾经连在一起的证据。	教材图文资料较为直观，学生通过自主学习可完成探究任务。
	【探究任务2】阐述内容 环节1：播放大陆漂移模拟动画。 环节2：自主阅读教材第39页图文资料，概括说出大陆漂移的3个阶段。	根据任务清单开展自主学习，概括说出大陆漂移的3个阶段：一块大陆，漂移分离，现代七大洲、四大洋。	
	[播放视频] 继承发展 魏格纳提出的大陆漂移说，颠覆了人们的传统认知，甚至受到了其他科学家的嘲笑。魏格纳就此放弃了吗？ 播放有关魏格纳生前最后一次科学考察的短视频，了解后人在其学说基础上提出板块构造学说。	观看视频。	用事实说明科考条件之艰险，让学生能真切体会魏格纳为探索真理百折不挠的精神。

续表

教学环节	教师活动	学生活动	基于核心素养的设计思路
板块构造学说	【探究任务1】学说内容 展示任务清单,提出学习要求: 环节1:自主探究。(1分钟) 自主阅读教材第41页正文,了解板块构造学说的基本内容。 环节2:合作共研。(4分钟) 动手拼贴——六大板块拼图 阅读教材第42页图2.22"六大板块分布",利用小组资料包完成任务: 1. 小组一起拼贴六大板块。 2. 填写六大板块名称。 环节3:风采展示。 环节4:读图观察。 [把握细节,对比区分] 1. 全部位于海洋的板块是哪个? 2. 印度洋板块的构成。 [初识运动方向] 板块构造学说提出板块是不断运动着的,读图观察板块的运动方向。 张裂运动　　碰撞挤压 过渡语:板块运动会造成哪些地理现象?	[自主学习]阅读正文,填写学案相关内容。 [手写展示]上台在大屏幕上手写答案。 [小组活动]动手拼贴。 [作品展示]展台投影展示。 [小组互评]在展台下用红笔批阅,展台投影批阅结果。 [读图观察] 1. 对比六大板块与七大洲、四大洋的区别。 2. 初步认识板块间的两种运动方向。	1. 在自主学习的基础上开展小组活动。 2. 动手拼贴,落实位置和名称,感受板块是分离的、可运动的。 3. 进行读图训练。
	【探究任务2】学以致用 展示任务清单,提出学习要求。 环节1:自主探究。(1分钟) 自主阅读教材第43页正文,认识板块的两种运动方向和两大火山地震带。	[自主学习]阅读正文,填写学案相关内容。	1. 在自主学习的基础上开展小组活动。

· 224 ·

续表

教学环节	教师活动	学生活动	基于核心素养的设计思路
板块构造学说	环节2：合作共研。（4分钟） [动手模拟，预言未来] 结合教材第43页图2.24，利用海绵块模拟板块运动方向，解释相应地理现象。 环节3：风采展示。 环节4：读图分析。 展示两大山系（阿尔卑斯—喜马拉雅山系和科迪勒拉山系），读图分析其成因。	[小组活动]动手模拟。利用海绵块模拟板块运动方向，并预测： 1.红海面积将会…… 2.地中海面积将会…… 3.喜马拉雅山脉的高度将会…… [模拟演示]组员每人选择一个实例进行演示，组长总结。 [学生展示]在大屏上指认两大山系的位置，并利用海绵块模拟两大山系的成因。	2.通过动手模拟，感受板块间的动态过程（大地的撕裂和山脉的隆起）。 3.读图指认位置，模拟成因，提升相关技能。
	【探究任务3】火山、地震分布与板块运动的关系 环节1：读图指认位置关系。 教师引导：在板块交界处，或发生张裂运动，或发生碰撞挤压运动，地壳不稳定，易发生火山和地震。 [对比总结]板块交界处地壳活跃，板块内部地壳稳定。	[学生活动]读图分析。 [学生展示]在大屏上指认两大火山地震带的位置，并指图说出两大火山地震带的分布与板块运动的关系。	（1）读图指认位置，分析相互关系，提升相关技能。

续表

教学环节	教师活动	学生活动	基于核心素养的设计思路
板块构造学说	环节2：学以致用，解释现象。 [材料分析]2022年1月15日，汤加附近海域突发火山喷发，威力堪比1000颗广岛原子弹，其形成的蘑菇云在太空中肉眼可见，全境陷入"失联"状态。 [对比分析]济南少有火山地震的原因。 环节3：联系生活，避震常识。 [读图识情]教师指图介绍，我国西南的云南、四川、西藏等省（自治区），位于地中海—喜马拉雅火山地震带；东南的台湾、福建等省，位于环太平洋火山地震带，因此我国多发地震灾害。 [缅怀汶川]展示汶川地震图文资料。 在一串串冰冷的数字背后，我们失去的是一个个鲜活的生命，破碎的是一个个温馨的家庭。 缅怀遇难同胞，提升防震意识。 [避震常识] （1）模拟地震，逃生自救。 （2）播放视频，普及地震逃生常识。	[学生活动]读图分析。 [学生展示]读图说出： （1）汤加火山喷发的原因：位于板块交界处，地壳活跃。 （2）济南少有火山地震活动的原因：位于板块内部，地壳稳定。 [学生活动] （1）模拟突发地震该如何在教室内自救。 （2）观看视频。	（2）解释地理现象，巩固基础知识，提升解决现实问题的能力。 （3）通过读图认识我国是一个多发地震的国家。 （4）缅怀汶川地震，珍视生命，提升防震意识。 （5）自检学生求生技能。 （6）观看视频，普及逃生知识。

226

续表

教学环节	教师活动	学生活动	基于核心素养的设计思路
知识总结与梳理	（1）展示思维导图。 （2）利用8个关键数字串联音符，进行思想启迪。 　海陆变迁　大陆漂移　板块运动 ♪ 3　3　　3　3　　6 2 3 2 （海陆变迁的三个原因、三个证据，大陆漂移的三个证据、三个过程，板块运动的六大板块、两种运动方向、解释三个实例、两大火山地震带） 这段乐章只是人类文明进步的一小段，一代代科学家在前人的基础上努力奋斗、倾尽所有，甚至付出生命的代价。我们要学习魏格纳为探求真理而百折不挠的精神，更要落实在行动中，平日要踏实肯学。	[学生活动] 自主回顾。 [学生展示] 说出8个关键数字所代表的具体内容。	回顾小结。提供科学探究方法，进行跨学科美育与思想启迪。
应用训练真题模拟	同学们对2018年中国主要地震分布作了如下解释，其中正确的是（　　） A. 主要位于板块内部 B. 主要位于板块交界处 C. 全部位于环太平洋火山地震带 D. 全部位于地中海—喜马拉雅地震带 地震发生时如果正在屋内，下列做法中错误的是（　　） A. 首先打开房门并远离窗户 B. 躲在坚固的床或桌下，等震动暂停时再离开房屋 C. 不等地震停止立即冲出去 D. 利用身边的棉坐垫、毛毯、枕头等物盖住头部，以免被砸伤	[学生活动] 自主答题。 [学生展示] 说答案并解析。	检测知识掌握情况。

· 227 ·

【教学反思】

相对于第一节七大洲和四大洋的"静",这一节阐述了地球表面的"动"。如何让静态的地图动起来,教师费了一番心思:①利用三叶虫化石,让学生亲手触摸海洋生物化石,感受海陆变迁的神奇;②利用自制拼图,让学生感受大地并不是完整的一块,而是由若干板块拼合而成;③利用海绵块模拟板块运动,通过海绵块的挤压和分离模拟地理现象,让学生感受山脉的隆起和大地的分裂。

在完成知识传授的过程中,进行德育渗透。通过播放魏格纳探寻大陆漂移证据的视频,让学生感受其探求科学真理的伟大精神,激发学生的求知欲。

跨学科结合,利用本节课的关键数字谱写成一段音乐简谱。这段乐谱的前半段非常平淡,后半段才展现出音乐的跌宕起伏、波澜壮阔。这就像我们的学习成材之路,只有能忍耐平日的枯燥,才能体会成功的喜悦,展现自己的才华,实现自我价值。

【学科】地理

【课题】青藏地区

【课型】复习

【课标要求】

(1)根据地图和相关资料,说出青藏地区、三江源地区的位置及其自然地理特征。

(2)结合实例,举例说明青藏地区自然地理环境特征对生产、生活的影响。

(3)举例说出三江源地区的环境问题、产生原因及环境保护的成功经验。

【教材分析】

本章包括青藏地区的自然特征与农业、高原湿地——三江源地区两节内容,主要讲述青藏地区的自然环境特征及其对生产、生活的影响,三江源地区存在的环境问题以及保护三江源的办法及意义。本部分所学区域与前面学习的其他三大地理区域具有同等地位，是对前面学习内容的复习、巩固，与其他三个地区共同构成中国区域地理的整体内容。同时，这部分内容中也贯穿了人地观和环境保护意识。

【学情分析】

这部分内容学生在新授课的学习中已经学过，有了一定的知识储备。经过两年的学习，学生已经具备了初步的分析问题、解决问题的地理思维能力，但掌握的知识较零散，新旧知识的衔接还存在一定的缺陷，对地理知识的综合分析能力还有待提高。

【复习目标】

（1）在地图上指出青藏地区、三江源的位置和范围。

（2）运用图片资料，分析青藏地区高寒的自然地理特征及给人类生产、生活带来的影响。

（3）根据图文资料，说明三江源地区是高原湿地、中华水塔的原因。

（4）根据图文资料，归纳三江源地区存在的生态问题，说出保护措施。

【教学重难点及突破方法】

教学重点：青藏地区的位置、自然特征、农业；三江源地区的位置、环境问题及保护措施。

教学难点：青藏地区高寒的自然环境对生产、生活的影响。

突破方法：借助课件、地图、图片等各种图文资料，丰富学生的感性认识，帮助学生理解青藏地区高寒的特征对农业及生活的影响。

【教学过程】

构建学习场一：创设情境

播放青藏地区及三江源地区的景观图片，丰富学生对青藏地区及三江源地区的感性认识，唤起学生对本章知识的记忆。

[设计意图] 激发学生的学习兴趣，让他们主动回忆相关知识，快速进入本节的学习。

构建学习场二：自主探究，回忆旧知，梳理基础

【任务】自主阅读课本，回忆完成下面的问题。

方法：①自主阅读课本，填写学案；②校对答案，组内交流；③相互点评，教师点拨。

第一节　青藏地区自然特征与农业

一、位置与范围

青藏地区位于我国_____部，_____山脉以西，_____山脉—_____山脉以南，南至国界。

二、自然特征

1.地形特征：青藏地区在青藏高原上，青藏高原地势高耸，平均海拔在_____米以上，是世界最_____的大高原，素有"世界屋脊"之称，显著特征是"_____，_____"。

2.河流特征：由于_____，许多山峰终年积雪，_____广布。是众多大河的_____。

3.气候特征：独特的_____气候，冬寒夏凉，年温差_____，日温差_____。

三、自然特征对生产生活的影响

1.由于海拔高，空气_____，日照_____，太阳辐射强烈，_____资源丰富。

2.青藏高原是我国的_____牧区；青藏地区气温_____，_____较长，在一些海拔_____的地区，分布着_____农业。农作物有_____、_____。

3.青藏地区生长着适应_____、_____、_____的牲畜有_____、藏绵羊、藏山羊。

4.藏族的传统服饰是_____；居民的饮食有_____、_____、_____；民居有_____和_____两种。

·230

第二节 高原湿地——三江源地区

一、三江源地区的位置与范围

三江源地区位于_____南部，是_____源区、_____源区、_____源区的总称。长江总水量的_____、黄河总水量的_____、澜沧江总水量的_____均来自这里，被誉为"_____"。

二、三江源地区的保护

1. 三江源地区是世界上海拔_____，面积_____的高原湿地，是世界上高海拔地区生物多样性_____的地区。

2. 三江源地区的环境问题有：_____加剧、_____严重、_____、_____锐减。

3. 三江源地区环境问题产生的原因：_____导致冰川萎缩、_____、_____等人类活动加快了沙漠化进程。

4. 三江源地区的保护措施：设立_____、保护区采取_____、全面禁猎、禁采砂金、_____等措施。

[检测方法] 抽查学生答题及背诵情况。

[设计意图] 学生通过自主阅读教材，唤起对本章基础知识的回忆，并进行必要的梳理和记忆。

构建学习场三：小组共研——分析青藏地区高寒的自然环境对生产、生活的影响

【任务】读图文材料，任选其一分析原因。

方法：小组合作交流，集思广益，发挥集体智慧，然后分享观点。

问题1：分析青藏地区的传统民居、传统服饰与自然环境的关系。

图 5-6-14 青藏地区的传统民居　　图 5-6-15 藏袍

问题2：思考保护三江源地区的意义。

[检测方法] 通过学生的展示，看哪些学生思考问题准确、分析全面到位。

[设计意图] 学生通过合作交流，培养合作意识，加深对青藏地区高寒的自然环境对生产、生活影响的认识，思考保护三江源地区的意义。

构建学习场四：建构体系，达标检测

教师展示青藏地区的知识框架，说明高寒的环境对青藏地区的影响，并进一步强调"高寒"是青藏地区主要的自然特征。

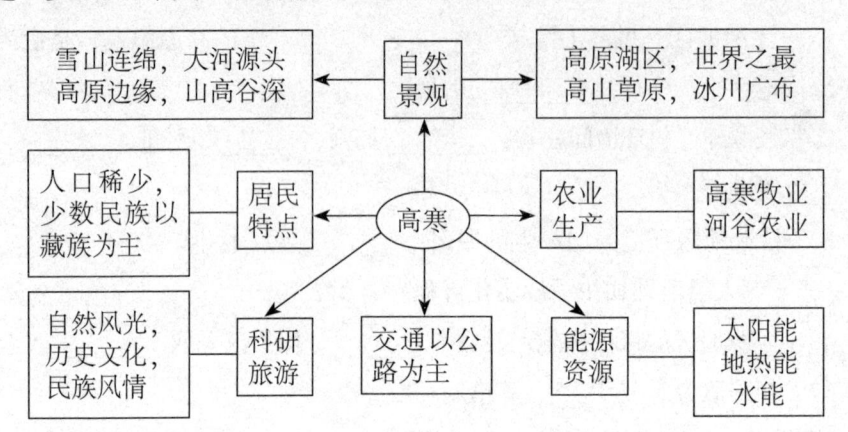

```
雪山连绵，大河源头          自然          高原湖区，世界之最
高原边缘，山高谷深  ←——  景观  ——→  高山草原，冰川广布
                              ↑
人口稀少，        居民          农业          高寒牧业
少数民族以  ←——  特点  ←—— 高寒 ——→  生产  ——→  河谷农业
藏族为主                      ↓  ↓
                              ↓
自然风光，        科研    交通以公    能源          太阳能
历史文化，  ←——  旅游    路为主      资源  ——→    地热能
民族风情                                            水能
```

1. 以下有关青藏地区的描述中正确的是（　　）

   A. 有世界上面积最大的高原

   B. 是我国气温最低、降水最少的地区

   C. 地广人稀，不存在生态环境问题

   D. 优良畜种主要有牦牛、藏绵羊等

2. 以下关于三江源地区的叙述中正确的是（　　）

   A. 位于西藏自治区　　　　B. 是长江、黄河、雅鲁藏布江的发源地

   C. 被誉为"中华水塔"　　　D. 雨水是江河的最初水源

3. 三江源是长江、黄河、澜沧江源区的总称，被誉为"中华水塔"。"中华水塔"水量最丰盈的时期，最可能出现在（　　）

   A. 1月　　　　　　B. 4月　　　　　　C. 7月　　　　　　D. 11月

4. 下列描述中反映三江源地区景观的是（　　）

   A. 雪山连绵，沼泽密布

B. 小桥流水，绿树成荫

C. 大漠孤烟，长河落日

D. 旱地麦浪，沃野千里

[设计意图] 帮助学生构建知识体系，形成整体认识，检验学生知识掌握情况，帮助他们从整体上把握本章知识。

【教学反思】

通过展示图片，本节课在导入环节丰富了学生的感性认识，唤起了学生的回忆，激发了学生的兴趣，比较成功。但在分析青藏地区的环境对人们生产生活的影响时，学生的综合分析问题能力欠缺，考虑问题不够全面，需要加强对学生学习方法的指导。

研究案例七

物理两篇教学设计与实施过程

【学科】物理

【课题】测量电压

【课型】新授

【课程标准】

  3.4.2—2 知道电压

  3.4.3—4 了解串联、并联电路电压的特点

  3.4.4—2 会使用电压表

【教材分析】

  在前面进行了电路连接、电流关系的探究活动，本节课为后一章节学习"欧姆定律"做铺垫，可以起到承上启下的作用。

【学情分析】

  学生已经学习了电流和电流表的知识，经历了串联、并联电路的连接及串、并联电路电流的实验探究过程，了解了生活中几种常见的电压值。学生自主学习了电压的单位和符号、电压表的使用方法，但对于电压概念的理解和电压表的具体使用还需要教师的指导。

【教学目标】

  （1）能说出电源的作用、电压的单位及其换算，能说出生活中一些常见电压值。

  （2）记住电压表的符号、用途；通过实验，学会正确使用电压表测量电压。

  （3）实验探究串联、并联电路中的电压规律。

【重点、难点及突破方法】

教学重点

（1）电压表的使用。

（2）进行实验探究，得出串联、并联电路中电压的关系。

教学难点

对电压的理解，电压表的使用。

突破方法

（1）采用学生易于理解的水压进行类比教学，帮助学生理解电压的概念。

（2）学生先自学电压表的使用，再与电流表的使用进行对比，对照理解和记忆，学会知识的迁移，可以更快掌握电压表的使用。

（3）利用小组分工合作进行实验探究，先通过测量电源电压熟悉电压表的使用，再探究串联电路和并联电路电压的规律，教师可深入小组观察指导。

【教学过程】

课前预习

活动要求：独立完成（10分钟），阅读教材第81至83页，完成预习内容。

【活动一】预习检测

活动要求：①学生独立完成；②将答案写到演草本上；③时间为3分钟。

1.电压用字母___表示，国际单位是_____，简称___，符号是___。

2.一节干电池提供的电压一般是_____V，我国家庭电路的电压是_____V。对人体的安全电压是_____V。

3.电压表在电路图中的符号是_____。

4.如右图，在不知道选用哪个接线柱的情况下，右侧电压表的读数可能是_____V或_____V。

[设计意图] 学生通过以上习题检测自己预习的效果，标定自己听讲的重点，既能培养学生的自学能力，又能提高学生的听课效率。

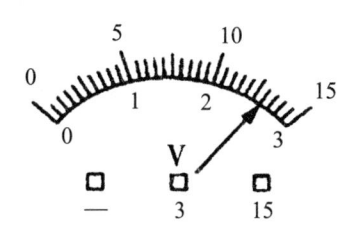

【活动二】认识电压、电压表

导入语：下面根据初二教材中有关水压的内容，类比学习电压。

（根据你的理解，说一说：①电压是什么？②电路满足哪些要求才能有电流流过？）

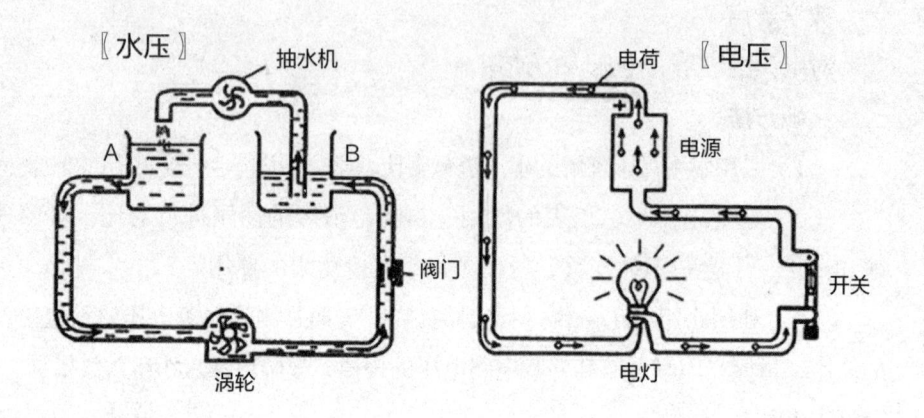

〖水压〗 抽水机 A B 阀门 涡轮

电荷 〖电压〗 电源 电灯 开关

活动要求：①独立完成填空；（2分钟）②合作交流；（1分钟）③共研展示。（2分钟）

学习电压表的使用，完成下列表格。

电流表 Ⓐ	电压表符号 _____
与被测电器串联	与被测部分电路 ____ 联
电流从"+"接线柱流入，从"-"接线柱流出	电流从"____"接线柱流入，从"____"接线柱流出
电流不要超过电流表的量程	被测电压 _____ 超过电压表的量程
不能与电源直接相连	____ 与电源两极相连

[设计意图]

（1）将电压的概念类比水压，学生能更加容易地理解电压驱动电荷形成电流。

（2）电压的测量工具——电压表的使用，与电流表的使用进行对比，

·236·

既巩固旧知，又能根据新旧知识的异同，更快地掌握新知。这是学习的正迁移，学生能更加清楚地认识电流表和电压表的使用需要注意的问题，既有利于掌握知识，又优化了教学时间的安排。

【活动三】测量电源两端的电压

活动要求：①会连接电路的组员指导其他组员进行连接；②分工后分别进行测量，读出数据填入表格。

第1节电池两端 U_1/V	第2节电池两端 U_2/V	2节电池串联后，整体的两端 $U_总$/V

分析表格中的数据，在误差允许的范围内得出结论：

串联电池两端的总电压_____每节电池两端电压的总和（选填"等于"或"不等于"）。

计算公式为：_____

[设计意图] 这是本节课的第一个实验探究问题，也是比较简单的动手操作环节，由此学生可以熟悉电压表的连接和使用，得出电池串联电源电压与每节电池电压的关系。

【活动四】测量串联电路的电压

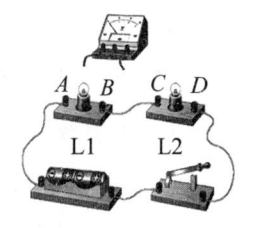

活动要求：①会连接电路的组员指导其他组员进行连接；②分工后分别进行测量，读出数据填入表格。

U_{AB}/V	U_{CD}/V	U_{AD}/V

分析表格中的数据，在误差允许的范围内，得出结论：

串联电路两端的电压_____各部分电路两端电压的总和。（选填"等于"或"不等于")

计算公式为：_____

[设计意图] 学生通过连接串联电路，进一步熟悉电压表测电压的操作，并得出串联电路电压的规律。当然由一组数据得出结论可能具有偶然性，需要利用其他组的数据共同完成。

【活动五】测量并联电路的电压

活动要求：①会连接电路的组员指导其他组员进行连接；②分工后分别进行测量，读出数据填入表格。

U_{AB} / V	U_{CD} / V

分析表格中的数据，在误差允许的范围内得出结论：

并联电路中各并联支路两端的电压都_____。（选填"相等"或"不相等"）

计算公式：_____

[设计意图]

（1）学生连接并联电路，进一步熟悉电压表测电压的操作，并得出并联电路电压的规律。

（2）由一组数据得出结论可能具有偶然性，需要利用其他组的数据共同完成，得出普遍规律。

（3）如果时间充裕，可以引导学生分别测量A、C之间和B、D之间的电压，通过数据比较得出同一根导线上两点之间的电压为0的结论。

【活动六】反思与回顾

今天你们小组学到了哪些知识？有哪些困惑？

【当堂训练】见学案及课件

【教学反思】

本节课的电压概念教学比较顺利；学生虽然通过自学知道了电压表的使

用规范，但是操作的时候比较生疏，对连接的顺序比较盲目，教师应该给予指导，强调按照一定的顺序连接电路。探究过程中，学生连接完电路发现灯泡不亮，这是常见的与期望不同的现象，教师要引导学生分析灯泡不亮的原因，提高学生解决电路故障的能力以及发现问题、分析问题和解决问题的能力。

【学科】物理
【课题】探究电路
【课型】复习
【教材分析】

　　根据课标要求，本章在知识与技能方面，是要求学生认识电阻，学会使用常见的变阻器（滑动变阻器和变阻箱）；通过实验探究，认识影响电流大小的因素，理解欧姆定律并能将其应用于解决简单的电路问题；了解家庭电路的构成；正确使用测电笔；知道安全用电常识。在科学探究方面，突出猜想与假设、设计实验、分析与论证、评估等环节，同时让学生进一步学习利用"控制变量法"研究物理问题，并向学生介绍用"图线法"分析实验数据的方法。归纳物理规律，让学生经历基本的科学探究过程，学习科学的探究方法，发展初步的科学探究能力，形成实事求是、尊重自然规律、乐于参与科学实践的科学态度和科学精神，增强学生与他人的协同、合作能力。

　　本章将过程与方法作为重要的培养目标之一，而探究和实验则贯穿始终。学生在学习中将会进行多方面的动手实验操作，较全面地感受科学探究过程中的若干要素，如猜想与假设、制订计划与设计实验、进行实验与收集数据、分析与论证、评估等。

　　本章教学还注重"呈现教学内容形式的多样化"。如对于安全用电常识，教师列举了日常生活的一些事例并结合图示来展示教学内容；对于电流与哪些因素有关的问题，以完成科学探索全过程的方式来展示教学内容；对于家庭电路的问题，以具体观察家庭电路实例并结合图示、实验探索来展示教学内容充分体现了"从生活走向物理，从物理走向社会"和"注重科学探究，提倡学习方式多样化"的课程理念。

根据上述思路，全章共分三节。第一节"电阻和变阻器"，主要内容包括电阻的概念、实验探究影响电阻大小的因素、变阻器及其应用。通过"信息窗"介绍几种家用电器的电阻值和不同材料电阻值的比较等内容。第二节"科学探究：欧姆定律"，主要内容分为"电流与哪些因素有关"和欧姆定律两部分，其中"电流与哪些因素有关"是按科学探究的程序来展现的，力图使学生经历基本的科学探究过程，学习科学探究的方法。第三节"家庭用电"，主要内容包括家庭电路和安全用电常识。

【学情分析】

经过十四章的学习，学生已经有了一定的电学基础，但对于本章重点"欧姆定律的理解和应用"，仍有很多学生感到困难，即便在本章知识学完之后仍会有部分学生感到困惑，所以将这部分作为本次复习课的重点，使学生进一步巩固、掌握。学完本章知识后，学生头脑中可能还没有清晰的知识结构，因此在复习课上，应该帮学生厘清各部分知识点之间的关系，使学生更好地掌握。

【教学目标】

（1）能说出或写出本章的知识体系，熟练说出本章的基础知识。

（2）结合实例，能准确判断滑动变阻器滑片滑动时电阻大小的具体变化及对电路中电流、电压造成的影响。

（3）能说出得出欧姆定律的实验过程，能熟练运用欧姆定律进行简单的分析和计算。

（4）能说出家庭电路各部分的作用，正确画出家庭电路图，有安全用电意识。

【教学重难点及突破方法】

教学重点： 滑动变阻器的使用、欧姆定律的理解和应用。

教学难点： 欧姆定律的理解和应用。

突破方法： 课前先分配小组任务，使小组有充足的时间讨论，得出最终结论。课前教师深入到各小组给予指导，课上各小组上台展示。

【教学过程】

课前预习

活动要求：学生独立或组内合作完成。（25分钟）

回顾本章内容，完成下面的基础知识的检测。

[设计意图] 督促学生回想本章内容，重拾旧知。

基础知识

（一）电阻和变阻器

1.水在水管中流动会受到阻力，同样，电荷在导体中定向移动也会受到阻力。导体对电流的阻碍作用叫_____，用字母_____表示，国际单位是_____。

2.探究电阻的大小与哪些因素有关。

（1）实验方法：_____

（2）实验现象和结论：导体电阻的大小与导体的_____、_____、_____和_____有关。

3.变阻器：认识电阻箱，认识滑动变阻器。

使用原理：通过改变连在接线柱间电阻丝的_____来改变电阻大小。

使用方法：一_____一_____串联入电路。

（二）科学探究：欧姆定律

1.在右侧方框中画出电路图。

2.实验方法：_____

3.结论。

（1）_____不变时，电流跟_____成_____比。

（2）_____不变时，电流跟_____成_____比。

4.欧姆定律。

（1）内容：_____

（2）公式及变形：$I=$_____ $U=$_____ $R=$_____

（3）单位：I＿＿＿＿　U＿＿＿＿　R＿＿＿＿

欧姆定律应用注意事项：①物理量的同一性；②物理单位的统一性；③公式的可变性。

（三）用"伏安法"测电阻

1.测量原理：用＿＿＿＿测电压，用＿＿＿＿测电流，用＿＿＿＿改变电路中电流的电压，根据公式R=＿＿＿＿求待测电阻的阻值。

2.在右侧方框中画出电路图。

3.实验中的注意事项。

（1）连接时，开关必须是＿＿＿＿的，滑动变阻器的滑片必须移动到最＿＿＿＿值。

（2）用＿＿＿＿法选择电压表和电流表的合适量程。

（3）实验中滑动变阻器的作用有：①保护电路；②多次测量求平均值，减少＿＿＿＿。

（四）电阻的串联和并联

1.电阻串联相当于增加电阻的＿＿＿＿，总电阻比每个电阻都＿＿＿＿，所以R=＿＿＿＿。

2.电阻并联相当于增加电阻的＿＿＿＿，总电阻比每个电阻都＿＿＿＿，所以1／R=＿＿＿＿。

（五）家庭用电

（1）家庭电路由入户线、＿＿＿＿、闸刀开关、＿＿＿＿、电灯和插座等构成。

（2）家庭电路中的导线有＿＿＿＿根：一根是＿＿＿＿线，另一根是＿＿＿＿线，两根线之间的电压是＿＿＿＿。用＿＿＿＿笔分辨这两根线，＿＿＿＿线能使测电笔氖管发光。

（3）正确连接电灯、电源开关和三孔插座。

（4）注意安全用电：①家庭电路的安装应符合安全用电要求；②保护好用电器的绝缘体；③不接触低压电，不靠近高压电；④能处置好触电事故。

【活动一】预习检测

活动要求：①独立完成；②将答案写在演草本上；③时间为5分钟。

导入语：昨天同学们积极回顾了本章所学内容，下面对你的预习进行检测。

1. 导体电阻的大小与导体的_____、_____、_____和_____有关。

2. 变阻器的使用原理：通过改变连在接线柱间的电阻丝的_____来改变电阻大小。

使用方法：一_____一_____串联入电路。

3. 在右侧方框中画出欧姆定律电路图。

4. 实验方法：_____

5. 结论：

（1）_____不变时，电流跟_____成_____比。

（2）_____不变时，电流跟_____成_____比。

6. 伏安法测量电阻的原理：用_____测电压，用_____测电流，用_____改变电路中电流的电压，根据公式 $R=$ _____求待测电阻的阻值。

7. 家庭电路中的导线有_____根：一根是_____线，一根是_____线，两根线之间的电压是_____。用_____笔分辨这两根线，_____线能使测电笔氖管发光。

[设计意图] 教师查看学生预习情况，及时解答学生疑惑点，为决定后面复习的侧重点提供参考。

【活动二】小组讨论前一天遗留的问题

活动要求：5分钟

导入语：A组合理分工，5分钟后小组4人共同上台，分工讲解题目，其余小组提出建议。

教师巡视提供帮助，给予指导。

学生小组4人分工，简单的题目3号和4号学生讲，1号和2号学生做补充并讲解难度大的题目。

[设计意图]①调动学生积极性；②培养合作意识。

【活动三】上台展示

活动要求：学生以小组为单位，4个人站在黑板左侧，发言人上讲台讲题，其余组员给予补充。

导入语：进入展示环节，A组上台讲题，其他组同学提出疑问并对A组的表现进行评价。

1.下图实验中是通过观察＿＿＿＿来反映接入电路中的电阻的大小，这种方法叫＿＿＿法。参考下面的表格，＿＿＿用铜丝替代镍铬合金丝进行实验（选：能/不能），理由是：＿＿＿＿＿＿＿＿＿＿＿＿。

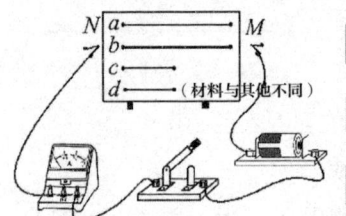

材料	电阻R/Ω	材料	电阻R/Ω
银	0.016	镍铬合金	1.09~1.12
铜	0.017	电木	10^4~10^8
铝	0.027	橡胶	10^7~10^{10}
铁	0.096		

2.小亮在"探究温度一定的条件下，导体电阻大小与哪些因素有关"的实验中，已选定了代号为"O"的导体，为了探究导体电阻与导体长度的关系，他还要选用的导体代号是（　　　）

导体代号	O	A	B	C	D
导体长度 l/m	1.5	1.0	1.5	1.0	0.5
导体横截面积 S/mm^2	1.2	3.2	1.2	1.2	1.2
导体材料	镍铬	锰铜	钨	锰铜	镍铬

3."欧姆定律"实验前注意事项。

（1）开关处于＿＿＿状态，将滑动变阻器的滑片移至阻值最＿＿＿处。否则，当连接完最后一根导线时，形成通路，两只电表会突然有读数。生活中必须先断开电源开关再连接电路，否则会有生命危险。

（2）先将电压表以外的其他元件连接成＿＿＿联状态，最后将电压表

_____连到定值电阻两端。

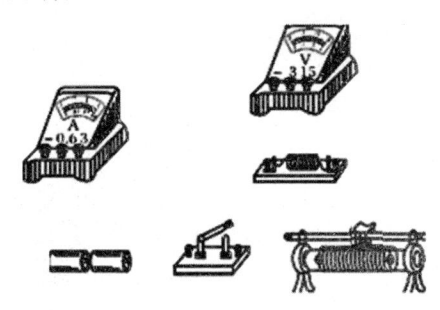

4.小明用图甲所示器材探究"电流的大小与电阻的关系"并连接了部分实验电路。

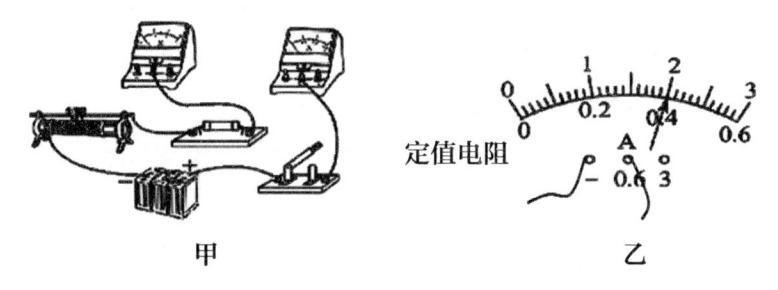

甲　　　　　乙

（1）请用笔画线代替导线，把图甲中的器材连接成完整的实验电路。

（2）小明首先选用了阻值为5Ω的电阻，电路连接无误后，闭合开关，移动滑动变阻器的滑片，当电压表的示数为2.5 V时，电流表的示数如图乙所示，此时通过的电流是_____A。

（3）小明接下来的操作是断开开关，换用10 Ω的定值电阻，需要将变阻器滑片向____（选填：左或右）移动直到电压表_____。

5.下列说法正确的打"√"，错误的打"×"。

（1）导体中没有电流通过时，其电阻为零。（　　）

（2）两电阻并联起来，总电阻比任何一个电阻都小。（　　）

（3）串联电路的总电阻大于各部分电阻。（　　）

（4）同一导体，两端电压越大，通过它的电流也越大。（　　）

6.下图是家庭电路的示意图。其中的三孔插座是专为带有金属外壳的家用电器设计的，它的电路元件符号是_____。国家标准规定：使用带有金属外壳的家用电器时，其金属外壳必须_____。三孔插座和双孔插座互不影响，所以连接方式是_____联。

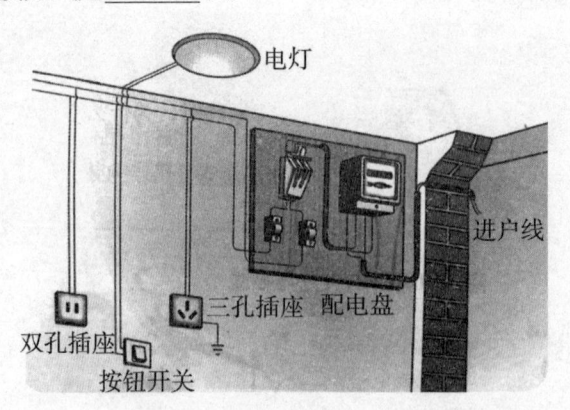

7.欧姆是德国物理学家，他在物理学中的主要贡献是发现了"欧姆定律"（即电流与电压、电阻的关系）。为了纪念他的杰出贡献，我们以他的名字作为_____（填写物理量名称）的单位，单位符号是_____；人们把历史上发明"伏打电池"的科学家_____的名字作为电压的单位；用科学家_____的名字作为电流的单位。

8.如图所示，电源两端电压U保持不变，电阻R_1的阻值为6Ω，电阻R_2的阻值为18Ω。当开关S闭合时，电压表示数为3V。求：

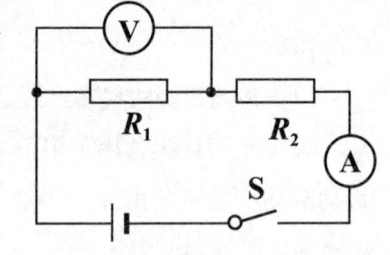

（1）电流表的示数I。

（2）电源两端的电压U。

9.如图所示电路中，电源电压恒为30V，电阻R_1为15Ω，同时闭合开关S_1、S_2时，电流表的示数为2.5 A。求：

（1）通过电阻R_1的电流。

（2）电阻R_2的阻值。

10.某小组将下面电路连接完后，闭合开关发现：小灯泡不亮，电流表无示数，电压表示数接近电源电压。

出现这种故障的原因可能是_____。

·246

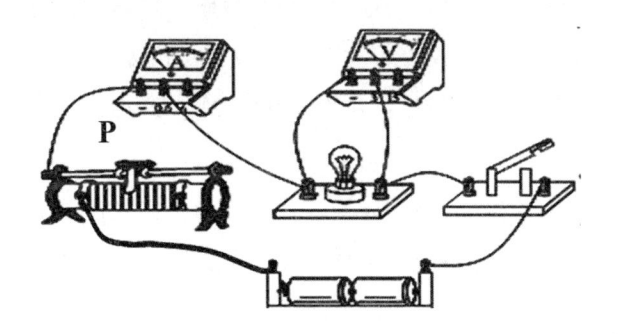

【教学反思】

（1）灵活熟练地运用"3+2"教学模式，使得模式各环节衔接有序，各要素穿插得体、融洽统一；以学生为本，让课堂"动"了起来，"活"了起来，充满活力。

（2）以"导"促学。探究是物理学科学习的核心，复习旧知识的过程也是探究新方法的过程。复习中设置了环环相扣、层层递进的4个问题，以问题导学、组长导学、教师导学、生生互动、师生互动，使学生有挑战、有感悟、有收获。

（3）找准知识的附着点、生长点，根据学生的"最近发展区"，适时引导、点拨，分层要求，尊重差异，据学而教，以学定教。

有效的课堂教学必须明确三个问题：①本节课你要把学生带到哪里？（教学目标）②你怎样把学生带到那里？（教学过程与方法）③你如何确定自己已经把学生带到那里？（学习结果评估）其中第一个问题是实现有效课堂教学的前提条件，下面谈谈教学目标的制定与"三个维度"目标的整体落实。

教学目标即课堂教学目标，是指教学活动所要达到的预期的结果。学生围绕目标学，教师围绕目标教。它是一节课的出发点与归宿，也是一节课的灵魂。美国教育学家布鲁姆说过："有效的教学始于学生期望达到的目标。"教学目标存在三种形态：①凝缩在课程标准中；②释放在教学设计中；③活跃在课堂教学中。规范的教学目标表述要注意"四个要素"，即行为主体、行为动词、行为条件、表现程度。教学目标表述的是学生的学习行为而不是教师的教学行为，所以说教学目标的行为主体是学生而不是教师，在表述时一般省略；行为动词表述应简单、准确、可检测；行为条件是指需要表明学生在什么情况下或什么范围内完成指定的学习活动；表现程度是指学生对学习目标所达到的最低水准，用以测量学生学习的结果所达到的程度。

三维目标要整体化。在教学设计中，把三维目标当作三个目标是一种普遍的理解，这导致一节课分成三个环节：先落实知识与技能目标，再落实过程与方法目标，最后留一点时间落实情感、态度与价值观目标。也有的教师把过程与方法理解为学法指导，把情感、态度与价值观的培养当成是思想感情教育的内容，并人为地把它们与知识教学割裂开来。其实，三维目标不是三个独立的个体，而是三个维度的目标互相融合的一个有机整体，具有内在的统一性，统一指向人的发展。可以说，"知识与技能"维度的目标立足于让学生"学会"，"过程与方法"立足于让学生"会学"，"情感、态度与价值观"立足于让学生"想学"。任何割裂三维目标的教学都不能促进学生的全面发展。教师必须结合教学内容，从学生的实际情况出发，确定教学目标，关注学生的全面发展，重视教学活动中三维目标的整体落实。

研究案例八

道德与法治四篇教学设计与实施过程

【学科】道德与法治

【课题】中国人 中国梦

【课型】新授

【教材分析】

《道德与法治》九年级上册第八课《中国人 中国梦》共设计了"我们的梦想"和"共圆中国梦"两部分内容,意在使学生认识到,实现中华民族伟大复兴是近代以来中华民族最伟大的梦想。现在我们比历史上任何时期都更接近实现这一目标,引导学生感受改革开放以来中国特色社会主义事业所取得的伟大成就,理解中国特色社会主义进入新时代的重要意义,明白中国共产党是中国特色社会主义事业的坚强领导核心,坚定中国特色社会主义道路自信、理论自信、制度自信、文化自信,在此基础上,明白自己所肩负的责任与使命,从而自觉将个人价值的实现与国家的发展进步结合起来,做自信的中国人。

【学情分析】

初中阶段的学生正处在世界观、人生观、价值观形成的关键时期,加强对这一年龄段学生的理想信念教育和爱国主义教育尤为重要。九年级学生正处于由形象思维向抽象思维过渡的阶段,对国家和社会的发展有认识、有感知,对未来社会的发展有感性的憧憬和梦想,对个人的发展也有美好的愿望,这是学生学习的起点。同时,九年级学生的辩证思维能力还比较弱,还不能理性、全面地看待社会的发展,对国家快速发展的原因也了解不多,对中国梦的美好蓝图、实现路径、领导力量、理论指导等内容也没有深入系统的了解。青少年学生有自己的美好梦想,但对国家和社会的发展思考不多,需要引导他们将个人梦和国家梦有机结合，将自身的成长和祖国的发展结合起来，从而为实现中华民族伟大复兴的中国梦添砖加瓦，贡献力量。

【教学目标】

（1）通过观点辨析，了解、认识实现中华民族伟大复兴的中国梦。

（2）通过对相关图表的探究，知道党和政府为实现中国梦提出的战略目标，掌握两个百年奋斗目标和两个阶段奋斗目标。

（3）通过学习习近平语录，体会国家为实现中国梦进行的努力，坚定理想信念，努力奋斗，为实现中国梦贡献力量。

（4）通过自主学习，理解中国特色社会主义进入新时代的标志、意义和指导思想。

（5）通过视频探究，体会中国人自信的底气来源，学会做自信的中国人。

【教学重难点及突破方法】

教学重点： 中国梦；中国自信

教学难点： 中国特色社会主义进入新时代

突破方法：

（1）借助视频、图表等工具创设情境，引导学生自主学习、合作探究，帮助学生认识中国梦和中国自信，学做自信的中国人，突破教学重点。

（2）学生自主学习、合作探究；教师加以引导、点拨，帮助学生理解中国特色社会主义进入新时代的标志、意义和指导思想，突破教学难点。

【教学过程】

构建学习场一：观看视频，导入新课

【任务】初步探知新课内容。

方法：观看微视频，自我思考。

目的意义：通过观看视频，初步感知中国梦，激发学生学习本课的兴趣。

构建学习场二：观点辨析，识中国梦

【任务】阅读观点，进行判断。

观点一：实现中华民族伟大复兴是近代以来中华民族最伟大的梦想。

观点二：经济腾飞就是实现中国梦。

观点三：实现中国梦是国家的事，与个人无关。

观点四：实现伟大梦想需要我们凝心聚力，奋力开启时代新征程。

观点五：中国梦是遥不可及的。

方法：自主判断，小组合作，班内分享。

目的意义：通过观点辨析认识中国梦，知道实现中国梦就是要实现国家富强、民族振兴、人民幸福。中国梦是国家的梦、民族的梦，也是每个中国人的梦；是历史的、现实的，也是未来的。中国梦的实现需要全体中国人的努力奋斗。

构建学习场三：图表探究，追中国梦

【任务】了解党和政府为了实现中国梦所提出的战略目标。

方法：自主学习，小组合作，班内分享。

目的意义：通过图表探究，了解党和政府提出的战略目标，掌握两个百年奋斗目标和两个阶段奋斗目标，学会填写中国梦坐标图。

构建学习场四：学习语录，圆中国梦

【任务】阅读习近平语录，感知实现中国梦的手段和路径。

实现中国梦，必须坚持党的领导，统筹推进经济建设、政治建设、文化建设、社会建设、生态文明建设"五位一体"总体布局，协调推进全面建设社会主义现代化国家、全面深化改革、全面依法治国、全面从严治党"四个全面"战略布局，贯彻创新、协调、绿色、开放、共享的新发展理念。

实现中国梦必须走中国道路。这就是中国特色社会主义道路。这条道路来之不易，它是在改革开放30多年的伟大实践中走出来的，是在中华人民共和国成立60多年的持续探索中走出来的，是在对近代以来170多年中华民族发展历程的深刻总结中走出来的，是在对中华民族5000多年悠久文明的传承中走出来的，具有深厚的历史渊源和广泛的现实基础。

实现中国梦必须弘扬中国精神。这就是以爱国主义为核心的民族精神，以改革创新为核心的时代精神。这种精神是凝心聚力的兴国之魂、强国之魂。爱国主义始终是把中华民族坚强团结在一起的精神力量，改革创新始终是鞭策我们在改革开放中与时俱进的精神力量。

实现中国梦必须凝聚中国力量。这就是中国各族人民大团结的力量。只要我们紧密团结，万众一心，为实现共同梦想而奋斗，实现梦想的力量就无比强大，我们每个人为实现自己的梦想努力就拥有广阔的空间。生活在我们伟大祖国和伟大时代的中国人民，共同享有人生出彩的机会，共同享有梦想成真的机会，共同享有同祖国和时代一起成长与进步的机会。

——《在第十二届全国人民代表大会第一次会议上的讲话》

方法：自主阅读，小组合作，班内分享。

目的意义：通过阅读探究，理解实现中国梦的手段和路径，坚定理想信念，努力奋斗，为实现中国梦贡献力量。

构建学习场五：合作学习，悟新时代

【任务】自主阅读教材107至109页的正文内容，合作探究中国特色社会主义进入新时代的标志、意义和指导思想。

改革开放以来，中国共产党领导全国各族人民在建设中国特色社会主义伟大事业的征程上不断取得新的伟大成就，中华民族正以崭新姿态屹立于世界东方。中国特色社会主义进入了新时代，这是我国发展新的历史方位。

中国特色社会主义进入新时代，意味着中华民族迎来了从站起来、富起来到强起来的伟大飞跃，迎来了实现中华民族伟大复兴的光明前景。意味着科学社会主义在中国焕发出强大生机活力，在世界上高高举起了中国特色社会主义伟大旗帜。意味着中国特色社会主义不断发展，为解决人类现代化问题贡献了中国智慧和中国方案。

进入新时代，中国共产党领导全国各族人民，在马克思列宁主义、毛泽东思想、邓小平理论、"三个代表"重要思想、科学发展观、习近平新时代中国特色社会主义思想的指引下，全面擘画中国特色社会主义伟大事业。

方法：合作学习，班内分享。

目的意义：通过自主学习、合作探究，理解中国特色社会主义进入新时代的标志、意义和指导思想。

构建学习场六：视频探究，中国自信

【任务】观看视频"两个辛丑年的对比"，合作探究。

1.新旧中国转变的底气来源有哪些?

2.怎样做自信的中国人?

方法:观看视频,小组合作,班内分享。

目的意义:通过视频探究,体会中国自信的底气来源,学会做自信的中国人。

构建学习场七:收获总结,感悟提升

【任务】总结本课所学内容。

方法:小组合作,思维构建(思维导图)。

目的意义:通过思维构建,对本课内容有一个整体把握和认知,提升学生学科思维和综合归纳能力。

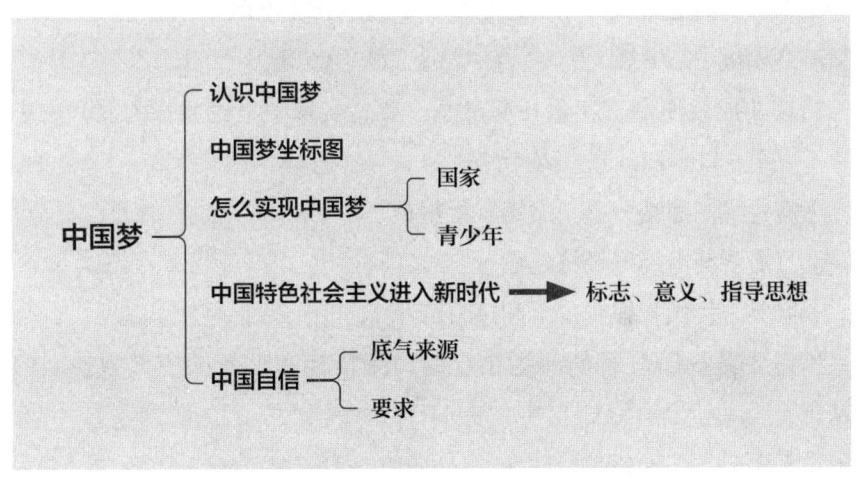

图 5-8-1《中国人 中国梦》思维导图

构建学习场八:当堂测试,效果检验

【任务】完成课时训练。

1.奋斗百年路,启航新征程。请结合所学知识,将与以下时间轴相对应的内容补充完整。(　　　)

A.①成为世界第一大经济体　　②成为建成社会主义现代化强国

B.①建成社会主义现代化强国　　②成为世界第一大经济体

C.①基本实现社会主义现代化　　②建成社会主义现代化强国

D.①基本实现社会主义现代化　　②中国特色社会主义进入新时代

2. 2021年6月8日，人民日报刊发"宣言"署名文章《中国没有辜负社会主义》。文章指出，中国大地发生历史巨变。下列能证明"中国没有辜负社会主义"的是（　　）

①中国已成为世界第二大经济体、制造业第一大国

②全面建成小康社会，历史性地解决了绝对贫困问题

③中国连续四年举办进口博览会，主导世界经济发展

④中国努力应对人口老龄化趋势，实施三孩生育政策

A.①②　　B.①③　　C.②④　　D.③④

3. 奋斗成就使命，实干托起梦想。要想实现中华民族伟大复兴的中国梦（　　）

①需要我们团结一心，发扬实干精神

②只需要努力搞好经济建设

③需要一代代人埋头苦干和接力奋斗

④需要弘扬以改革创新为核心的民族精神和以爱国主义为核心的时代精神

A.①④　　B.②③　　C.①③　　D.②④

4. 2022年是"中国梦"提出十周年。十年来，我国经济总量超过110万亿元，连年对世界经济增长贡献率超过30%；人均GDP超过1.2万美元；历史性地解决了困扰中华民族几千年的绝对贫困问题；中国日益走近世界舞台中央……这体现了（　　）

①办好中国的事情，关键在党

②我国已基本实现社会主义现代化

③中国梦就是未来的梦

④实现中国梦，就是要实现国家富强、民族振兴、人民幸福

A.①②　　B.①③　　C.②④　　D.①④

5. 中国特色社会主义进入了新时代,《资本论》重新畅销,"历史终结论"悄然破产,有学者甚至感叹"西方必须向中国学习社会主义"。中国特色社会主义进入了新时代,下列说法错误的是(　　)

A. 中华民族迎来了实现伟大复兴的光明前景

B. 科学社会主义在21世纪的中国焕发出强大的生机与活力

C. 中国为促进世界各国的发展贡献了中国智慧和中国方案

D. 中国社会主义初级阶段的基本国情发生了根本性转变

6. 2022年3月23日,"天宫课堂"第二课开讲,"太空教师"翟志刚、王亚平、叶光富在中国空间站再次为广大青少年带来一堂精彩的太空科普课。天宫课堂再次激发了广大中小学生强烈的自豪感和自信心。这体现了(　　)

①对我国的国家认同

②我国科技发展水平总体领先世界,成为科技强国

③对我国发展的信心

④我国是第一个进行太空授课的国家

A. ①②　　　B. ③④　　　C. ②④　　　D. ①③

7. 共筑民族复兴梦

百年来,中国共产党秉持为中国人民谋幸福、为中华民族谋复兴的初心和使命,"领航"中国,不断夺取中国革命和建设的胜利,坚定不移开辟新天地、创造新辉煌。百年来,面对接踵而来的困难与挑战,全国各族儿女始终团结一心,昂首向前,创造出震撼世界的中国奇迹。今天的中国,改革开放的步伐更加铿锵有力,打造出活力中国、幸福中国、实力中国。今天的中国,重大科技创新成果不断涌现,全方位助力中国更加繁荣昌盛,在全球大放异彩。今天,我们比历史上任何时期都更有信心和能力实现中华民族伟大复兴的梦想!

请结合材料并运用所学知识进行分析。

方法:自主学习,合作探究,教师引导。

目的意义:通过当堂训练,巩固所学知识,提升答题能力。

【教学反思】

　　通过两课时的学习，学生对于中国梦有了更加深刻的认识，理解、掌握了中国自信、民族自信的来源，知道了如何做一个自信的中国人。但对于中国特色社会主义进入新时代的内容，学生理解不够深刻，需要教师借助资料（如视频等）引导学生加深理解。

　　两堂课学生合作学习比较积极，课上气氛比较活跃，但也有个别学生参与度低、上课不积极，需要教师加以关注。

【学科】道德与法治
【课题】富强与创新
【课型】复习
【教材分析】

　　本单元共设有"踏上强国之路"和"创新驱动发展"两课内容。通过回顾中国人民在中国共产党领导下实现从站起来、富起来到强起来的伟大飞跃，引导学生认识到改革开放是决定当代中国命运的关键抉择，创新是引领发展的第一动力。实现中华民族伟大复兴，要坚持以人民为中心，走全面深化改革、实现共同富裕的发展道路；要实施创新驱动发展战略，加快建设创新型国家。富强好比国之脊梁。坚持改革创新，"中国号"巨轮必将到达富强的彼岸。

【学情分析】

　　经过了初中阶段的学习，九年级学生思维和认知能力有了一定的提高，获取信息的渠道和方式也更加多元化。通过新课的学习，学生对我国改革开放与创新驱动发展战略有了较深的理解。他们一方面能看到我们的生活发生的翻天覆地的变化，另一方面也切实感受到了生活中还存在一些亟待解决的问题。同时，他们一方面能看到我国科技创新取得了一系列成就，另一方面也能看到我国的科技创新总体水平不高、能力不强、支撑不足、贡献率低等问题。

　　由于学生生活阅历浅薄，思维具有局限性，再加上学习时间有限，自己很难进行复习和巩固，所以对改革开放和创新的很多知识并没有深刻的记忆和理解，也不能从深处分析问题。

【教学目标】

（1）通过思维导图，引导学生对本单元"富强与创新"的内容有整体建构，比较全面地认识改革开放与创新驱动发展战略。

（2）通过对学习重点的梳理，引导学生背诵重点知识，理解、掌握改革开放的重要性和必要性；理解以人民为中心的发展思想和共享发展理念；理解和掌握为什么我国要建设创新型国家以及怎样建设创新型国家。

（3）通过中考链接，引导学生掌握中考走向，把握重点考查的知识内容。

（4）通过真题演练，巩固学生所学内容，强化学生对知识的记忆，提升学生的答题能力和学科思维。

【教学重难点及突破方法】

教学重点：改革开放的意义、创新的意义、怎样建设创新型国家。

教学难点：改革开放的必要性、我国科技创新现状。

突破方法：

（1）借助思维导图、图片、图表等工具创设情境，引导学生理解改革开放和创新的意义，理解我国为建设创新型国家所采取的重大举措，突破教学重点。

（2）通过漫画、图表，引导学生合作探究，帮助他们理解改革开放的必要性和我国科技创新的现状，突破教学难点。

【教学过程】

构建学习场一：观看视频，导入复习

【任务】初步感知复习内容。

方法：观看"天宫课堂"微视频，自主思考。

目的意义：通过观看视频，感知改革开放以来中国科技创新在航天领域取得的成就，激发学生复习本课的兴趣。

构建学习场二：思维导图，整体构建

【任务】翻阅课本，自行构建本课思维导图。

方法：自主学习。

目的意义：通过思维导图，对本单元复习内容有整体构建，提升学生学科思维水平。

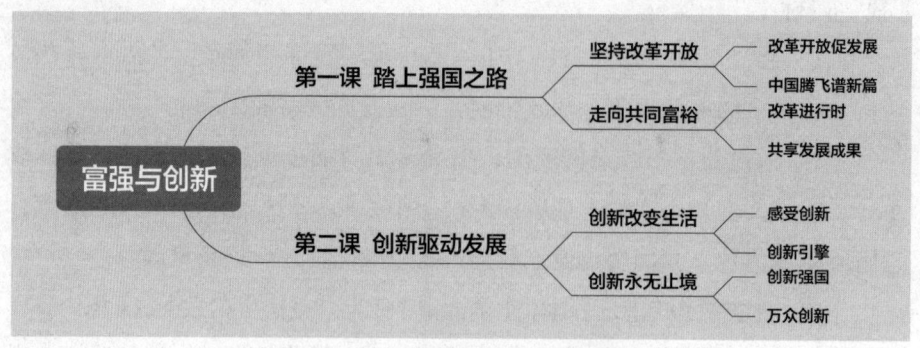

图5-8-2 "富强与创新"思维导图

教师引导：

坚持改革开放——从过去和现在两个时间维度，揭示改革开放的历史意义与现实意义，得出改革开放是决定当代中国命运的关键抉择。

走向共同富裕——分析了为什么要全面深化改革，指出改革开放是当代中国最鲜明的特色。社会主义改革要以人民为中心，最终实现共同富裕。

创新改变生活——指出创新的时代价值，揭示了创新与改革相辅相成的关系，中国正走在通往国强民富的创新之路上。

创新永无止境——指出要建设创新型国家，鼓励大众创业、万众创新，增进人类福祉，让生活更美好。

构建学习场三：重点梳理，巩固记忆

【任务】根据图片、图表梳理本单元教学重点内容，并当场背诵检查。

方法：自主学习，小组合作，班内分享。

目的意义：通过图表分析和当场背诵检查，引导学生掌握改革开放的重要性和必要性，理解以人民为中心的发展思想和共享发展理念，掌握创新的意义，理解我国科技创新现状和为建设创新型国家所采取的举措，学会争当创新少年。

附：重点内容

（一）为什么坚持改革开放？（成就、影响、地位）

（1）改革开放极大激发了广大人民群众的创造性，极大解放和发展了社会生产力，极大增强了社会发展活力，改革开放使人民生活显著改善，综合国力显著增强，国际地位显著提高。中华民族实现了从站起来、富起来到强起来的伟大飞跃。

（2）改革开放改变了中国，解放和发展了社会生产力，使中国人民过上了幸福生活。改革开放影响了世界，使中国成为影响世界的重要力量。

（3）改革开放是强国之路，是决定当代中国命运的关键一招，也是决定实现"两个一百年"奋斗目标、实现中华民族伟大复兴的关键抉择，是当代中国最鲜明的特色，只有改革开放才能发展中国。

（二）为什么改革只有进行时，没有完成时？（我国为什么要全面深化改革）

（1）我国过去40多年的快速发展靠的是改革开放，未来发展也必须坚定不移地依靠改革开放。

（2）进入新时代，我国社会主要矛盾已转化为人民日益增长的美好生活需要与不平衡不充分的发展之间的矛盾。解决新矛盾，要将改革进行到底，开启全面深化改革的新征程。（新矛盾）

（3）我国经济发展进入新常态，已由高速增长阶段转向高质量发展阶段。（新常态）

（4）我国经济发展还面临区域发展不平衡、城镇化水平不高、城乡发展不平衡不协调等现实挑战。（新挑战）

（5）改革开放是当代中国最鲜明的特色。只有全社会不断弘扬与时俱进、锐意进取、勤于探索、勇于实践的改革创新精神，继续自强不息、自我革新，才能持续推动全面深化改革的历史进程，才能奏响中国走向繁荣富强的最强音。

（三）如何看待共享发展成果？（是什么、为什么、怎么办）

（1）党和政府坚持以人民为中心的发展思想，强调人人参与、人人尽力、人人享有。

（2）衡量一个社会的文明程度，不仅要看经济发展，还要看发展成果是否惠及全体人民，人民的合法权益是否得到切实保障。人民对美好生活的向往，就是党的奋斗目标。发展的根本目的是增进民生福祉。

（3）全面深化改革开放，转变发展方式，促进经济高质量发展，促进区域协调发展，助推共同富裕。保障和改善民生，不断满足人民日益增长的美好生活需要，增强人民的获得感、幸福感、安全感。坚持社会主义制度，保障发展的根本目的是增进民生福祉，实现共同富裕。

（四）为什么要坚持创新发展？

现状：虽然我国在尖端技术的掌握和创新方面打下了坚实基础，在一些重要领域走在世界前列，但从整体上看，我国创新能力不强，科技发展水平总体不高，科技对经济、社会发展的支撑能力不足，科技对经济增长的贡献率低于发达国家水平。中国科技创新之路任重道远，需要加快建设创新型国家。

重要性：

（1）创新是引领发展的第一动力。创新让生活更美好，是推动人类社会向前发展的重要力量。创新是一个民族进步的灵魂，是一个国家兴旺发达的不竭动力，也是中华民族最深沉的民族禀赋。

（2）创新已经成为世界主要国家发展战略的重心。科技创新能力已经成为综合国力竞争的决定性因素。

（3）创新驱动是国家命运所系。实施创新驱动发展战略，是适应和引领我国经济发展新常态的现实需要。创新是改革开放的生命。改革在不断创新中提升发展品质，改革创新推动中国走向富强。改革激活创新引擎，释放更多创新活力。

（五）怎样建设创新型国家？

国家：

（1）加快建设创新型国家，到2050年建成世界科技创新强国。

（2）实施科教兴国战略、人才强国战略、创新驱动发展战略；优先发展教育事业，培养创新型人才。

（3）增强自主创新能力，走中国特色自主创新道路。

（4）形成创新机制，搭建创新平台，营造创新氛围。（制度保障和环境支持）

社会、企业、个人：

（1）鼓励大众创业、万众创新。人人皆可创新。

（2）企业是社会创新的重要力量。

（3）弘扬创新精神。

（4）尊重他人知识产权。

构建学习场四：中考链接，掌握走向

【任务】研做以往中考题

1.据不完全统计，截至2021年6月，北京、天津、上海、陕西等地相继发布养老金上调通知。养老金17年连涨，退休人员获得感、幸福感、安全感不断增强。这说明（　　）

A.提高养老金有利于推进同步富裕

B.发展的根本目的就是增进民生福祉

C.保障和改善民生是我国的中心工作

D.幸福生活只能依靠党和政府的救助

2.某校在开展"四史"教育实践活动中，拟举办"改革开放成就图片展"主题活动。下列图片可入选的有（　　）

①神舟十三号出征　②中国恢复联合国合法席位　③中国成为全球第二大经济体　④西藏和平解放

A.①②　　　B.①③　　　C.②④　　　D.③④

3.下框中时事共同反映的主题是（　　）

★2021年7月24日，中共中央办公厅、国务院办公厅印发《关于进一步减轻义务教育阶段学生作业负担和校外培训班负担的意见》。

★2022年6月6日，科技创新大会指出，10年来我国科技事业走上了一条从人才强、科技强到产业强、经济强、国家强的发展道路。

A.落实科教兴国战略　　B.依法保护知识产权

C.完善创新制度体系　　D.实施健康中国战略

4.济南市积极改善营商环境，支持中欧班列快速发展，探索"中欧班列

+"模式,深度融入共建"一带一路"。构建了"陆海内外联动、东西双向互济"的开放格局,释放发展潜力,助力实体经济高质量发展。这说明(　　)

①济南市坚持改革开放促发展

②改革开放是当代中国最鲜明的特色

③改革开放是民族振兴、社会进步的基石

④改革开放增强了经济社会发展活力

A.①②③　　　B.①②④　　　C.①③④　　　D.②③④

5.聚焦高质量发展描绘共富蓝图:

治国之道,富民为始。从《礼记·礼运》中的"大道之行也,天下为公"到陶渊明《桃花源记》中憧憬的"世外桃源",几千年来,中华民族始终保有对共同富裕的美好期盼。

某校课题组围绕"共同富裕的路径"开展了研究性学习活动,请你参与并完成下列任务。

【课题组的调查】

为开展好研究性学习活动,课题组需要围绕主题进行资料搜集。

(1)请写出两种搜集资料的渠道。

【课题组的探究】

在查阅资料的过程中,课题组搜集到了山东青岛高新区和浙江省的相关资料,部分内容整理如下:

资料卡1	资料卡2
在共同富裕路径探索上,山东青岛高新区大力支持新一代信息技术、"人工智能+高端装备制造"和现代服务业"3+1"主导产业创新资源的集聚,着力打造新一代信息技术产业高地,推动区域实现高质量发展,确保百姓有业可就、有钱可挣。	浙江省探索共同富裕路径的举措之一是注重发展民营经济,促进整体均衡发展。中国民营企业500强中,浙江上榜企业数量连续20年居全国第一。公有企业和民营企业相互协作、平等竞争,促使小商品、小企业、小老板发挥大作用,扩大就业,共同发展,激发经济活力。

(2)结合材料,运用所学知识对上述两地探索共同富裕路径的做法进行概括。

【课题组的感悟】

通过对山东青岛高新区和浙江省两地共同富裕路径的学习研究，同学们对党和政府的发展思想有了更深的认识。

（3）你对党和政府的发展思想有了怎样的认识？

方法：自主做题，合作交流，班内分享。

目的意义：学生通过研做以往有关富强与创新的各地区典型中考题，掌握中考动向，提升做题技巧和能力。

构建学习场五：真题演练，检验提升

【任务】做练习题

1.国家主席习近平在2022年新年贺词中提到，全面小康、摆脱贫困是我们党给人民的交代，也是对世界的贡献。这说明（　　）

①人民对美好生活的向往，就是党的奋斗目标

②我国实现全面小康，正是世界多极化的必然结果

③这体现了中国作为现代化强国的气魄与责任担当

④消除贫困、实现共同富裕体现以人民为中心的发展思想

A.①③　　B.①④　　C.②③　　D.②④

2.2021年7月24日，中共中央办公厅、国务院办公厅印发《关于进一步减轻义务教育阶段学生作业负担和校外培训负担的意见》并发出通知，要求各地区各部门结合实际认真贯彻落实。"双减"政策的出台，是因为（　　）

①教育是国家一切工作的中心

②教育寄托着亿万家庭对美好生活的期盼

③受教育权是公民最基本、最重要的权利

④教育是民族振兴、社会进步的基石

A.①③　　B.①②　　C.②③　　D.②④

3.近年来，我国加大农村义务教育薄弱环节建设力度，提高学生营养改善计划补助标准。国家助学贷款每人每年最高额度增加4000元，惠及500多万在校生。这体现出（　　）

A.我国重视教育，维护教育公平

B.我国重视人才，培养创新型人才

C.教育是民族振兴、社会进步的基石

D.帮助贫困学生可以促进人的全面发展

4.2021年7月30日,中共中央政治局召开会议,分析研究当前经济形势,部署下半年经济工作。对于当前经济形势的判断,此次会议指出,我国经济持续稳定恢复、稳中向好,改革开放力度加大,高质量发展取得新成效。这有助于(　　)

①解放和发展生产力,提高我国的综合国力

②扩大对外开放

③维护司法公平正义

④提升我国的国际竞争力

A.①②③④　　　B.①③④　　　C.②③④　　　D.①②④

5.《"十四五"促进中小企业发展规划》于2021年12月17日对外公布,将"提升中小企业创新能力和专业化水平"作为总目标,明确推动形成一百万家创新型中小企业、十万家"专精特新"中小企业、一万家专精特新"小巨人"企业。此举(　　)

①反映我国中小企业增长动力不足,创新能力不强

②是因为创新是引领发展第一动力,创新驱动发展

③能推动中小企业高质量发展,实现产业创新升级

④表明我国巩固发展非公有制经济,促其稳步发展

A.①②　　　B.①④　　　C.②③　　　D.③④

6.2021年3月26日,济南轨道交通2号线正式运营,泉城真正迈入"地铁换乘时代"。济南地铁2号线是目前国内外自动化等级最高的地铁系统,全自动运行、边缘计算、物联网、人工智能、大数据等智慧元素让市民出行更便捷安全。济南地铁2号线的开通(　　)

①根本解决了济南地面交通拥堵压力

②为城市经济发展创造更高速的增长点

③表明科技创新让生活更美好

④说明济南科技发展水平领先世界

A.②④　　　B.①③　　　C.③④　　　D.②③

·264·

7.回望来时路，奋进新征程。

抚今追昔，那个积贫积弱、封闭落后的中国早已一去不复返，一个人民幸福、和谐稳定、开放自信的新时代中国巍然屹立于世界东方。中国共产党人带领亿万人民经千难而百折不挠、历万险而矢志不渝，推进了中华民族从站起来、富起来到强起来的伟大飞跃。

改革开放是党的一次伟大觉醒，是中国人民和中华民族发展史上一次伟大的革命。我党发出将改革开放进行到底的伟大号召，推进全面深化改革和扩大对外开放，不断续写"春天的故事"，取得了举世瞩目的建设成就。这充分证明党的领导是党和国家事业不断发展的"定海神针"。

（1）谈谈你对"党的领导是党和国家事业不断发展的定海神针"的理解。

（2）我国为什么要不断深化改革，将改革开放进行到底？

8.创新引领发展，科技创就辉煌。

制造业正从"中国制造"向"中国创造"迈进。经过数字化改造、个性化定制、网络化协同、服务化延伸等融合发展新模式、新业态在传统企业蓬勃发展。2012年至2021年，我国制造业增加值由16.98万亿元增长到31.4万亿元，制造业增加值已经连续12年位列全球首位。高铁、核电、5G等成体系走出国门，"中国创造"在全球产业链、供应链中的影响力持续攀升。

你认为我国是如何实现从"中国制造"向"中国创造"迈进的？

方法：自主做题、合作探究、班内分享。

目的意义：通过真题演练，巩固、强化学生所复习的内容，提升学生答题技巧和能力，帮助学生形成学科思维。

【教学反思】

通过思维导图和重点梳理，引导学生整体建构知识体系并背诵重点知识。根据检查情况，绝大多数学生记忆比较熟练，但也有个别学生记忆较差，需要适当简化复习。

通过中考链接，引导学生掌握了本单元的中考走向，在一定程度上提升了学生的答题能力。由于时间安排不太恰当，导致本节课的真题演练没有处理完，需要以后进一步完善。这同时提示我们，习题要精选、精练。

【学科】道德与法治

【课题】国家权力机关

【课型】新授

【课标分析】

本课的课标依据为"法治教育"学习主题,具体对应的内容要求为"了解人民代表大会制度是我国的根本政治制度,理解全过程人民民主的制度优势"和"认识主要国家机关"。

【教材分析】

在我国,人民当家作主不仅需要完善的国家制度予以保证,同时需要通过国家机构行使国家权力来实现。第六课《我国国家机构》以"人民当家作主"为主题,对学生进行宪法规定的国家机构的教学,这既是对第一单元"坚持宪法至上"、第二单元"理解权利和义务"的延续和深化,也对第四单元"崇尚法治精神"产生极其重要的推动作用,在教材中处于承上启下的地位。本课意在立足宪法核心价值追求,突出人民当家作主,让学生理解宪法如何规范国家权力的运行以保障公民权利的实现,进一步增强学生的国家意识和政治认同,增强学生对中国特色社会主义的制度自信,并自觉参与国家政治生活。

本课由引言和国家权力机关、中华人民共和国主席、国家行政机关、国家监察机关、国家司法机关五个框题组成。本框"国家权力机关"主要讲述人民代表大会的性质、全国人民代表大会和地方各级人民代表大会的地位、各级人民代表大会的职权。本课教学一方面引导学生认识国家权力机关,另一方面引导学生认同人民代表大会在维护人民当家作主中的作用,并积极参与国家政治生活。

【学情分析】

初中阶段是学生道德与法治意识和行为形成的重要时期。随着学生生活领域的扩展和行为能力的增强,他们必将深入参与社会生活、国家生活,并学习如何面对和处理自己与国家的关系。八年级学生已开始接触一些国家机关,但是对国家权力机关的认识较肤浅,主要停留在感性层面。在学习了第五课人民代表大会制度的相关知识之后,对学生进行有关国家权力机关性质和职权的教育，顺应了学生的思维发展规律和认知需求，有利于深化学生对人民代表大会制度、依法治国和依宪治国的认识，增强学生的道德与法治意识，使其养成遵守道德和法律的良好习惯，自觉参与政治生活，为成为社会主义合格建设者和接班人奠定基础。

【学习目标】

（1）通过对第十三届全国人民代表大会第五次会议召开以及人大代表共商国是的探究，了解并能说出人民代表大会的地位和性质，认识并能列举出主要国家机关，认同人民代表大会的优越性。

（2）通过探究《家庭教育促进法》的出台、实施以及第十三届全国人大常委会第三十四次会议的主要议程，能够理解人民代表大会的立法权、监督权、决定权和任免权，能结合具体事例辨析人民代表大会的职权，体会依据宪法设立的国家权力机关在维护人民当家作主中的作用。

（3）通过分享自己的幸福生活，感悟幸福生活中人民代表大会的力量，形成热爱伟大祖国、热爱中国共产党、热爱家乡的情感，并积极参与国家政治生活。

【教学重难点及突破方法】

1. 教学重点及突破方法

教学重点：人民代表大会的性质和地位。

突破方法：通过对第十三届全国人民代表大会第五次会议召开以及人大代表共商国是的探究，以复习巩固的方式深化学生对人民代表大会地位和性质的认知。

2. 教学难点及突破方法

教学难点：人民代表大会的职权。

突破方法：通过《家庭教育促进法》的通过和实施，了解第十三届全国人大常委会第三十四次会议的部分会议议程，分享人民幸福路上的人大力量，探究人民代表大会的职权。

【教法学法】

教法：对话式教学法、合作探究教学法、情境体验教学法。

学法：自主探究学习法、合作共研学习法。

【教学过程】

构建学习场一：《中国的民主》白皮书，导入新课

导入：同学们好，今天这节课老师先向大家介绍一本书——《中国的民主》白皮书。这本书于2021年12月4日由国务院新闻办公室发表，受到国内外人士的盛赞。它系统介绍了中国民主的价值理念、制度安排、民主实践和成就贡献等。白皮书指出，中国的民主是人民民主，人民当家作主是中国民主的本质和核心。

【任务】人民当家作主需要完善的国家制度予以保证，需要通过国家机构行使国家权力来实现。生活中，你见过或听说过哪些国家机关？

方法：小组内自由交流，接力发言。

师生总结：我国的国家机构包括国家权力机关、中华人民共和国主席、国家行政机关、国家监察机关、国家司法机关等。

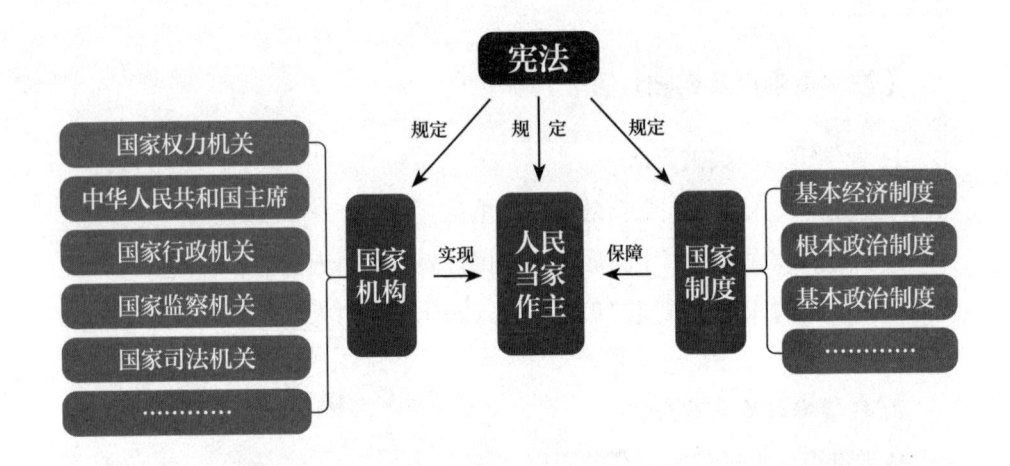

```
                    宪法
            规定   规 定   规定
              ↓     ↓      ↓
 国家权力机关   ┐                      ┌  基本经济制度
 中华人民共和国主席 │  国家  实现  人民  保障  国家 │  根本政治制度
 国家行政机关   │  机构  →  当家  ←  制度 │  基本政治制度
 国家监察机关   │         作主         │  ……
 国家司法机关   ┘                      ┘
   ……
```

[设计意图] 以新书推介的形式导入新课，使学生初步感知中国对民主的探索和实践。引导学生回顾第五课所学国家制度的有关知识，引申出人民当家作主需要通过国家机构行使国家权力来实现；学生在了解有哪些国家机构的基础上，理清我国的主要国家机关，顺利导入国家权力机关。

构建学习场二：识·权力机关

教师活动：出示材料。

2022年3月5日，第十三届全国人民代表大会第五次会议在北京人民大会堂开幕，近3000名人大代表共商国是。

【任务一】为什么仅有近3000名代表就能表决通过关系14亿人民的大事？

方法：自主思考，班级交流。

师生总结：我国的一切权力属于人民，人民通过民主选举选出代表，组成各级人民代表大会，代表人民统一行使国家权力，决定全国和地方的重大事务。

【任务二】人民代表大会是什么性质的国家机关？它包括哪些层级？

方法：自主思考，班级交流分享。

师生总结：人民代表大会是国家权力机关。全国人民代表大会是最高国家权力机关，代表全国人民统一行使国家权力，在整个国家机关体系中居于最高地位。地方各级人民代表大会是地方国家权力机关，是本行政区域内人民行使国家权力的机关。

[设计意图] 以第十三届全国人民代表大会第五次会议的召开这一国家政治生活中的大事为背景材料，引导学生调动和运用前面所学知识和生活经验，分析其背后所体现的道理，以复习巩固的方式深化学生对人民代表大会地位和性质的认知。

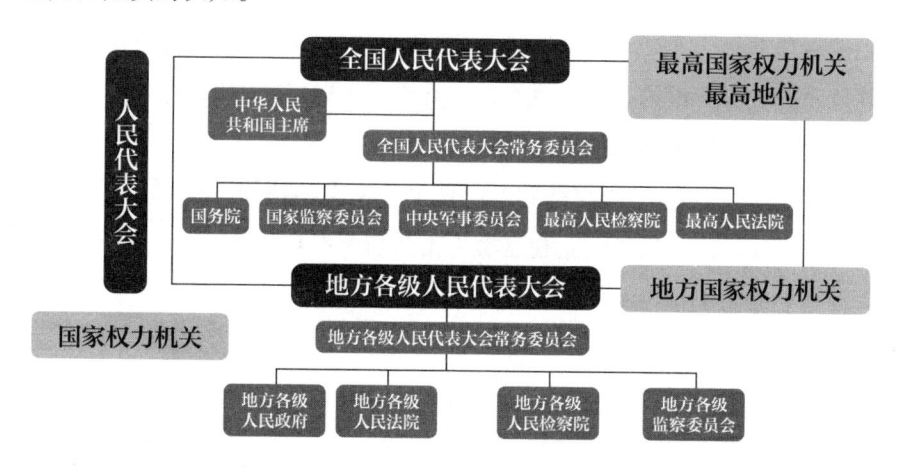

学生活动：诵读宪法。

> **第二条**
>
> 中华人民共和国的一切权力属于人民。人民行使国家权力的机关是全国人民代表大会和地方各级人民代表大会。

[设计意图] 以宪法诵读贯穿全课教学，学生在反复诵读宪法的过程中增强宪法和法治意识。通过诵读宪法，学生领悟到人民代表大会作为国家权力机关是依据宪法而设立的，要以为人民服务为宗旨，保障人民当家作主的地位。

构建学习场三：析·人大职权

探究1：一部法律，见证履职初心

教师过渡：我们先来猜一部法律。

【任务一】 猜法律——《中华人民共和国家庭教育促进法》

[设计意图] 开展猜法律小活动，以此激发学生的学习兴趣。

【任务二】《家庭教育促进法》的出台使中国的父母进入"依法带娃"时代。对于这部法律，你还有哪些了解？

方法：班内自由分享对家庭教育促进法的了解。

教师总结：《家庭教育促进法》与我们的生活息息相关，它的出台有利于规范家庭教育的行为，为未成年人的健康成长提供法治保障，增进家庭幸福、社会和谐，促进国家发展。

[设计意图] 在猜法律的基础上，遵循学生生活逻辑，引导学生分享对《家庭教育促进法》的了解，建立学生生活与课本知识的关联，为学习人大及其常委会的立法权这部分知识做好铺垫。

教师活动：出示材料。

家庭教育促进法诞生记

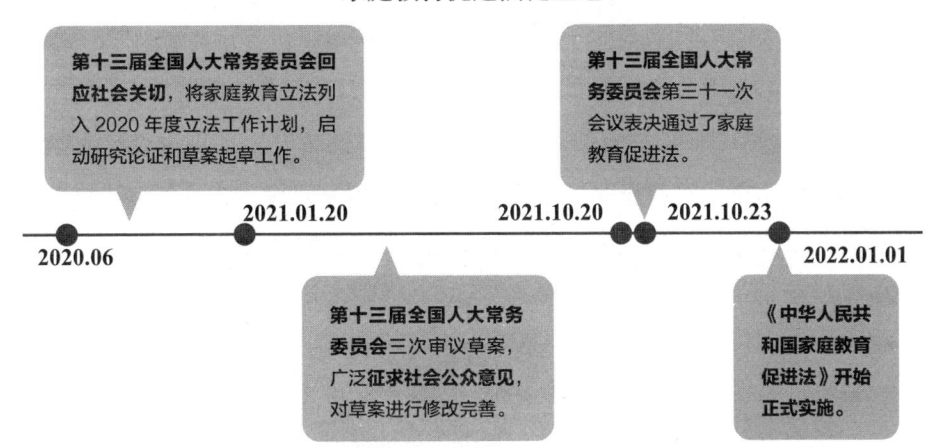

- 2020.06
- 2021.01.20 第十三届全国人大常务委员会回应社会关切，将家庭教育立法列入2020年度立法工作计划，启动研究论证和草案起草工作。
- 2021.10.20 第十三届全国人大常务委员会三次审议草案，广泛征求社会公众意见，对草案进行修改完善。
- 2021.10.23 第十三届全国人大常务委员会第三十一次会议表决通过了家庭教育促进法。
- 2022.01.01 《中华人民共和国家庭教育促进法》开始正式实施。

【任务三】设问：从《家庭教育促进法》的出台过程中你发现了什么？

方法：学生自主阅读上述材料并独立思考，然后小组内交流，最后小组代表发言。

师生总结：我国是人民当家作主的社会主义国家，人民是国家的主人；全国人大代表大会及其常委会依法行使立法权，保障人民当家作主的地位；我国坚持全面依法治国，努力做到科学立法、民主立法。

[设计意图] 以小组合作探究的方式打开学生的思维，引导学生对《家庭教育促进法》的出台过程进行深入探究、共研，从而领悟和理解立法权，使学生初步树立对人民代表大会的认同，同时增强学生的法治意识。

【任务四】分享：你还知道哪些人大行使立法权的事例呢？

方法：小组内自由分享，班级交流。

教师活动：多媒体呈现。

立法权

立	改	废
个人信息保护法 乡村振兴促进法	人口与计划生育法 教育法	婚姻法、继承法、民法总则等9部法律
山东省节约用水条例 济南市文明行为促进条例	山东省安全生产条例 济南市名泉保护条例	山东省节约用水办法 莱芜市制定地方性法规条例

师生总结：全国人大及其常委会行使国家立法权。省、自治区、直辖市以及设区的市、自治州的人大及其常委会根据本行政区域的具体情况和实际需要，依据宪法和法律行使地方立法权。立法权包含法律的制定、修改和废除。

[设计意图] 本环节继续深化学生对立法权的认知。采用由点到面的方式，引导学生由家庭教育促进法这一部法律拓展到各级人大行使立法权的事例，并在分享事例的基础上进行归纳总结，使学生全面了解立法权。

学生活动：宪法诵读

宪法第五十八条

全国人民代表大会和全国人民代表大会常务委员会行使国家立法权。

宪法第一百条

省、直辖市的人民代表大会和它们的常务委员会，在不同宪法、法律、行政法规相抵触的前提下，可以制定地方性法规，报全国人民代表大会常务委员会备案。

设区的市的人民代表大会和它们的常务委员会，在不同宪法、法律、行政法规和本省、自治区的地方性法规相抵触的前提下，可以依照法律规定制定地方性法规，报本省、自治区人民代表大会常务委员会批准后施行。

[设计意图] 通过诵读宪法，了解宪法对国家立法权和地方立法权的具体规定。

教师引导："数"说人大立法权。

全国人民代表大会常务委员会

制定法律 17件	作出有关法律问题和重大问题的决定 10件
修改法律 22件	正在审议的法律案 22件

一年来

济南市人民代表大会常务委员会

制定地方性法规 17件	
修改地方性法规 8件	废止地方性法规 22件

五年来

一年来，全国人大及其常委会在确保工作质量的前提下加快立法工作步伐；五年来，济南市人大及其常委会立足发展需要，积极探索和推进地方立法。中国特色社会主义法律体系的"参天大树"更加枝繁叶茂，人大及其常委会以良法回应人民对美好生活的向往。

[设计意图] 本环节遵循"由特殊到一般"的逻辑顺序，由人大行使立法权的具体事例到"数"说人大，在数据分析的基础上使学生领悟人大立良法、促善治、利民生的初心，增进学生对人大工作的认同。

播放视频：2021年11月22日，全国人大常委会在北京举行《家庭教育促进法》实施座谈会。

呈现材料：《家庭教育促进法》出台后……

【任务五】上述材料说明了什么？

方法：学生观看视频，分析图文资料，在问题情境中自主探究、合作共研、展示交流。

师生总结：

> **全国人民代表大会及其常委会**
> 监督宪法和法律的实施。

> **县级以上人大及其常委会**
> 监督本级国家行政机关、监察机关、审判机关、检察机关的工作。

[设计意图] 创设多样化情境，以情境化任务驱动学生的自主合作学习。学生通过合作探究、班级分享、平等对话等方式，实现对监督权的自主建构和学习。

教师引导："数"说人大监督权。

全国人民代表大会常务委员会	济南市人民代表大会常务委员会
听取审议 **31** 个报告　　进行 **2** 次专题询问 　　　　　　　　　　开展 **7** 次专题调研 检查 **6** 部法律　　做出 **1** 项决议 的实施情况	听取审议"一府一委两院" 专项工作报告 **141** 项 开展执法检查　　开展专题询问 **35** 项　　　　　　**9** 项
一年来	五年来

一年来，全国人大及其常委会、县级以上人大及其常委会不断强化监督力度和实效，通过听取审议报告、检查法律实施情况、进行专题询问、调研等有效监督、依法监督，通过行使监督权，确保法律法规得到有效实施，确保权力依法正确行使，保障人民当家作主的地位。

[设计意图] 遵循"由特殊到一般"的逻辑顺序，由人大行使监督权的事例到"数"说人大监督权，引导学生直观、全面地了解人大的监督工作，体会人大通过行使监督权保障人民当家作主的地位。

探究2：一次会议，彰显人大使命

教师引导：2022年4月18日，第十三届全国人大常委会第三十四次会议在北京人民大会堂举行。下面是部分会议议程：

第十三届全国人大常委会第三十四次会议

表决通过
关于批准《1930年强迫劳动公约》的决定、关于批准《1957年废除强迫劳动公约》的决定。

任命
应勇为全国人大宪法和法律委员会副主任委员。

免去
王蒙徽的住房和城乡建设部部长职务。

【任务一】上述议程体现了全国人大常委会在行使哪些职权？

方法：阅读材料，分析人大职权，分享对人大职权的认识。

师生总结：全国人大常委会在行使决定权、任免权。

[设计意图] 以第十三届全国人大常委会第三十四次会议的部分议程为背景材料，引导学生在具体情境中分析全国人大常委会履行的职权，使学生形成对人大决定权和任免权的初步感知。

学生活动：诵读宪法。

宪法第六十二条

（十）审查和批准国民经济和社会发展计划和计划执行情况的报告。
（十一）审查和批准国家的预算和预算执行情况的报告。
（十二）改变或者撤销全国人民代表大会常务委员会不适当的决定。
（十三）批准省、自治区和直辖市的建置。
（十四）决定特别行政区的设立及其制度。
（十五）决定战争和和平的问题。

国家大政方针、重大事项、规划

宪法第六十二条

全国人民代表大会行使下列职权：
（四）选举中华人民共和国主席、副主席。
（五）根据中华人民共和国主席的提名，决定国务院总理的人选；根据国务院总理的提名，决定国务院副总理、国务委员、各部部长、各委员会主任、审计长、秘书长的人选。
（八）选举最高人民法院院长。

宪法第六十三条

全国人民代表大会有权罢免下列人员：
（一）中华人民共和国主席、副主席。
（二）国务院总理、副总理、国务委员、各部部长、各委员会主任、审计长、秘书长。
（五）最高人民法院院长。

【任务二】 解读宪法条文

方法：阅读宪法条文，自主解读，班内分享。

师生总结：

决定权：各级人大和县级以上各级人大常委会依据宪法和法律行使重大事项决定权。

任免权：各级人大和县级以上各级人大常委会依据宪法和法律享有对相关国家机关领导人员及其他组成人员进行选举、决定、罢免的权力。

[设计意图] 让学生在诵读宪法和对宪法条文解读的过程中深化对决定权和任免权的认识，感悟人大依法行使决定权和任免权以保障人民当家作主的地位，维护人民的根本利益。

构建学习场四：感·为民初心

教师活动：呈现济南"山泉湖河城"的独特风貌。

图 5-8-3 济南美景

教师过渡：济南不仅有诗情画意的美景，"幸福"二字，更是济南的一张闪亮名片。济南人幸福的路上，有人大的力量。

> **我来分享**
>
> 幸福路上，感受人大力量。请分享济南市人大为民谋幸福的实事。

【任务】自由分享幸福生活，感悟幸福路上人大的力量。

方法：联系生活，自主思考，组内分享，小组汇报。

教师引导：济南市人大为民谋幸福，既在起步区建设、落实黄河重大国家战略这种发展大事面前勇于担当，也把《物业管理条例》出台等"小事"当作头等大事。济南市人大及其常委会依法履职、担当尽责，在新的"赶考路"上交出了不负时代、不负人民的优异答卷。

不负时代　不负人民

济南市人大常委会多次开展专题询问、调研，全力支持起步区建设，落实黄河重大国家战略。

发展大事

监督　立法

任免　决定

2022年2月，济南市人大常委会出台凝聚全民共识的《济南市物业管理条例》。

头等大事

[设计意图] 以社会发展和学生的真实生活为基础设计这一环节，引导学生分享自己的幸福生活，并感悟幸福生活中人大的力量。通过分享，学生意识到济南人大是人民利益的执行者和捍卫者，它的工作与我们的生活息息相关。在分享的过程中，进一步增强学生的幸福感及热爱家乡、热爱祖国的情感。最后通过教师的点拨引导，实现学生知识、能力与情感的共生。

教师过渡：以"济南人大之窗"展现"中国之治"，幸福中国的画面就在眼前。让我们跟随人大履职的足迹，感悟其为民初心。

教师活动：播放视频"各级人大履职足迹"。

教师总结：上述视频是人大履职尽责的缩影，是人大不负时代、不负人民的真实写照。

作为祖国未来的接班人，希望同学们——

> 用脚步丈量祖国大地
> 用眼睛发现中国精神
> 用耳朵倾听人民呼声
> 用内心感应时代脉搏

不负韶华，不负时代，不负人民

[设计意图] 以鲜活的富有时代气息和生活气息的各级人大履职事例，激发学生情感，对学生进行价值引领，增进学生对伟大祖国、中国共产党、人民代表大会制度的高度认同。同时以习近平总书记的殷切嘱托激励学生，培养学生的国家主人翁意识，增强学生作为祖国未来接班人的责任担当。

课后探究作业：与人大代表面对面

采访主题：家庭教育促进法的落实情况

1. 以小组为单位开展活动，确定要采访的人大代表和采访内容。
2. 对话访谈，整理笔记。
3. 总结归纳，提升感悟。

[设计意图] 承接本课的《家庭教育促进法》这一主线，组织学生就这一法律的落实情况采访人大代表，旨在增强学生对于人民代表大会制度的认同，增进学生对人大代表工作的认识，同时增强其担当精神和参与能力。

板书设计

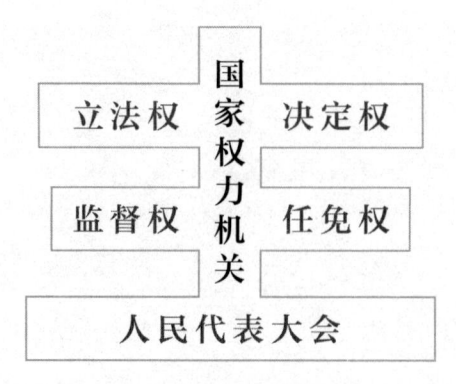

```
            国
  立法权    家    决定权
            权
            力
  监督权    机    任免权
            关
         人民代表大会
```

· 278

[设计意图] 通过板书设计进行知识的梳理归纳，同时将人大的职权和性质设计为一个"主"字，意为人民代表大会通过行使立法权、决定权、任免权、监督权，保证人民当家作主的地位。以此升华情感，达成学习目标。

【教学反思】

本节课意在立足宪法核心价值追求，突出人民当家作主，让学生理解宪法如何规范国家权力的运行以保障公民权利的实现，进一步增强学生的国家意识和政治认同，增强学生对中国特色社会主义的制度自信，并自觉参与国家政治生活。

本节课的教学主要有以下几方面的优点。

（1）聚焦学科素养，丰富教学内容。本框教学着眼于培养学生的政治认同、法治观念和责任意识，及时跟进社会发展进程，结合重大时事进行讲解。如：选取《中国的民主》白皮书、第十三届全国人民代表大会第五次会议召开、《家庭教育促进法》出台等重大时政热点事件，深化学生对人民代表大会地位、性质、职权的认识和理解，激发学生对人大的认同、对家乡的热爱及责任感。

（2）坚持说理教育与启发引导有机结合。本框内容较抽象，理论性强，且与学生的生活距离较远。对于人民代表大会在维护人民当家作主中的作用，教师没有"硬灌输"，而是坚持灌输与启发结合，努力以《家庭教育促进法》、身边的济南市人大等激发学生兴趣的素材和层层递进的问题，引导学生主动思考领会。

（3）以学生的学习活动作为课堂教学的主要形式。为了让学生体会人民代表大会通过行使职权保障人民当家作主的实现，教师在本堂课教学中创设了视频情境、图文情境、生活情境等多样化的情境，在此基础上引导学生围绕问题任务进行自主探究、合作共研，教师进行追问、点拨和引导，最终使学生达成共识。在此过程中，学生的逻辑思维、批判性思维、学科综合思维等高阶思维能力得以培养，核心素养得以落实。

本堂课的教学还存在以下问题。

（1）对问题设计的科学性需加强研究。问题是学习型课堂的"心脏"，融科学性、思辨性、探究性和创造性于一体的设问，能激发学生兴趣、开启学生思维、盘活学生潜能。本堂课的课堂设问仍旧存在弊端，个别问题与情境结合不够紧密，不符合学生的思维特点和认知水平，未能以有效的问题驱动学生的主动探究、深度学习。

（2）学生的实践体验不足。道德与法治新课标强调教学要与社会实践活动结合起来，加强课内外联系，积极探索议题式、体验式、项目式等多种教学方法。本堂课的"自主、合作、探究"主要囿于课堂之内，学生缺少实践体验，且活动形式不够丰富。今后在教学应引导学生走向社会，丰富学生的实践体验。通过学科实践，使学生获得活性的知识，能够学以致用，提升学科核心素养。

【学科】道德与法治
【课题】正视发展挑战
【课型】新授
【课标分析】

本课依据课标中"我与国家和社会"中的"认识国情，爱我中华"这部分内容。具体对应的内容标准是"知道我国的人口、资源、环境等状况，了解计划生育、保护环境、合理利用资源的政策，形成可持续发展意识"以及"知道我国面临的机遇与挑战，增强忧患意识"。

【教材分析】

本课内容是道德与法治九年级上册第三单元第六课《建设美丽中国》的第一框。伴随着中国经济的迅速发展，随之而来的是严重的环境污染，中国社会的人口也呈现出新的特点。建设美丽中国，推进生态文明建设，既是应对生态危机的现实所迫，也是实现第二个百年奋斗目标的战略目标所向。美丽中国的核心是生态文明建设，然而当前我国生态文明建设面临严峻的挑战，正确认识面临的挑战是必然要求，也为后面内容的学习奠定了基础。

【教学目标】

（1）通过数据分析和问题探究，了解我国的人口现状及特点，认识人口问题对我国经济和社会发展的影响，理解计划生育政策的必要性和重要性。

（2）通过视频分析、自主学习汇报，了解我国资源环境的现状及特点，认识到我国面临的严峻资源和环境问题，理解节约资源和保护环境的必要性和重要性。

（3）通过对走好第二个百年奋斗目标新赶考路的思考及打造"生态济南"具体举措的分享，明确坚持绿色发展是我们的必然选择，树立共筑生命家园、共建生态文明的意识，增进热爱家乡的情感，以实际行动保护资源环境。

【教学重难点及突破方法】

教学重点及突破方法

教学重点：人口、资源环境的严峻形势。

突破方法：通过对我国两次人口普查结果部分数据的对比分析，认识我国人口现状；通过观看垃圾处理困境的视频和小组自学汇报，明晰我国的资源环境现状。

教学难点及突破方法

教学难点：人口、资源环境对社会发展的影响。

突破方法：通过对我国人口数据的分析及计划生育政策调整的探究，理解人口问题对社会发展的影响；分析资源、环境现状，探究人口问题给资源、环境带来的危害，分享济南市打造"生态济南"为民谋生态红利的举措，理解资源环境问题对社会发展的影响及走绿色发展道路的必要性。

【学情分析】

学生对社会生活的关注程度有限，对我国严峻的人口、资源和环境问题认识不充分、不全面，对国家实施的一系列改革政策和发展战略理解不够深刻，对人口政策的调整存在认识上的误区，在日常生活中也会出现浪费资源、破坏环境的行为。因此，有必要使学生全面而深入地了解社会现实，正确认识人口、资源和环境现状，唤醒学生关爱和保护环境的意识。

【教法学法】

教法：对话式教学法、合作探究教学法、情境体验教学法。

学法：自主探究学习法、合作共研学习法、比较学习法。

【教学过程】

构建学习场一：话题导入

【任务一】你眼中的北京冬奥会是什么颜色的？

方法：围绕话题交流分享，自主定义冬奥的斑斓色彩。

教师总结：每个人心中都有对北京冬奥会颜色的定义，白色的、红色的、蓝色的……而绿色，是冬奥会最亮的底色。中国绿色办奥运，实现碳中和目标，担当大国责任，一起向未来。

[设计意图] 以世界瞩目的北京冬奥会为话题导入新课，学生自主定义冬奥会的斑斓色彩，教师引领学生关注"绿色冬奥""中国方案"。通过对中国绿色办奥运原因的探究，引导学生认识中国在经济发展过程中面临的人口、资源和环境方面的挑战，感受中国绿色办奥运向世界传递的绿色低碳理念，展示大国担当，培养家国情怀，增强政治认同。

构建学习场二：数据分析，认识人口问题

材料一：世界人口状况

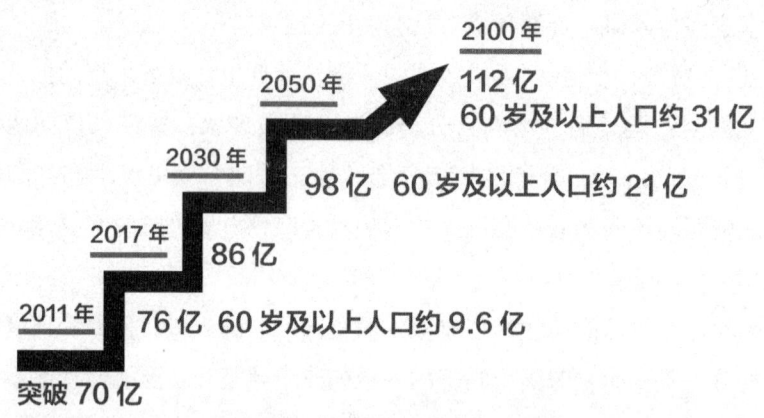

2100 年 112 亿 60 岁及以上人口约 31 亿

2050 年 98 亿 60 岁及以上人口约 21 亿

2030 年 86 亿

2017 年 76 亿 60 岁及以上人口约 9.6 亿

2011 年 突破 70 亿

图 5-8-4 世界人口增长趋势图

【任务一】请仔细分析：图表说明了什么？

方法：自主分析数据，班内交流

材料二：我国人口现状

2021年5月11日，我国第七次全国人口普查结果公布。下表是两次人口普查结果部分数据对比表。

时间＼项目	全国人口（亿）	15岁及以上人口的平均受教育年（年）	年平均增长率（%）	60岁及以上人口比重（%）	出生人口性别比
2020年	14.1	9.91	0.53	18.70	111.3
2010年	13.4	9.08	0.57	13.26	118.1

【任务二】

（1）结合图表，分析我国人口现状的特点。

（2）如此人口现状会产生哪些影响？我国是如何应对的？

方法：①阅读图表，自主分析数据；②小组内交流分享；③班内展示，其他小组补充评价。

师生总结：人口问题已经成为日益严峻的全球性问题。我国是世界上人口最多的国家，人口基数大、人口素质偏低、人口增速趋缓、老龄化加剧等是我国人口现状的特点，人口问题会加大资源和环境的压力，也会带来严重的经济社会问题。

[设计意图] 直观数据对比与深层思考相结合，自主探究与师生、生生对话相结合，使学生认识到人口问题是一个日益严峻的全球性问题，了解我国的人口现状，总结出人口问题对经济社会、资源环境的影响，深刻理解我国计划生育政策的意义及必须长期坚持计划生育政策的原因。

教师过渡：从1980年"只生一个好"到2021年实行"三胎政策"，我国既鼓励人口出生，又实行计划生育，对此你是如何理解的？

多媒体展示：

| 1980年 | 2013年 |  2016年 |  2021年 |

【任务三】 你觉得三胎政策与计划生育政策矛盾吗?

方法:结合图片,自主思考三胎政策与计划生育政策,小组交流,班级分享。

[设计意图] 通过追问,引导学生深入理解三胎政策是对计划生育政策的调整和完善。人口既不是越多越好,也不是越少越好,计划生育政策要随着人口和经济社会发展形势的变化不断完善。

活动小结

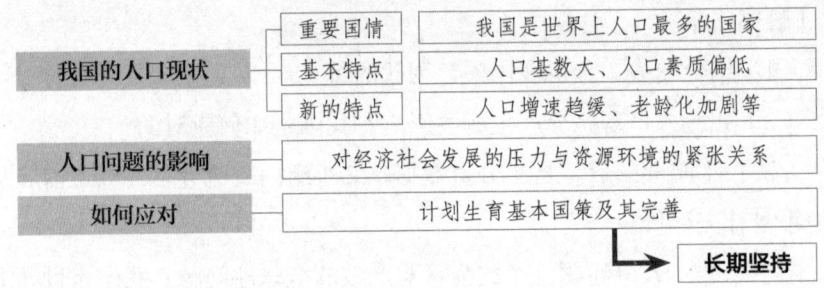

发展中的人口问题

我国的人口现状	重要国情	我国是世界上人口最多的国家
	基本特点	人口基数大、人口素质偏低
	新的特点	人口增速趋缓、老龄化加剧等
人口问题的影响		对经济社会发展的压力与资源环境的紧张关系
如何应对		计划生育基本国策及其完善 → 长期坚持

构建学习场三:视频分析,初探发展困境

播放视频:垃圾问题。

【任务】

(1)你认为大量垃圾产生的原因有哪些?

(2)垃圾问题会带来哪些危害?

方法:①观看视频,记录关键信息;②自主思考;③小组共研;④汇报展示。

教师总结:

大量垃圾问题产生的原因:人口基数大;缺乏节约资源、保护环境的意识;工业化、城镇化进程加快;相关法律制度不健全、相关部门监管不到位;等。

垃圾问题的危害:浪费资源;破坏生态平衡;造成大气污染、水污染、土壤污染等环境问题;威胁人们的生命安全和身体健康;影响城市发展;等。

[设计意图] 以垃圾问题为切入点,为学生创设视频情境,以情境化任务驱动学生的自主合作学习。学生围绕垃圾问题多角度、多层次进行问题追因

及危害剖析。基于倾听与交流碰撞，教师参与到学生的合作学习中，学生在展示、评价、补充和教师的点拨引导下实现深度学习，感受垃圾问题这一大现实难题，为下一环节"深入理解资源环境的危害"做好铺垫。

构建学习场四：自学汇报，明晰发展现状

【任务】

课前：以小组为单位，结合所学地理、生物等学科知识，联系生活实际，探究我国的资源、环境现状及问题，将自主学习结果制成演示文稿。

课上：小组代表结合课前自主学习情况，进行演示文稿的汇报展示。

方法：开展生活调查，查阅相关资料，小组内交流，合作完成演示文稿的制作，小组代表进行班级汇报展示。

教师总结：我国面临着严峻的资源环境形势。资源日益短缺、环境污染严重，加之人口基数大、人口素质偏低，资源、环境、人口与经济之间会产生矛盾，从而制约我国经济社会的可持续发展，无法更好地满足人民日益增长的美好生活需要。

[设计意图] 以学生自主学习为中心，充分发挥学生的主体作用，让学生基于跨学科知识和生活经验，围绕我国的资源环境现状和问题进行课前自主探究，实现对知识的自主构建和有意义学习。通过小组课堂汇报、教师点拨提升、教师追问等方法，学生明晰我国严峻的资源环境现状，反思自己的行为，增强节约资源、保护环境的责任感和使命感；最后，通过师生共同总结经济发展与人口、资源、环境的关系，理解节约资源、保护环境的必要性。

构建学习场五：道路选择，共筑生命家园

【任务一】在实现第二个百年奋斗目标新赶考路上，面对突出的人口、资源、环境问题，我们应该如何选择？

方法：自主思考，从不同角度分析，做出正确的选择。

教师总结：人口、资源、环境问题实质上是发展中产生的问题，只有通过转变发展方式才能得到解决。中国正积极转变高耗能、低收益的粗放型发展方式，中国经济正从高速增长向高质量发展转变。

我们的必然选择——转变发展方式，坚持绿色发展，走生产发展、生活富裕、生态良好的文明发展道路。

【任务二】

交流分享：请同学们分享我市近年来打造"生态济南"的具体举措。

方法：联系生活实际，班内自由分享。

教师补充

> 2021年，济南30处农村黑臭水体治理任务全部完成工程建设。

> 2021年5月1日起，《济南市生活垃圾减量与分类管理条例》正式施行。济南的垃圾分类真正进入"有法可依"的时代。

> 2021年8月19日，济南新旧动能转换起步区党工委、管委会正式挂牌。济南高质量发展的"黄河时代"全面开启。

> 2022年1月，济南市新一轮"四减四增"三年行动全面启动。纵深推进蓝天、碧水、净土保卫战。

[设计意图] 引导学生联系前面所学创新、高质量发展等相关知识，寻找应对发展挑战的举措。明确发展中的问题只能靠转变发展方式来解决，同时引领青少年为国家发展贡献青春力量，国家、企业、个人坚守正确抉择，共同走好第二个百年奋斗目标新赶考路。同时通过分享近年来打造"生态济南"的具体举措，点赞"济南气质"，共享生态红利，增进热爱家乡的情感。

构建学习场六：课堂小结

【任务】以喜欢的方式进行小组总结展示。

方法：小组交流，进行多样化的班级汇报展示。

[设计意图] 学生以自己喜欢的方式进行总结展示，方式多样，使学生在创新性综合建构中实现知识、能力与情感的共生。

教师总结：当前中国在发展过程中确实面临着非常严峻的人口、资源和环境形势，但是我们也应该看到中国在"十三五"期间取得了优异的绿色成绩单。"十四五"期间，中国继续坚持绿色发展道路，持续增进民生福祉，一起绿色向未来，到2035年基本实现美丽中国目标。

教师寄语：

> 蓝天白云
>
> 繁星闪烁
>
> 清水绿岸
>
> 鸟语花香

[设计意图] 总结"十三五"期间"青山绿水"的追寻，展望"十四五"的"一起绿色向未来"，畅想美丽中国画面，结束新课。

板书设计

【教学反思】

本节课教学主要引导学生正视我国生态文明建设面临的严峻挑战，明确坚持绿色发展是我们的必然选择，树立共筑生命家园、共建生态文明的意识，以实际行动保护资源环境。

本节课的教学优点如下。

（1）关注学生，提升素养。本节课的教学关注学生在人口、资源和环境问题上已有的生活经验、认知水平，力求在此基础上通过现状剖析、问题探究和对策探寻培养学生的政治认同素养和公共参与素养，引导学生认同绿色发展的中国方案，树立共建生态文明的意识，以实际行动保护资源环境。

（2）自主学习，合作探究。本节课的教学，教师创设了多样化的学习情境，引导学生在问题引领下进行自主学习、合作探究，在探究中实现知识的自我建构，形成正确的价值观念，提升关键能力。

（3）源于生活，指导生活。本节课教学中的选材以学生的真实生活为基础，如三胎政策、垃圾处理困境、身边的浪费资源和破坏环境的问题、济南市打造"生态济南"的具体举措等，引导学生发现问题、分析问题、解决问题。

本节课的教学存在以下不足之处。

（1）"以学为中心"落实不到位。本节课教学，教师力图通过数据分析、问题探究、自学汇报等活动引导学生积极参与自主学习，真实思考，做到深度思维碰撞和真实表达。但是在三胎政策与计划生育政策是否矛盾、我国的资源环境问题产生的原因及危害等问题上，学生自主学习的空间未得到足够的保证，学生未能更深入地理解正视发展的迫切性和重要性。

（2）教师评价的作用未充分发挥，即未能通过教师有效、及时的评价，对学生进行问题反馈、情感激励、方法指导和方向引领等。

研究案例九

生物两篇教学设计与实施过程

【学科】生物

【课题】动物和人的生殖和发育

【课型】复习

【学情分析】

　　学生已知的：男女生殖系统的结构和功能，受精过程和胚胎发育过程。

　　学生想知道的：青春期的发育特点，如何养成青春期的卫生保健习惯，计划生育的基本内容和具体要求。

　　学生独立解决问题的方法：结合学案，查阅课本，分组讨论。

【教学目标】

知识目标

（1）说出昆虫的生殖发育过程及特点。

（2）概述变态发育。

（3）描述两栖动物的生殖发育过程及特点。

（4）描述鸟类的生殖发育过程和鸟卵的结构。

（5）阐述生殖系统的主要结构、主要功能和受精过程。

（6）说出胚胎发育的大体过程及其营养获得的途径。

能力目标

学会分析相关的曲线图。

【教学重点和难点】

教学重点

（1）说出昆虫的生殖发育过程及特点。

（2）概述变态发育。

（3）描述两栖动物的生殖发育过程及特点。

（4）描述鸟类的生殖发育过程和鸟卵的结构。

（5）阐述生殖系统的主要结构、主要功能和受精过程。

（6）说出胚胎发育的大体过程及其营养获得的途径。

教学难点

（1）胚胎的发育过程。

（2）针对升学考试的易考点、易混点和易错点设计相应的题目进行落实和讲解。

【教学过程】

构建学习场一：创设情境

在丰富多彩的生物世界里，个体的寿命是有限的，但生物物种却不会因个体生命的短暂而消亡。各种生物都能以一定的方式繁衍后代、延续种族。生物种类不同，其生殖和发育方式也各不相同。今天，就让我们一起走进专题复习：动物、人的生殖和发育。

（出示考点解读）

考点解读

（1）昆虫的生殖和发育（生殖：体内受精、卵生；发育：完全变态和不完全变态）

（2）两栖动物的生殖和发育（生殖：体外受精、卵生；发育：变态发育）

（3）鸟的生殖和发育（繁殖行为；鸟卵的结构；鸟的发育：无变态发育）

（4）人的生殖和发育（男、女生殖系统的组成；受精作用：在输卵管中进行；胚胎发育：主要在子宫内进行；青春期发育）

构建学习场二：自主复习，梳理考点

知识点一：昆虫的生殖和发育

1.昆虫的生殖

过程：求偶→交尾→产卵

特点：体____受精、____生殖、____生

2.昆虫的发育——变态发育（幼体和成体的形态结构和生活习性有差异的发育过程）

变态发育分为完全变态发育和不完全变态发育，详见下表。

发育类型	完全变态发育	不完全变态发育
图示		
阶段	____→____→____→____	____→____→____
特点	幼虫与成虫的形态结构和生活习性差别 ____	幼虫与成虫的形态结构和生活习性差别 ____
举例	果蝇、____等	蝗虫、____等
区分依据	有无蛹期是判断昆虫完全变态发育和不完全变态发育的关键，有蛹期的是____发育，无蛹期的是____发育	

3.变态发育相关问题汇总

（1）昆虫的幼虫在生长发育期间会出现_____现象。出现此现象的原因是_____。

（2）完全变态发育的农业害虫，主要在_____期对农作物造成危害（如黏虫、玉米螟、稻螟）；不完全变态发育的农业害虫，幼虫和成虫都对农作物造成危害，而以_____期对农作物危害最大（如蝗虫）。所以，灭蝗的最佳时期是_____期。

（3）"春蚕到死丝方尽"指的是蚕进入_____期，为了提高蚕丝的产量，应延长蚕的_____期。

知识点二：两栖动物的生殖和发育

1.两栖动物的生殖

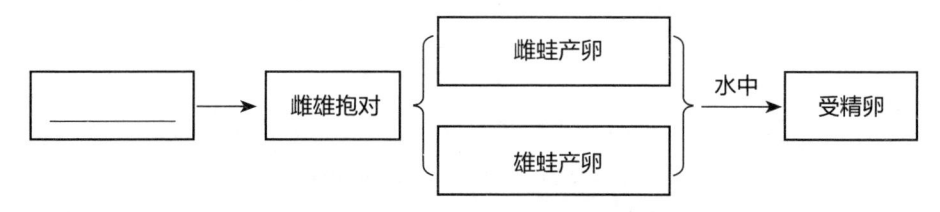

（1）生殖过程：（以青蛙的生殖为例）

（2）生殖特点：体_____受精、_____生殖、_____生。

2.两栖动物的发育

（1）发育过程（以青蛙的发育为例）：经过了_____→_____→_____→_____四个阶段。

青蛙幼体和成体的比较：

发育时期	呼吸器官	四肢	尾	生活环境
幼体	_____	无	有	_____
成体	_____，_____辅助呼吸	有	无	水中、潮湿的陆地上

（2）发育特点：_____发育，幼体和成体在外部形态、内部结构及生活习性上都有很大差别。

注意：两栖动物需要在水中进行受精，幼体需要在水中完成变态发育后才能到陆地上生活。

因此两栖动物的生殖和发育都离不开_____，不是真正的陆生动物。

知识点三：鸟的生殖和发育

1.鸟的生殖

（1）鸟必须经历的繁殖行为是_____。

（2）鸟的生殖特点：体_____受精、_____生殖、_____生。

（3）鸟卵——大型硬壳卵：

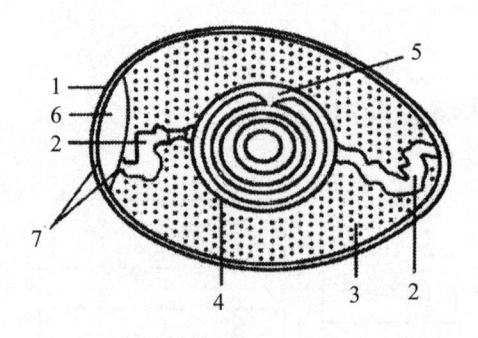

图 5-9-1 鸟卵——大型硬壳卵

功能类型	相应结构
保护结构	【1】_____、【7】_____、【3】_____、【4】_____。
营养结构	【3】_____、【8】_____，主要是【 】_____。
呼吸结构	卵壳上的_____进行气体交换，【6】_____贮存气体。
卵细胞结构	【 】_____、【 】_____、【 】_____，其中，【 】_____内含细胞核，是进行胚胎发育的部位。

2.鸟的发育——无变态现象

（1）鸟的受精卵在_____就已经开始发育，产出后由于_____低于亲鸟的体温，胚胎停止发育，需由亲鸟_____（行为）才能继续发育。

鸟卵孵化成小鸟的条件：_____。

（2）一般来说，鸟卵的体积越小，孵化期越_____；反之，孵化期越_____。

（3）根据鸟类孵出时是否充分发育，分为_____（如雏鸡、雏鸭等）和_____（如雏蓝山雀、雏鸽等）。晚成雏的亲鸟有_____行为，可以提高后代的成活率。

知识点四：人的生殖和发育

1.婴儿的诞生

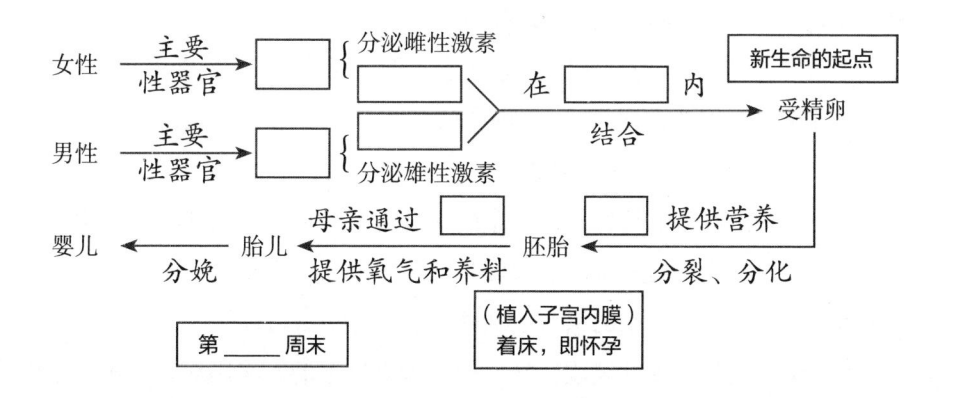

人的生殖发育特点：_____、_____。

2.青春期发育

（1）显著特点：_____。

（2）突出特征：_____。

男孩出现_____现象，女孩出现_____现象。

（3）发育时间：女孩的青春期发育比男孩_____一到两年。

（4）第二性征：性激素作用的结果。除第一性征（生殖器官的差异）外，男女之间存在的以下差异称为第二性征。男孩表现为长出胡须、喉结突出、肌肉发达、声音低沉等，女孩则表现为骨盆宽大、乳房隆起、声调变高等。

要求：①快速识记学案第一部分【知识梳理】；（10分钟）②组内交流有困惑的内容，组长汇总；（2分钟）③学习成果展示。（5分钟）

[设计意图] 动物及人的生殖发育这部分内容相对容易，因此将大部分课堂教学时间交给学生，学生通过填写知识梳理内容进行查漏补缺。对于个别不懂的内容，小组内合作解决即可。

学生活动：自主复习，快速识记学案第一部分【知识梳理】。10分钟后组内交流有困惑的内容，由组长汇总，做好展示准备。

教师活动：巡视时，认真倾听组内交流有困惑的内容，掌握学情。

学习反馈展示（重要考点，详见课件），教师适时对学生进行点拨、拓展和提升。

构建学习场三：典例分析，突破考点

要求：①独立完成学案第二部分【典例分析】；（5分钟）②对照答案，用红笔订正；（1分钟）③组内交流，1号给4号学生答疑，2号给3号学生答疑；（2分钟）④学习成果展示。

[设计意图] 本环节旨在培养学生的综合解题能力。在前述环节学生已基本掌握的情况下，用典型例题检验学生的综合能力，并推举出小组发言人，讲解解题思路，培养学生的语言表达能力。

学生活动：限时独立完成，然后根据大屏幕上的答案用红笔订正。学生自己先思考出错题目的思维障碍点，对于错题进行归因分析；自己不能解决的错题，寻求组内同伴的帮助；若组内仍无法解决，做好标记，在展示环节倾听其他组的意见。

教师活动：巡视时认真倾听各小组组内交流时存在的困惑点，掌握学情，出示答案。

【典例分析】

1.（2021·德州）如图表示菜粉蝶和蟋蟀的发育过程。下列叙述中，错误的是（　　）

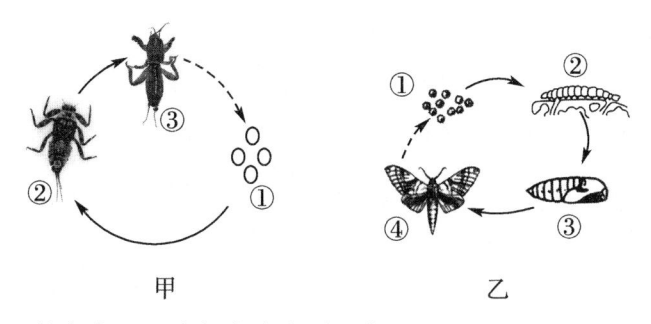

甲　　　　　乙

A.甲和乙的发育过程中都存在变异现象

B.甲代表蟋蟀，它的一生要经历三个时期

C.甲的发育过程中有蜕皮现象，乙没有

D.乙为菜粉蝶，其危害农作物最严重的时期为图中的②时期

2.（2021·聊城）下列对生物生殖发育阶段的描述，分析错误的是（　　）

A.蜻蜓点水——产卵

B.金蝉脱壳——化蛹

C.梁上双飞燕，青虫喂黄嘴——育雏

D.风吹绿水皱，蛙鸣翠荷惊——求偶

3.（2021·滨州）如图是动物的变态发育过程示意图，若d为受精卵，相关描述错误的是（　　）

A.家蚕发育过程中不食不动的时期为b

B.完全变态的农业害虫危害最严重的时期为a

C.蝗虫的发育过程为d→a→c，属于不完全变态

D.两栖动物的发育过程为d→a→b→c，属于完全变态

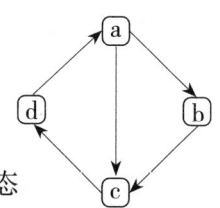

4.（2021·济南高新一模）下列关于鸟类的生殖和发育的说法中，不正确的是（ ）

A.求偶、交配、产卵是鸟类繁殖的必经环节

B.⑤是胚盘，是胚胎发育的场所

C.④⑥为胚胎的发育提供丰富的营养物质

D.鸟的受精卵从母体产出后，在亲鸟的孵化下才开始发育

5.（2021·青岛）下列关于人的生殖和发育过程的叙述，错误的是（ ）

A.胎盘是胎儿与母体之间进行物质交换的器官

B.男性和女性的主要生殖器官分别是睾丸、卵巢

C.胎儿的性别在精子和卵细胞结合时已经确定

D.进入青春期后，男性喉结突出属于第一性征

构建学习场四：真题演练，决胜中考

要求：①独立完成学案第三部分【真题演练】；（6分钟）；②对照答案，用红笔订正；（1分钟）③组内交流，1号学生给4号学生答疑，2号学生给3号学生答疑；（2分钟）④学习成果展示。

[设计意图] 本环节旨在让学生感知中考真题的难度，并检验自己本节课的学习效果。

学生活动：限时独立完成题目练习，感知升学考试的难易程度，然后根据大屏幕上的答案用红笔订正。自己先思考答错题的思维障碍点，对错题进行归因分析。自己不能解决的错题，寻求组内同伴的帮助；若组内也无法解决，做好标记，在展示环节倾听其他组的意见。

教师活动：巡视时认真倾听组内交流困惑的困惑点，掌握学情，出示答案。

学习反馈展示：展示每个组解决不了的共性问题。

真题演练

1.（2021·济南高新二模）关于生物的生殖和发育，下列叙述正确的是（ ）

A.在合适的外部条件下，完好的鸡卵都能孵化出小鸡

B.蝴蝶是由"毛毛虫"变成的，"毛毛虫"处于发育过程中蛹的阶段

C.家兔胎生、哺乳，大大提高了后代的存活率

D.青蛙的生殖和幼体的发育必须在水中进行，因此其幼体和成体都要通过鳃进行呼吸

2.(2021·济南)如图是鸟卵的结构示意图，下列有关叙述错误的是(　　)

A.①保护鸟卵的内部结构

B.②③④构成鸟的卵细胞

C.②是进行胚胎发育的部位

D.③④能够为胚胎发育提供所需要的营养

3.(2020·济南)下列关于人的生殖和发育过程的叙述，错误的是(　　)

A.男性的主要生殖器官是睾丸

B.子宫是胚胎发育的场所

C.青春期身高和体重迅速增长

D.胎儿与母体进行物质交换的结构是脐带

4.(2021·济南)人类新生命的孕育和诞生是通过生殖系统完成的。下列有关叙述错误的是(　　)

A.精子由睾丸产生，卵细胞由卵巢产生

B.男性与女性生殖器官的差异称为第一性征

C.精子和卵细胞在输卵管结合完成受精作用

D.受精卵植入增厚的子宫内膜的过程，称为着床

构建学习场五：对照考点，构建本节复习内容，形成知识框架，整理、收集错题

【教学后记】

学生在本堂课的教学过程中充满热情。知识梳理部分，小组合作开展得快速有序，每名组员都积极参与，3、4号学生说基础，1、2号学生负责提醒和对较难的知识点进行讲解，大大提高了课堂上的复习效率；典例分析环节，经小组讨论推选出发言人进行讲解，讲解准确大方；"直击中考"部分，1、2号学生答题情况较好，3、4号学生仍存在知识漏洞，需要课后自己查漏补缺。

在本专题复习过程中，发现大家对于鸟的卵细胞结构的认识仍不够明晰，虽经强调但还是认为卵细胞包括卵白、卵黄、胚盘。因此教师需要及时展示相关图片并进行类比，帮助学生理解卵细胞由卵黄膜、卵黄、胚盘组成。

【学科】生物
【课题】人类染色体与性别决定
【课型】新授
【课标分析】

本节内容属于一级主题"生物的生殖、发育与遗传"下的二级主题"生物的遗传和变异"中的第三节内容。通过学习"人的性别差异由染色体决定"这部分内容，学生温习、巩固、深化了前两节所学的内容；通过讲解"生男生女机会均等"的原理，引导学生从科学的角度看待生男生女问题，这对于学生认同优生优育等具有重要作用。

课标具体要求如下。

教学中，教师要帮助学生形成以下重要概念：

生物能以不同的方式将遗传信息传递给后代。一些进行无性生殖，后代的遗传信息可来自同一亲本；一些进行有性生殖，后代的遗传信息可来自不同亲本。

遗传性状是由基因控制的，基因携带的遗传信息是可以改变的。

课程具体目标的选择：

（1）通过对图片的辨识，概述人类染色体的类型和组成。

（2）通过对遗传规律的分析，概述人的精子和卵细胞的类型和染色体组成。

（3）通过生殖和发育图解，分析后代是男是女的机率。

（4）通过探究活动，描述后代是男是女的机率。

（5）初步学会生物科学探究的一般方法，发展观察、测量、分类、变量分析、提出问题、作出假设、制订计划、实施计划、记录数据、数据的整理与表达、对结果的解释、得出结论、表达交流的科学探究能力，在科学探究中发展合作能力、实践能力和创新能力。

（6）初步学会运用所学生物学知识分析和解决某些生活、生产或社会实际问题。

【教材分析】

本节内容安排在第一节"遗传的物质基础"、第二节"性状的遗传"的基础上学习，为本节内容的学习奠定了一定的遗传知识基础，本节内容的学习是对前两节内容的应用和深化。通过讲解生男生女机会均等的原理，引导学生从科学的角度看待生男生女问题，这对于认同优生优育等具有重要作用。

本节教材内容首先设置男性运动员冒充女性运动员的事例，吸引学生注意和思考；引入课题，提供人类染色体传递过程示意图，通过对前两节所学习内容的分析，整理出遗传物质的传递规律和意义；而后用人类的染色体图谱，概述人类染色体的组成以及识别分辨男女的根本依据，与本节课开始时的内容相呼应，激发学生的学习欲望。利用遗传物质的传递规律分析精子与卵细胞的情况，概述后代遗传物质的组成以及后代是男是女的时机和概率，对长期侵染人类思想的封建意识发起挑战。通过学习，引导学生对我国所面临的男女比例失调等人口问题取得科学的认知，认同我国有关婚姻的法律法规。

【教学重点、难点内容的选择】

教学重点

描述人类染色体的组成和传递规律，理解生男生女机会均等的原因。

教学难点

探究染色体与性别决定之间的关系，正确对待生男生女的问题。

【学情分析】

1.预测学生可能达到的程度

通过本章前两节内容的学习，学生对于遗传物质——染色体、基因以及生物的性状等概念有了初步的认知，对于生物的性状由遗传物质控制这一知识点也有了初步的认知，为本节课的学习奠定了一定的知识基础。针对这一问题，教师可以引导学生通过观察人类染色体传递过程示意图，概述生殖细胞、受精卵的染色体数目，概述子代体细胞内的染色体数目和染色体来源；通过观察人类染色体图谱，能概述男、女体内染色体的组成。

2.了解学生普遍存在的问题

性别是一种特殊的性状，带有一种神秘感，自然成为学生感兴趣的话题。性别决定过程比较抽象，针对这一问题，教师要充分利用教材中的探究活动或其他类似活动，让学生通过自己的观察、思考、分析得出结论。

【教学目标】

知识目标

（1）描述人类染色体的组成和传递规律。

（2）理解生男生女机会均等的原因。

能力目标

（1）通过观察、分析人类染色体传递过程示意图，在找出生殖细胞的染色体数目、受精卵染色体数目的过程中，学生能初步归纳染色体的传递规律。

（2）通过"生男生女的比例"探究活动，学生能感悟探究的科学性以及减小实验误差的方法。

情感、态度与价值观目标

通过"生男生女的比例"探究活动，学生能从科学的角度审视生男生女问题，认同生男生女机会均等，并且能从科学的角度解释生男生女主要取决于精子的类型这一知识点，挑战封建意识和观念。

【教学过程】

构建学习场一：创设情境，导入新课

出示图片，让学生迅速判断两个人的性别。（学生会根据两个人的外貌判断性别，从而得出错误结论）

教师引导：平时，我们根据外貌就能识别一个人的性别。但在病态或人为的情况下，却很容易判断失误。在奥运会上就曾有男性运动员冒充女性运动员参赛的事情发生（出示相关资料）。因此判定一个人的性别，不能依靠肉眼下结论，目前最权威的科学手段是染色体检测。这种鉴别方法的主要依据是什么呢？这节课，就让我们一起来学习"人类染色体和性别决定"这部分知识。

构建学习场二：认识人类染色体

学生观察教材第104页人类的染色体图谱，完成以下学习任务。

（1）男性和女性的体细胞中各有多少对染色体？

（2）男性和女性的染色体中，哪一对最有可能与性别有关？请你在图中圈出。

图 5-9-2 女性染色体图谱　　图 5-9-3 男性染色体图谱

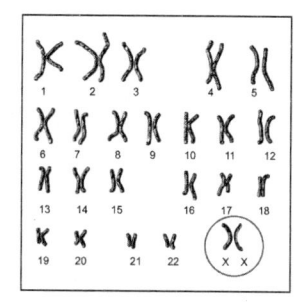

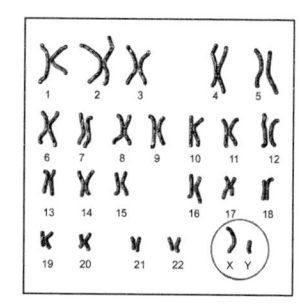

合作要求：①独立思考；（1分钟）②组内交流，学生按照4—3—2—1号顺序发言，组长补充完善；（2分钟）③组间展示。

学生活动：结合教材第104页内容，学生能在观察人类染色体图谱的基础上，明确人类的体细胞中有23对染色体，其中第23对与性别有关，并能在图中分别圈出男性、女性的性染色体。

[设计意图] 让学生通过观察人类染色体图谱，认识到染色体有常染色体和性染色体之分，其中性染色体决定男女性别；明确男、女体细胞中性染色体的表示方法及组成。

拓展延伸：人的性别是由染色体上的基因控制的。（如Y染色体上的SRY基因刺激性腺发育成睾丸）

过渡：人类体细胞中有23对染色体，那么子代的体细胞中有多少染色体呢？

构建学习场三：染色体的传递过程

（1）结合教材第103页图文资料推测染色体从亲代到生殖细胞再到受

精卵的传递规律。

合作要求：①独立思考；（1分钟）②组内交流，组长归纳完善；（1分钟）③组间展示。

（2）观看微课，记录关键信息，思考：①产生生殖细胞的过程中，染色体的减半是任意减半吗？②染色体的这种传递特点有何意义？

合作要求：在观看微课的同时记录好关键信息。微课学习结束，先独立思考（1分钟），然后组内交流。学生交流时按照4—3—2—1号顺序发言，最后组长补充完善（2分钟）。

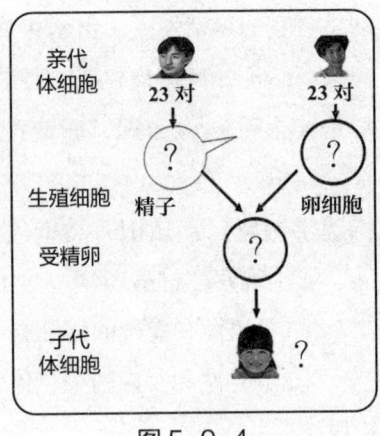

图 5-9-4

学生活动：根据图示，推测染色体从亲代到生殖细胞再到受精卵的传递规律。认真观看微课，记录关键信息，思考以上两个问题。

[设计意图] 让学生通过观察染色体传递示意图，明确体细胞产生生殖细胞时，染色体数目减半；经过受精作用，子代体细胞中的染色体又恢复到亲代体细胞的数量。通过观看微课，学生明确生殖过程中染色体数目不是任意减半，而是每对染色体中各有一条进入生殖细胞。染色体的这种传递特点实现了亲代与子代之间染色体数目的恒定，保证了遗传信息的稳定性。

过渡：受精卵是人类新生命的起点。人类的受精卵为什么有的发育成男孩，有的发育成女孩？

构建学习场四：人的性别决定

结合教材第104、105页内容完成以下学习任务。

（1）完成生男生女的遗传图解（右图）

生殖细胞染色体组成：

精子有_____种，精子的染色体组成：_____。

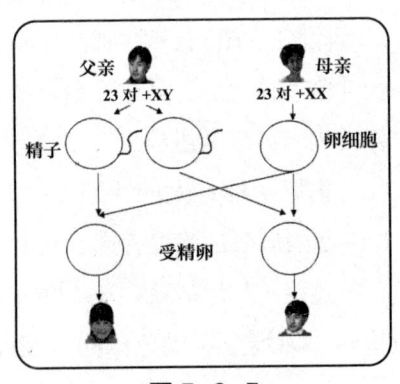

图 5-9-5

·302·

卵细胞有_____种，卵细胞的染色体组成：_____。

当含有X染色体的精子与卵细胞结合时，所形成的受精卵的染色体组成是_____，将来发育成_____。

当含有Y染色体的精子与卵细胞结合时，所形成的受精卵的染色体组成是_____，将来发育成_____。

（2）思考：生男生女主要取决于女方还是男方？

学生活动：结合教材第104、105页，尝试完成生男生女的遗传图解，并思考上述问题。

[设计意图] 让学生通过完成遗传图解，明确精子和卵细胞的类型及染色体组成，并能分析生男生女的原因。

过渡：全国二胎政策放开后，小明（男孩）的父母打算给小明生个妹妹。那么，第一胎是男孩，第二胎就一定是女孩吗？

构建学习场五：探究生男生女的比例

1.理论验证（右图）

生男生女机会_____，各占_____%。

2.探究活动——探究生男生女的比例

提出问题：生男生女的机会均等吗？

作出假设：生男生女的机会均等。

3.制订计划

（1）取一口袋注明"母亲"，装入黄豆粒，黄豆粒代表X染色体。

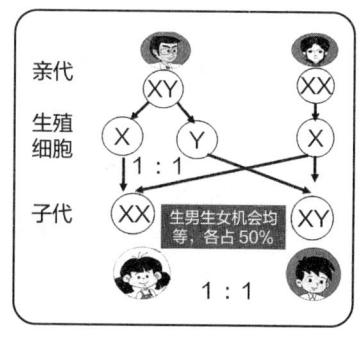

图 5-9-6

（2）取另一口袋注明"父亲"，装入等量的黄豆粒和黑豆粒，黑豆粒代表Y染色体。

（3）分别从"母亲"和"父亲"袋中各取一粒豆粒，如果两粒都是黄豆，则表示所生的孩子为女孩；如果一粒是黄豆、一粒是黑豆，则表示所生的孩子为男孩。记录性别，将取出的豆粒放回原袋；按步骤重复10次。

4.实施计划

小组成员明确分工：

4号学生：负责抓取"母亲"袋中的一粒豆粒

3号学生：负责抓取"父亲"袋中的一粒豆粒

2号学生：负责统计结果（统计在学案的表格中）

1号学生：监督员

各组员的职责：①确保实验开始前"父亲"袋里的黄豆粒和黑豆粒的数量相同；②确保每次都是随机抽取，尊重事实；③确保每次取豆粒记录后都要把豆粒再放回原袋，并混合均匀；④确保每次的结果都要如实记录，不能错记、漏记。

5.数据统计

	1	2	3	4	5	6	7	8	9	10	合计
XX（女孩）											
XY（男孩）											

得出结论：生男生女机会_____。

6.表达交流

学生活动：在教师引导下，师生共同完成理论验证——生男生女机会均等，各占50%。教师亲自动手和学生一起进行探究活动，并统计数据，将结果写在黑板上。

[设计意图] 通过探究实验，让学生感悟探究的科学性以及减小实验误差的方法，认同生男生女机会均等。

教师拓展：2021年5月11日，国家统计局发布了第七次全国人口普查公报。公报中的数据显示，全国人口中，男性人口占51.24%，女性人口占48.76%。我国总人口性别比为105.07，与2010年基本持平。在人口统计学上，性别比一般正常范围在102至107之间，高于或低于这一范围，则称为性别失衡。性别失衡会带来很多社会问题。

近些年，我国已经出台了一些改善性别失衡的相关措施。比如：明令禁止非医学需要的胎儿性别鉴定和选择性别的人工终止妊娠；开展宣传教育，树立新时代的男女平等观；将男女平等纳入我国的基本国策。

构建学习场六：课堂小结

学生活动：学生谈收获。

教师：PPT展示小结内容，让学生识记，查漏补缺。

构建学习场七：当堂检测

学生活动：学生完成当堂检测后将学案交给小组长，组间互换批阅，统计所批阅小组答对个数。答对个数多的前三个小组加3分，中间三个小组加2分，其余小组加1分。完成批阅、统计后，学生先自主修改，解决不了的寻求组长帮忙。

教师：评选出本节课最出彩的前三名小组，予以表扬。

【教学反思】

本节课学生学习热情高涨，积极参与小组合作学习。大家通过实验探究，对生男生女机会均等都理解得比较到位，但是本节课的难点部分，即人类精子和卵细胞中的染色体组成，学生在做题时还是不会应用，理解不够透彻，因此需要小组共研时多花时间互相进行讲解，促进知识的迁移和运用。